Gotthold Ephraim Lessing

Sämmtliche Schriften

Gotthold Ephraim Lessing

Sämmtliche Schriften

ISBN/EAN: 9783743692015

Hergestellt in Europa, USA, Kanada, Australien, Japan

Cover: Foto ©ninafisch / pixelio.de

Weitere Bücher finden Sie auf **www.hansebooks.com**

Gotthold Ephraim Lessings

sämmtliche Schriften.

———

Sechzehnter Theil.

———

Berlin, 1793.
In der Vossischen Buchhandlung.

Gotthold Ephraim Lessings

Kollektaneen

zur

Literatur.

Nil molitur inepte.

HORAT.

Herausgegeben und weiter ausgeführt

von

Johann Joachim Eschenburg.

Zweyter Band.

K. — Z.

Berlin, 1790.

bei Christian Friedrich Voß und Sohn.

Kollektaneen
zur Literatur.

Herausgegeben und weiter ausgeführt

von

Johann Joachim Eschenburg.

Zweiter Band.
K. — Z.

K.

Cädmon. Der angelsächsische Dichter, welcher das Alte Testament in diese Sprache poetisch übersetzt hat. Junius hat Stücke davon 1655 zu Amsterdam herausgegeben, unter dem Titel: *Caedmonis* Monachi Paraphrasis Poëtica Geneseos ac praecipuarum sacrae paginae Historiarum; in 4. — Junius glaubte, er sey aus dem sechsten Jahrhunderte; Hickes aber (Grammat. Angl. Saxon. p. 133.) giebt ihm ein weit jüngeres Alter. Joh. Heinr. Stuß, Rektor in Gotha, wollte ihn in seinem Thesauro Gotho - et Anglo - Saxonico wieder herausgeben; welches Unternehmen aber ins Stecken gerathen ist. — Cädmon lebte, nach dem Beda, in monasterio Streaneshalch sub abatissa *Hilda*, quae a. 630 obiisse dicitur. — Beda (Hist. Eccl. gent. Angl. L. IV. c. 24.) ist auch wohl der einzige, der seiner gedenkt: „Carmina, sagt er, religioni et pietati apta facere solebat, ita, ut quicquid ex divinis libris per interpretes disceret, hoc ipse post pusillum verbis poëticis, maxima suavitate et compunctione, in sua, id est Anglorum, lingua proferret."

Hickes macht indeß nicht sowohl den Kädmon jünger, dessen Alter wohl aus dem Beda unstreitig ist; sondern er mißbilligt nur, daß Junius die gedachte Paraphrase unter seinem Namen herausgegeben, und sie dem Kädmon so zuversichtlich beigelegt habe, da sie vielmehr für ein weit neueres Werk zu halten sey. (Praef. in Thes. lingu. septentr.) — — Klopstock indeß hat mir mehrmalen gesagt, daß er diese vorgeblich Kädmonische Paraphrase sehr poetisch gefunden habe.

Zuerst will ich die Nachricht hieher setzen, welche Herr Hofr. Adelung in s. Fortsetzung und Ergänzungen zu Jöcher's Gelehrtenlexikon Th. II. Sp. 14. von diesem angelsächsischen Dichter ertheilt, weil sie in ihrer Art die beste und vollständigste ist:

„Caedmon, ein englischer Benediktiner von Whitby, im 7ten Jahrhunderte, welcher zu seiner Zeit einer der besten angelsächsischen Dichter gewesen seyn soll. Beda, in *Hist. Eccl.* B. IV. Kap. 24. erzählt weitläuftig, wie er zu der Dichtergabe gekommen, welches denn, nach dem Geschmacke der damaligen Zeiten, freilich nicht anders, als vermittelst eines Wunders, geschehen konnte. Allein das kleine Gedicht von drei Strophen, welches wir noch von ihm haben, und welches eben das ihm im Traume eingegebene Gedicht seyn soll, macht diesem wunderthätigen Ursprunge eben nicht viel Ehre. Es scheint eine buchstäbliche Uebersetzung aus dem Lateinischen zu seyn, daher es auch keine Reime hat, und befindet sich in Alfred's angelsächsischer Uebersetzung der Kirchengeschichte des Beda *l. c.*, woraus Hicks in *Gramm. Anglo-Sax.* und Wanley in *Antiquit. litterat. septentr.* es haben abdrucken lassen. Es ist zugleich das einige Stück, welches uns aus der ächten angelsächsischen, oder der sogenannten brittisch-sächsischen Periode noch übrig ist; denn alle übrige angelsächsische Schriften sind aus der spätern dänisch-sächsischen.‟

4

„Beda verſichert ausdrücklich, daß er,
auſſer vielen moraliſchen Gedichten, auch noch
die ganze bibliſche Geſchichte, von der Schöpfung
an, in Verſe gebracht habe. Man hat unter
ſeinem Namen auch noch wirklich eine poetiſche
Ueberſetzung, oder vielmehr Umſchreibung des
erſten Buchs Moſis, und der vornehmſten bi-
bliſchen Geſchichten, welche Franciſcus Junius zu Amſterdam, 1655 in 4. herausgegeben
hat; allein ſie iſt unſtreitig weit jünger, und,
wie ſchon Hickes bewieſen hat, ungefähr aus
dem Jahre 1000; daher dieſe Arbeit, wenn ſie
auch urſprünglich von dem Cädmon herrühren
ſollte, doch von den ſpätern Abſchreibern muß
ſeyn verjünget worden, welches zu den damaligen Zeiten nichts Seltenes war. Von andern
wird ſie daher mit mehrerer Wahrſcheinlichkeit
dem Grammatiker Alfrik zugeſchrieben, welcher im eilften Jahrhunderte lebte. Cädmon
ſtarb 676; und ſein Tod war, nach dem Beda,
wieder eben ſo ſehr von wunderbaren Umſtänden
begleitet, als ſeine Einweihung zum Dichter.“ —

Wenn man die den Cädmon betreffende
Erzählung, oder vielmehr Legende, beim Beda
ſelbſt durchlieſt, ſo ſieht man bald, wie wenig
Grund die Vorausſetzung des Junius, und

wie große Wahrscheinlichkeit die Meinung des
Hickes für sich hat. Es ist daraus nicht einmal
darzuthun, daß Kådmon jemals seine Verse
niedergeschrieben habe. Die Rede ist dort durchgehends vom Singen und Dichten aus dem Ste-
gereife, wozu er im Traume auf einmal die
Gabe erhielt, nachdem er sich von einem Gast-
mahl, wo die Cither umherging, aus Unerfah-
renheit des Gesanges hinweg begeben hatte.
Selbst das Lied, dessen Inhalt Beda mittheilt,
oder vielmehr der Anfang seines Gesanges, ist
wohl schwerlich vom Alfred, es müßte denn
durch Tradition gewesen seyn, in seine angelsächsische Uebersetzung des Beda aus dem Original eingetragen, sondern bloß nach der lateinischen Stelle fast wörtlich von Alfred übertragen worden. Am richtigsten steht dieß Fragment in Wanley's Katalog der noch vorhandenen angelsächsischen Bücher und Handschriften,
welcher den zweiten Band von *Hickesii* Thes.
Septentr. ausmacht, S. 287, aus einer Handschrift in der Bibliothek des Bischofs zu Nor-
wich *). Merkwürdig bleiben diese Verse immer

---

*) Eben finde ich, daß auch Hr. Adelung dieß Fragment,
und einige den Kådmon betreffende Nachrichten, in
der kurzen Geschichte der englischen Sprache,

dadurch, daß sie, wie Hickes in der Vorrede
zu s. angelsächsischen Grammatik bemerkt, in der
Mundart der alten Angeln, die mit den Jüt=
ländern verwandt und benachbart waren, geschrie=
ben sind, und deren Sprache folglich mit der
alten dänischen sehr übereinkam, wie einige dä=
nische Wörter und die Rechtschreibung dieses
Fragments beweisen. Dessen ungeachtet könnte
es aber doch von Alfred, dem jene Mundart
vielleicht noch bekannt war, in dieselbe einge=
kleidet, oder, wie gesagt, ihm durch Ueberlie=
ferung mitgetheilt seyn.

Die von Franc. Junius herausgegebene
poetische Umschreibung des ersten Buchs Mose
und andrer biblischen Stellen hingegen ist in
dem spätern dänisch=angelsächsischen Dialekt ge=
schrieben; und es war durchaus weiter kein
Grund da, sie dem Kådmon beizulegen, als
Beda's Erwähnung der Genesis, woraus
jener zu seinen Gesängen mit den Stof genom=
men habe. Auch in seinen Obss. ad *Willeramum*,
p. 248, legt ihr Junius ein so frühes Alter

S. XV, mitgetheilt habe, die er dem ersten Bande sei=
nes Neuen grammatisch=kritischen Wörterbuchs der
englischen Sprache (Leipzig, 1783. gr. 8.) vorange=
setzt hat.

bei. Uebrigens gesteht **Hickes**, daß der spätere Dichter die Schreibart und Manier der frühern Denkmäler dieser Art nicht unglücklich nachgeahmt habe.

Klangfüße. Ich habe einmal den
Einfall gehabt, die Wirkungen der verschiednen
Klangfüße auf uns nach den verschiednen Arten
des Pulses zu bestimmen. Ich wollte mich bei
den Aerzten unterweisen lassen, ob, und was
für eine verschiedne Art des Pulses jede heftige
Gemüthsbewegung insbesondre begleite, wenn
man anders genaue und richtige Bemerkungen
hierüber bei ihnen findet; und sodann wollte ich
die Klangfüße untersuchen, und festsetzen, welche
mit jeder besondern Art des Pulses überein-
kämen; welches sodann diejenigen seyn würden,
die sich am besten zu denen Affekten schickten, die
mit diesen Pulsen verbunden sind.

Dieß war ein bloßer Einfall von mir. Jetzt
bringt mich eine Stelle beim **Vitruv** auf die
Vermuthung, daß die Alten vielleicht schon
längst so geschlossen, und auf diese Weise die

Wirkung ihrer Klangfüße bestimmt haben. Vitruv (L. I. c. 1.) redet von dem, was verschiedne Künste mit einander gemein haben, und wie die eine die andre nöthig haben könne, und wirklich brauche, ohne daß deswegen der Meister der einen auch völlig Meister der andern seyn dürfe. Dieß erläutert er durch das Beispiel der Medicin und Musik, und sagt: Uti medicis et musicis et de venarum rhythmo, et de pedum motu; (*sc.* communis ratiocinatio est.) — Hieraus erhellt, daß die alten Aerzte die Lehre des Rhythmus auf die Pulsschläge angewandt, und daß sowohl die Medici als die Poeten über die verschiednen Verbindungen der langen und kurzen morarum, jene in der verschiednen Dauer der Pulsschläge, diese in der verschiednen Dauer der Töne, spekulirt haben.

Perrault hat diese Stelle Vitruv's ganz unrichtig übersetzt: De sorte qu'un Medecin & un Musicien peuvent bien parler par exemple de la proportion des mouvemens de l'artère, dont le pouls est composé, & de ceux des pieds, qui sont

les pas de la danſe. Er hat es von der Bewegung der eigentlichen Füße verſtanden. Allein, was hat der Rhythmus der Pulsader für eine Verwandtſchaft mit der Bewegung der Beine beim Tanzen?

Zu meinem Erſtaunen, oder vielmehr, zu meinem Vergnügen, finde ich nun, daß man mir in dieſer Art von Unterſuchung ſchon zuvorgekommen iſt. Ein Medikus zu Nancy, Herr Marquet, hat ein Werk herausgegeben: De la Méthode de connoitre le pouls par la Muſique, welches ſein Schwiegerſohn, Herr Buchoz (Médécin Botaniſte de feu le Roi de Pologne,) wieder hat auflegen laſſen. L'Auteur prétend que le pouls naturel bât la même cadence qu'un menuet; c'eſt là le point d'où il part pour la connoiſſance des pouls irréguliers; plus le pouls s'éloigne de la cadence du menuet, plus il approche, ſuivant cet auteur, de l'état de la maladie. — Die Ausgabe dieſer Schrift von Buchoz muß noch ganz neu ſeyn; und ich muß ſie bei erſter Muße leſen.

Es scheint mir doch, daß **Perrault** die Stelle beim **Vitruv** nicht so ganz unrichtig übersetzt habe. Ließt man die Worte im Zusammenhange, so findet man, daß **Vitruv** bei dem *pedum motu* doch wohl mehr an den Tanz, und an die zur Musik der Alten mit gehörige Orcheſtik gedacht haben müſſe, als an die Vers= oder Klangfüße; weil er hernach hinzuſetzt, daß man, ungeachtet dieſer beiden gemeinſchaftlichen Kenntniß, dennoch den Arzt zur Heilung eines Schadens, und den Tonkünſtler zur Erheiterung einer fröhlichen Geſellſchaft herbeirufen werde.

Marquet's, in ihrer Art allerdings merk= würdige, Schrift verdient hier eine nähere Be= ſchreibung. Ihr Titel iſt, in der neuen Aus= gabe: Nouvelle Méthode, facile & curieuſe, pour connoitre le pouls par les notes de la Mu= ſique, par feu M. *F. N. Marquet,* Seconde Edi= tion augmentée &c. par M. *Pierre Joſeph Buchoz,* Amſt. & Par. 1769. gr. 12. Sie erſchien zuerſt zu Nancy, 1747. 4. In der Vorrede bemerkt der Verfaſſer, daß er nicht der erſte ſey, der die Klangfüße und Pulsſchläge mit einander ver= gleiche. Unter den griechiſchen Aerzten habe ſchon **Hermophilus** dieſen Gedanken gehabt. Dieſer ſoll ſeine ganze Lehre vom Pulſe darauf gegründet, und daher das Wort ϵυϑμος von demselben zum öftern gebraucht haben. Nachher sind auch Avicenna, Savanorola, Saxo, Fernel, und viele andre Arzneigelehrte auf eben diese Idee gerathen. Dieß letzte wird in einem der zweiten Ausgabe beigedruckten Auszuge dieser Schrift, vom Dr. Menuret gesagt, der auch hinzusetzt, daß Samuel Hafen Refferus *), ein deutscher Arzt, im J. 1601 eine Abhandlung hierüber: Monochordon Symbolico - Biomanticum, habe drucken lassen. — Marquet handelt zuerst von den verschiednen Arten des Pulses; hernach zeigt er die Methode an, wie sich der Puls durch die Musik beurtheilen lasse, und behauptet, der natürliche Puls habe völlig das Tempo einer Menuet, so, daß

---

*) Nach Keitner's Angabe, in s. Medicin. Lexikon, hieß dieser deutsche Arzt Samuel Hafenreffer, war zu Herenberg im Würtembergischen 1587 geboren, und starb als Tübingischer Professor 1660. Unter seinen Schriften wird dort die obige als die merkwürdigste angeführt, unter dem Titel: Monochordon Symbolico - Biomanticum, abstrusissimam pulsuum doctrinam ex harmoniis musicis dilucide figurisque oculariter demonstrans; Ulmae, 1640. 8. Conring soll davon in s. Introd. in art. medic. p. 216 nicht sehr vortheilhaft geurtheilt haben.

auf jeden Takt ein Pulsschlag, und fünf Inter=
vallen kämen, wovon er jenen mit einer schwar=
zen Note, und diese mit fünf Strichen zwischen
zwei Linien bemerke. Man sehe hier z. B. die
acht ersten Takte seiner ersten Kupfertafel:

Und so geht er nun die verſchiednen Abweichun-
chungen und Geſchwindigkeiten des Pulſes durch,
und ſucht ſie alle durch muſikaliſche Noten zu be-
zeichnen; z. B. den konvulſiviſchen Puls auf
folgende Art:

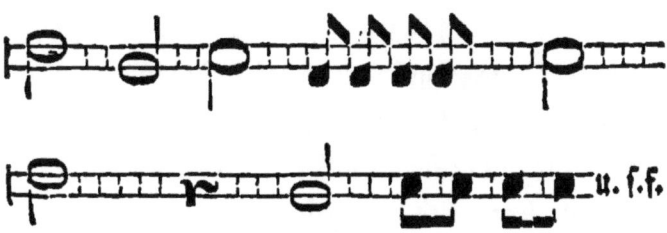

u. ſ. f.

Herr Buchoz hat der neuen Ausgabe dieſer
Schrift verſchiedne Beurtheilungen und Anmerkungen beigefügt, unter andern auch das, was
in dem Dictionnaire Encyclopédique, zum Theil
mit den Worten des gedachten Auszuges von
Menuret darüber geſagt wird. Man findet
manches darin ſinnreich; erklärt aber doch das
für ein ſeltſames Gemiſch einiger Lehrſätze der
Galeniſten, der mechaniſchen Aerzte und Chemiker, was er vom Pulſe überhaupt ſagt. — Unter
den Kritiken findet man ſogar S. 79 ein ſatiriſches Gedicht in *bouts rimés* auf den Verfaſſer,
und S. 82 ſeine eben ſo mittelmäßige Antwort
darauf im Liederton. — Hr. Buchoz hat S. 166

noch eine Prüfung dieser Idee, und S. 174 ff.
eine eigne Abhandlung, Nouvelle Méthode de
guérir la mélancolie par la Musique, beidrucken
lassen; zuletzt auch noch ein Eloge historique de
M. *Marquet.* Hieraus nur noch folgendes, als
ein kleiner Beitrag zur medicinischen Literatur:

Franz Nikolaus Marquet wurde zu
Nancy im J. 1687 geboren, studirte die Medicin
anfänglich zu Pont-a-Mousson, und hernach zu
Montpellier, übte sie darauf in seiner Vaterstadt
aus, und legte sich zugleich mit vorzüglichem
Eifer auf die Botanik. Eine von den lothringischen Pflanzen gemachte Sammlung widmete er
dem Herzoge, der ihn dafür zu seinem Leibarzt
ernannte, und ihm ein Jahrgehalt aussetzte.
Als praktischer Arzt machte er sich zwanzig Jahre
hindurch, besonders bei der Armuth, ungemein
nützlich, welches er aber in der Folge aufgab,
ohne jedoch das ihm dafür ausgesetzte Gehalt zu
verlieren. Seine botanischen Bemühungen setzte
er dabei immer fort, und erweiterte seine Geschichte der lothringischen Pflanzen, die er in
die Form eines Wörterbuchs von drei Foliobän-
den brachte, und wovon er einen handschriftli-
chen Auszug in Einem Quartbande hinterließ.
Im J. 1750 gab er den ersten Band seiner Ob-

servations sur la guérison des maladies aigües
& chroniques heraus, und hinterließ den zweiten
im Mspt. Auch schrieb er eine Abhandlung über
die Pflanze, *sedum minus acre*. Zuletzt ward er
Dechant des Königl. Kollegii der Aerzte zu
Nancy, arbeitete noch an einer Materia Medika,
und starb den 28. Mai, 1759.

Kolorit. Man wird unten im Artikel
Lana finden, daß der sel. Leffing Willens
war, das dritte Kapitel aus demjenigen Theile
des *Prodromo all' Arte Maestra* des **Francesco
Lana**, welcher von der Mahlerei handelt, ganz
zu übersetzen, weil dieses Kapitel über das Kolorit in der Kürze so viel Gutes in sich fasse,
als er nirgend angetroffen habe. Aus gleicher
Ueberzeugung erfülle ich hier seinen unausge-
führt gebliebenen Vorsatz.

Regeln über das Kolorit.

Wer sich durch Beobachtung der dahin gehörigen Vorschriften in der Zeichnung festgesetzt
hat, dem wird auch die Farbengebung nicht

schwer fallen. Weil aber doch auch hierüber
verschiednes in Acht zu nehmen ist, so will ich
die vornehmsten und nöthigsten Vorschriften,
welche das Kolorit betreffen, hier anführen, und
mich bemühen, nichts von dem zu übergehen,
was dem angehenden Künstler in dieser Rücksicht lehrreich werden kann.

Hat man also die Zeichnung zu Stande gebracht, so wird man finden, daß dieselbe viele
Oberflächen, das heißt verschiedne vermittelst
der Striche der Zeichnung von einander abge-
sonderte Theile enthält; und diese sind nun mit
verschiednen, theils hellen, theils dunkeln, Farben auszufüllen. Dergleichen Oberflächen nennt
man gewöhnlich Lichtparthien; indem man nämlich zuerst auf dem Gemählde die bloßen Umrisse
der Figuren zieht, welches der erste Theil der
Zeichnung ist, und die Umschreibung heißt,
worin man nichts weiter sieht, als die Aussen-
linie, wovon der gezeichnete Gegenstand begränzt
und umgeben wird. Hernach bemerkt man die
Gränzen des Lichts und des Schattens, und
unterscheidet sie durch verschiedene Linien, welche
den ganzen umschriebenen Körper in verschiedne

Theile

Theile oder Flächen abtheilen; und dieß ist dann
das zweite Stück der Zeichnung. Endlich nun
muß man diese mit ihren gehörigen Lichtern aus-
füllen, welches man entweder mit dem bloßen
Hellen oder Dunkeln thut, oder mit den Farben, deren Wirkung ungleich besser ist, weil sie
mehr die Natur nachahmen, und der Zeichnung
eine gewisse Schönheit und Anmuth ertheilen.
Wenn man auf diese Weise die Flächen mit Farben ausfüllt, so muß man, wie bei der Farbengebung überhaupt, darauf sehen, daß eben so,
wie die wirklichen Körper aus vier Elementen
bestehen, und eins derselben mehr, als das
andre, in einigen Theilen hervorsticht, und daher dem Körper eine andre Farbe giebt, daß
eben so auch der Mahler, welcher die Natur
nachahmen will, vier Hauptfarben dazu nöthig
hat, welche mit den vier Elementen übereinstim-
men; nämlich der rothen Farbe, sie sey nun
aus Zinnober, oder Lack, oder Mennig, welche
dem Feuer entspricht; der blauen Farbe, welche
die Luft andeutet; der grünen, die dem Wasser
ähnlich ist; und der dunkelgrauen oder schwärz-
lichen, welche die Erde andeutet. Und diese

Farben muß er dergestalt mischen, daß er da,
wo er das Uebergewicht des einen Elementes auszudrücken hat, die demselben entsprechende Farbe
verstärke. Will er z. B. ein blutvolles und von
Zorn entflammtes Gesicht darstellen, so nimmt
er dazu den Zinnober und Mennig; will er eine
braune Gesichtsfarbe ausdrücken, so bedient er
sich des Lackes. Ist hingegen seine Absicht, ein
furchtsames, kaltes oder mattes Antlitz zu mahlen, so enthält er sich der Röthe, und bedient
sich mehr des Aschgrauen. Und so auch in andern Fällen. Es ist daher sehr gut, wenn sich
in dem Bilde auch nicht der kleinste Theil findet,
der nicht mit allen diesen vier Farben gemahlt
ist; so, wie in dem wirklichen Körper in jedem
Theile eine Mischung aller vier Elemente befindlich ist. Hätte ich also eine noch so weisse Fleischfarbe auszudrücken, so würde ich doch unter das
Weisse ein wenig Zinnober mischen, welches zur
Andeutung des Blutes nothwendig ist, ohne
welches kein lebendiges Fleisch bestehen kann.
Ausserdem aber würde ich auch etwas weniges
vom blauen Ultramarin beimischen, welches in
allen Farben eine trefliche Wirkung thut, vor

nehmlich, wenn es mäßig in der Karnation gebraucht wird, wodurch dieselbe ein gewisses
himmlisches Licht und Ansehen erhält, die ihr
eine gewisse Lieblichkeit und Anmuth ertheilt.
Weil aber überdieß in jedem wirklichen Körper,
außer den vier Elementen, woraus er besteht,
auch eine gewisse Mischung des Lichtes befindlich
ist, und er, wo diese fehlt, dunkel und finster
bleibt; so haben wir auch in der Mahlerei zwei
Farben, wovon die eine mit dem Lichte Aehnlichkeit hat, nämlich die weisse Farbe; und wovon die andre das Dunkle ausdrückt, nämlich
die schwarze, aus gebrannten Knochen, oder
Rauch, oder Kohlen, oder schwarzer Erde.
Und weil ferner, wie ich anderswo zeige, das
Licht nichts anders ist, als reines Weiß; und
die Finsterniß reines Schwarz; so sind das
bloße Weiß und Schwarz nicht zwei Farben,
sondern der äußerste Grad dieser Farben; eben
so, wie die Punkte das Aeußerste der Linie,
aber nicht die Linie selbst sind. Indeß haben wir
nun einmal nichts weissers, als die Kreide oder
das Bleiweiß, und nichts schwärzers, als ge-
branntes Elfenbein; und daher bedienen wir uns

dieser Farben, Licht und Finsterniß auszudrücken.
Unter Finsterniß verstehe ich auch die Schatten,
welche die Abwesenheit des Lichtes sind. Wo
also diese Abwesenheit des Lichtes größer ist, und
die Schatten dichter, da nimmt man mehr Kno=
chenschwärze; wo sie hingegen geringer ist; da
bedient man sich mehr der dunkeln Erdfarben,
oder mischt eine etwas hellere Farbe hinzu.
Man muß daher bei jedem zu mahlenden Ge=
genstande, und folglich bei jeder Farbe, das
Bleiweiß hinzunehmen, wo eine Lichtparthie,
und die Knochenschwärze, wo eine dunkle Par=
thie auszudrücken ist. Und so muß man auch
nach Verhältniß des geringern oder stärkern
Lichtes mehr oder weniger Bleiweiß hinzu thun,
wobei denn die Uebung die beste Lehrmeisterin
seyn wird, die uns in Stand setzt, alle Farben
gehörig zu mischen, worin es demjenigen leicht
glücken kann, der auf das bisher Gesagte die
nöthige Aufmerksamkeit gewandt hat.

Weil ich aber doch in dieser kurzen Abhand=
lung die ganze praktische Mahlerei zu lehren
wünsche, so will ich hier auch noch anführen,
wie ich, ehe ich mahle, auf meiner Palette ver=

ſchiedne Farben zu bereiten pflege. Ich nehme
nämlich mit einer Meſſerſpitze die angerührten
Farben, und verbinde und knete ſie mit eben
der Meſſerſpitze hier und da auf dem Brette durch
einander. Auf die eine Seite lege ich ein wenig
reines Bleiweiß, mit keiner andern Farbe vermiſcht, und bediene mich deſſelben, um auf dem
Gemählde die höchſten Lichter anzubringen; und
auf eine andre Seite lege ich ein wenig Bein-
ſchwärze, gleichfalls unvermiſcht, für die größern Schatten, und etwas Umbra für die kleinern. Die andern Farben laſſe ich niemals ganz
einfach, wenn ſie nicht etwa zu irgend einem
Gewande gebraucht werden ſollen, ſondern ich
mache davon verſchiedne Tinten und Halbtinten,
mit mehrerlei Miſchungen. Zuerſt mache ich eine
Tinte von blauem Ultramarin, wozu ich nicht
von dem allerbeſten nehme, mit etwas Bleiweiß, deſſen ich mich faſt zur Miſchung aller
Tinten bediene; hernach mache ich mit Zinnober, oder rother Erde mit Bleiweiß vermiſcht,
drei Tinten, die eine noch voller als die andre;
und dieſer bediene ich mich zur Karnation; doch
ſo, daß ich ſie niemals einzeln brauche, ſondern

etwas weniges von einer andern aus Lack und
Bleiweiß gemischten Tinte hinzu nehme. Da,
wo das Fleisch recht blutreich seyn soll, nehme
ich etwas mehr Lack; wo es etwas blässer seyn
soll, etwas weniger, und brauche die Tinte des
minder gesättigten Zinnobers. Allemal aber
nehme ich zur Fleischfarbe ein wenig von der
oben erwähnten blauen Tinte mit, welche eine
ganz herrliche Wirkung thut. Ausserdem mache
ich noch drei andre sogenannte Halbtinten mit
Bleiweiß und Umbra, wovon die eine heller
ist, als die andre, wobei in der hellern es nur
ganz wenig Umbra braucht; und, wenn ich eine
dunklere Tinte haben will, nehme ich noch etwas
Beinschwärze dazu. Auch diese Halbtinten von
Umbra dienen gleichfalls zur Karnation, und
vornehmlich die hellsten, die man nicht für sich
allein brauchen, sondern ein wenig mit den rothen Tinten und der blauen vermischen muß.
In den Schatten der Karnation, das heißt, in
den minder beleuchteten Theilen, kann man zu
den dunklern Halbtinten noch ein wenig von der
mit Lack gemachten Tinte hinzu thun, weil diese
eine dunkle Fleischfarbe giebt; auch muß man

das Blau nicht sparen, weil es hier gleichfalls die Karnation überaus fein und gefällig macht.

Man muß also mit der Messerspitze auf der Palette alle diese Tinten und Halbtinten vermittelst des Bleiweisses so anmachen, daß die Farbe einer jeden, nachdem sie dunkel oder hell seyn soll, minder oder mehr mit demselben gemischt sey. Hernach muß man beim Mahlen selbst mit dem Pinsel ein wenig von der einen und von der andern nehmen, und sie, nachdem es Noth thut, unter einander mischen, wobei man dahin zu sehen hat, daß alle diese Tinten auf dem Gemählde selbst der wahren und natürlichen Fleischfarbe so nahe kommen, als es nur immer möglich ist. Weil man aber nicht wissen kann, an welcher Stelle man die eine oder die andre anzubringen habe, ohne daß man die verschiedenen Lichter kennt, welche auf die zu mahlenden Gegenstände verschiedentlich fallen, so halte ich es für nothwendig, hier auch etwas über die Lichter zu sagen, weil von der rechten Kenntniß derselben diese ganze Kunst abhängt. Es ließe sich hierüber mancherlei bemerken. Da ich hier aber mehr die Ausübung der Mahlerei, als die

Theorie der Farben, und andre zur Optik gehörige Dinge, zu lehren wünsche; so will ich einige
Bemerkungen nur ganz kurz berühren, die dem,
der sie gehörig gefaßt hat, sehr nützlich werden
können.

Zuerst muß der Mahler auf den Ort Rücksicht nehmen, wo seine Arbeit soll aufgestellt
werden. Hat er z. B. ein Gemählde zu verfertigen, welches an einem bestimmten Platz eines
Saals oder einer Kirche soll aufgestellt werden,
so muß er dahin sehen, von welcher Seite, oder
auf welche Weise das Licht darauf fallen wird;
ob von einer Seite, ob von vorn her, ob von
oben, oder anders woher; und wenn er es nun
nicht, wie das sehr gut seyn würde, an Ort
und Stelle mahlen kann, so mahle er sein Bild
wenigstens so, daß die hellen Parthien auf
eben die Seite kommen, von woher das Licht
darauf fallen wird; und den Theil des Bildes,
der sich am meisten hebt, und dem Lichte am
nächsten ist, mache er heller, als alle die übrigen. Hernach gebe er dem Gemählde die übrigen allmählig abnehmenden hellen Parthien, in
Verhältniß zu der immer größern Entfernung

des Lichtes und der Hebung der Parthien; dergestalt, daß ein einziger Theil des Gemähldes
das erste und größte Licht habe, und hernach die
übrigen, ihrer Lage nach, mehr oder weniger,
von geringerer Beleuchtung sind. Fällt also das
Licht von oben ein, und unmittelbar auf die
Stirn eines menschlichen Bildes, so muß dieser
vom Lichte getroffene Theil auch am hellsten, die
Wange oder die Nase schon weniger hell, und
die Schultern, Hände, Beine noch minder beleuchtet seyn, weil diese weiter von dem von
oben her einfallenden Lichte entfernt sind, und
folglich weniger hell seyn müssen, als alle die
obern und dem Lichte nähern Theile.

Zweitens muß man wohl merken, daß das
hier Gesagte von denen Parthien zu verstehen
ist, auf welche das Licht senkrecht, oder in rechten Winkeln, herabfällt; weil diejenigen, auf
welche es schief, und mit stumpfen Winkeln
fällt, auch dann, wenn sie dem Lichte näher
sind, zwar heller seyn müssen, doch so, daß
Eins durch das andre gemildert wird. Daher
kommt es, daß die mehr gehobenen Parthien
gemeiniglich auch stärker beleuchtet werden, weil

sie meistens das Licht mehr in gerader Linie er=
halten; ich sage, meistens, weil zuweilen, der
verschiedenen Lage nach, das Licht gerader hin
auf die minder hohen Theile fällt, und diese
daher heller seyn müssen.   So z. B. wenn das
Licht von der Seite her auf das Gesicht, und
gerade oder senkrecht auf die eine Seite der Nase
fällt, und sie daher mehr beleuchtet, als den
Vordertheil der Nase, obgleich dieser erhobener
ist.   Fällt aber das Licht geradehin auf das Ge=
sicht, alsdann ist auch der vordere Rand der
Nase derjenige Theil, welcher die meiste Be=
leuchtung hat.

Drittens: da ein Lichtstrahl nicht anders
senkrecht auf eine Fläche, als auf einen einzigen
Punkt fallen kann, so muß auch die stärkste Be=
leuchtung einer jeden von den vielen Oberflächen
des gemahlten Körpers in diesem einzigen Punkte
seyn, auf welchen das Licht senkrecht fällt; und
je schiefer das Licht auf die von diesem Punkte
entfernten Theile fällt, desto weniger hell müssen
sie seyn.   Hierin besteht die allmählige Abstu=
fung der Farben von der höchsten Helle bis zum
tiefsten Dunkel; und sie müssen daher im Ver=

hältniß zu der mehr oder weniger schiefen Rich-
tung des Lichtstrahls abnehmen, wenn dessen
Entfernung auch die nämliche ist. Und wenn
derjenige Theil, auf welchen das Licht schiefer
einfällt, auch zugleich am weitesten von dem
Lichte entfernt ist, so muß auch die Abnahme
desto größer seyn. Fällt aber das Licht auf den
einen Theil schiefer, als auf einen andern, und
jener ist dem Lichte näher, als dieser; so muß
die geringere, durch die Schiefheit des Einfalls
verursachte Beleuchtung durch diejenige Helle
ersetzt werden, welche durch die Nähe des Lichtes
veranlaßt wird.

Viertens bemerke man, daß in dieser Abstufung des Hellen und Dunkeln, oder des Lichtes
und Schattens, die ganze Stärke des Kolorits,
und der Hebung der einzelnen Theile besteht.
Und damit diese sich nicht auf eine wilde, plötz-
liche Art durch das größere Helle oder Dunkle
hindurch heben mögen, so muß man die Farben
auf eine angenehme und unmerkliche Art allmählig abnehmen lassen. Denn eben in dieser
unvermerkten Abnahme besteht die Annehmlich-
keit des Kolorits, wobei alles Rauhe zu ver-

meiden ist, wodurch das Auge beleidigt wird,
so bald es schnell von der höchsten Helle zum
tiefsten Dunkel überspringen muß. Selbst die=
jenigen Umrisse, in welchen es nöthig scheint,
einen solchen schnellen Sprung zu machen, müs=
sen mit einer gewissen Anmuth behandelt und
verduftet werden, um diesen unmittelbaren,
raschen Uebergang zu mildern. Befindet sich
ferner das Licht auf der Mitte einer Fläche, und
giebt es auf beiden Seiten derselben Abstufun=
gen ins Dunkle, so entsteht daraus diejenige
Wirkung, welche man das Abrunden (*tondeg=
giare*) nennt. Denn die mittlere Parthie, die
das meiste Licht hat, tritt alsdann mehr hervor,
als die übrigen, welche sich auf beiden Seiten
ins Dunkle neigen, und daher immer weniger
erhoben scheinen, so, daß sie nun, dem Anse=
hen nach, ihr Licht von der Seite her erhalten,
wie es bei den Seitentheilen eines runden Kör=
pers, der sein Licht in der Mitte hat, wirklich
der Fall ist.

Fünftens, ist es eins von den vornehmsten
Verdiensten des Künstlers, wenn er durch die
Vertheilung des Lichts und Schattens seinem

Gemählde so viel Stärke zu geben weiß, daß
es, so viel möglich, hervortrete, oder gleichsam
hervorspringe. Um dieß zu erhalten, muß er,
außer der nöthigen Kenntniß der Lichter, auch
die von vielen ertheilte und von wenigen ver-
standene Regel beobachten, daß man sich der
weißen Farbe äußerst sparsam bediene. Dieß ist
aber nicht, wie manche glauben, von der geringen Menge des Weissen zu verstehen; denn im
Grunde ist die Menge der zum Mahlen eines
Gesichtes erfoderlichen weissen Farbe größer, als
der ganze Vorrath der übrigen dazu nöthigen
Farben; und überhaupt braucht man zum Kolorit nur selten irgend eine Farbe, die nicht mit
der weissen vermischt würde, indem diese alle
die übrigen Farben eben so mildert, wie das
Licht die dadurch beleuchteten Körper. Der
Sinn jener Vorschrift ist also dieser, daß man
an keiner Stelle des Gemähldes das bloße Weiß
anderswo sehen müsse, als auf dem Punkte,
auf welchen das nächste Licht senkrecht fällt, und
daß alle die übrigen Theile auf die gehörige Art,
und in der gehörigen immer mehr ins Dunkle
gehenden Abstufung müssen behandelt werden.

Hierdurch entsteht zuletzt ein voller Schatten, durch welchen das Licht desto mehr gehoben wird; und das Gemählde erhält dadurch die Kraft, den Zuschauer zu täuschen, daß er glaubt, es trete aus der Fläche der Leinewand hervor.

Sechstens muß man die verhältnißmäßige Stärke oder Schwäche des Lichtes, welches auf das Gemählde fällt, wohl in Acht nehmen, und bemerken, ob der Platz des Gemähldes ein starkes oder schwaches Licht, oder, wie man zu sagen pflegt, ein lebendiges oder todtes Licht haben werde. Denn nach Verhältniß des größern oder geringern Lichtes muß auch das Helle und Dunkle des Gemähldes stärker oder schwächer, im gegenseitigen Verhältnisse seyn; das heißt: wenn das wahre Licht schwach und todt ist, so muß das Gemählde seine erdichteten Lichter, d. i. eine muntre und lebhafte Helle haben; ist hingegen das Licht lebhaft und stark, so muß das Helle des Gemähldes etwas schwächer und gemäßigter seyn. Der Grund hievon ist, weil das wahre Licht, welches auf das Gemählde fällt, dasjenige ist, welches mit dem erdichteten oder angenommenen Hellen des Gemähldes

zugleich auf das Auge zurückgeworfen wird, und
beide mit einander auf das Gesicht oder den Anblick gemeinschaftlich wirken. Weil nun alles
Uebertriebene das Gesicht beleidigt, so kann es
nicht zwei Lichter aushalten, die beide allzu
hell und lebhaft sind; und eben so wenig ver-
trägt es zwei allzu schwache und todte Lichter.
Um also dem Auge zu gefallen, muß man das
Lebhafte des wahren Lichtes durch das Todte des
erdichteten, und das Todte dieses letztern durch
die Lebhaftigkeit des erstern zu mildern suchen.
Ist das Gemählde schon fertig, und man sucht
erst den Platz auf, wo man es hinstellen will,
so muß man ebenfalls darauf sehen, es in dem
Falle, wenn die Farben desselben sehr hell und
lebhaft sind, in ein mäßiges, und wenn sie matt
und schwach sind, in ein desto lebhafteres Licht
zu stellen.

Siebentens habe ich bemerkt, daß das Licht,
wenn es auf einen hellen und glänzenden Körper
fällt, denselben weit mehr erhellt, als einen
minder glatten und glänzenden Körper. Besonders gilt das von demjenigen Theile, der senkrecht von dem Lichte getroffen wird, und dann

ungemein leuchtend ins Auge fällt. Man kann
dieß an einer geschliffenen kryſtallnen Kugel,
und ſelbſt an dem Licht in unſern Augen wahrnehmen. Daher kommt es auch, daß derjenige
Theil des Auges, welcher in dem Gemählde
geradehin von dem Lichte getroffen wird, mit
einem durchaus weiſſen Punkte muß ausgedrückt
werden, wodurch er dann den höchſten Glanz
erhält. Man muß es ſich alſo in Anſehung der
Beleuchtung zur Regel machen, diejenigen
Theile allemal mit hellern Farben anzudeuten,
die vorzügliche Glätte und Glanz haben ſollen.
Wollte man z. B. eine helle und glatte Karnation ausdrücken, ſo müßte man ſie heller mahlen, obgleich dazu auch die Oberfläche des Gemähldes ſelbſt viel beiträgt; wenn ſie glatt und
mit feingeriebenen Farben gemahlt iſt, wozu
denn einige am Ende noch einen gewiſſen Firniß
hinzufügen, von welchem wir hernach reden
werden.

Achtens muß man wohl erwägen, daß man
auſſer den geraden und einfallenden Lichtern auch
auf die zurückgeworfenen, oder auf die Wiederſcheine zu ſehen hat; indem dieſe ganz ungemein

dazu

dazu helfen, dem Gemählde eine gewiſſe Stärke
zu geben, und zu machen, daß es gehörig hervortrete, ſo bald man ſie am gehörigen Orte
anzubringen weiß. Man muß ſie alſo zuerſt
aufs genaueſte an jedem Körper in der Natur
bemerken, um davon eine vollſtändige Kenntniß
zu erlangen; und man wird finden, daß von
den andern Körpern in der Nähe das Licht auf
alle die Seiten zurückfällt, worauf es zurück-
fallen kann; vornehmlich aber auf diejenigen,
welche den letzten Umriſſen des geſehenen Körpers nahe ſind, weil dieſe auch dem wiederſchei-
nenden Körper am nächſten ſind. Daher muß
man die Wiederſcheine allemal an den beſchatte-
ten Theilen anbringen, weil der Körper, welcher das zurückgeworfene Licht erhält, ſich in
der Mitte zwiſchen demjenigen Orte befindet,
woher das Licht kommt, und zwiſchen dem Körper, der es zurückwirft; ſo, daß alſo diejenigen
Theile, die am meiſten im Schatten ſind, und
von dem geraden Lichte in der ſchiefſten Rich-
tung getroffen werden, das zurückgeworfene
Licht von jenem Körper erhalten, welcher dem
Lichte an der Seite nach dem Schatten zu entge-

gen steht. In den Umrissen dieses letztern müssen also diejenigen Wiederscheine angebracht werden, die eben dadurch schwach ausfallen, und
gleichsam durch den Schatten hervorschießende
Halblichter sind. Diese werden hingegen desto
heller seyn, je näher, glatter und lichter der
Körper ist, der sie zurückwirft; und sie thun
dann eine desto treflichere Wirkung, weil sie
auch diejenigen Theile sichtbar machen, die hinter dem Körper verborgen sind. Daher kommt
es, daß ein Gemählde, in welchem dergleichen
Wiederscheine kunstreich ausgedrückt sind, sich
dergestalt hebt und abrundet, daß man auch die
hinten befindlichen Seiten zu sehen glaubt. Auch
bemerke man, daß das Licht, welches von einem
gefärbten Körper zurückgeworfen wird, etwas
von der Farbe annimmt, deren Wiederschein es
ist; dieß muß aber nur ein ganz leichter, mit
vieler Geschicklichkeit behandelter, und am gehörigen Orte angebrachter, Anstrich seyn, der
dann eine schöne Wirkung thut, indem das Auge
nicht nur erkennt, daß es ein bloßer Wiederschein ist, sondern auch einsieht, von welchem
Körper er entsteht.

Neuntens, um einem Gemählde die gehörigen und am rechten Orte angebrachten Lichter
und Schatten zu geben, muß man vorher einen
Ort auſſer dem Gemählde feſtſetzen, von welchem man annimmt, daß das Licht darauf fällt,
und hernach das Stück, welches man mahlen
will, in eine ſolche Lage neben einem Fenſter
ſtellen, daß das durch daſſelbe einfallende Licht
ſo darauf falle, wie wir es wünſchen, entweder
ſtark oder ſchwach, von der Seite, oder gerade
zu, oder von oben herab. Und dann muß das
Gemählde eine ſolche Lage in Anſehung des
Lichtes haben, während daß es gemahlt wird,
als es hernach haben ſoll, wenn es fertig iſt,
und an dem beſtimmten Platze aufgeſtellt wird.
Hiebei muß ich nur noch erinnern, daß diejenigen Gemählde, welche ihr Licht von oben her
erhalten, allemal eine unbeſchreibliche Anmuth
und Schönheit vor den übrigen voraus haben,
wie man das auch an lebenden Gegenſtänden in
der Rotunde zu Rom bemerkt, wo auch die ge-
wöhnlichſten Geſichter allemal ſehr ſchön erſchei-
nen. Man muß jedoch immer vorausſetzen, daß
das Licht von einem einzigen Punkt herkommt,

und von diesem sich über das ganze Gemählde
verbreitet; woher denn die Verschiedenheit der
Beleuchtung, nach Verhältniß derjenigen verschiednen Theile rührt, die nach jenem Punkte
hingekehrt sind. Auch muß man nicht bloß den
Punkt bestimmen, von welchem das Licht herkommt, sondern auch den Punkt, aus welchem
das Auge das Gemählde betrachten muß; indem nach der verschiednen Stellung des Auges
die Lichter auch verschiedentlich erscheinen werden. Dieß kann man bemerken, wenn man eine
Statue ansieht, die unbeweglich stehen bleibt,
und immerfort einerlei Licht von der nämlichen
Seite her erhält. Wenn sich aber das Auge
bewegt, und sie von verschiednen Seiten betrachtet, so wird es die Helle des Lichts, das auf sie
fällt, an verschiednen Stellen wahrnehmen.
Um endlich eine gründliche Kenntniß dieser Lichter zu erhalten, wird es sehr gut seyn, wenn
man sich gewöhnt, des Nachts beim Schein
einer Lampe zu mahlen. Denn weil dieß ein
schwaches Licht ist, so lassen sich darin die Abstu-
fungen viel merklicher erkennen. Auch kommt es
hier von einem einzigen Punkt her, welches

beim Tageslichte der Fall nicht ist; ob man gleich
auch am Tage das Licht durch ein kleines Fen-
ster muß einfallen lassen, weil man auf diese
Art die verschiedne Beleuchtung der von dem
Lichte geradezu oder schief getroffenen Theile bewirken kann. Auch wird es sehr nützlich seyn,
sich im Abmahlen einer Statue oder irgend eines
andern Körpers nach der Natur zu üben; vornehmlich aber wird es großen Nutzen schaffen,
wenn man nach der Natur allerlei Früchte, auch
Vögel, Hunde, Hasen, und dergleichen, ab-
mahlt; weil Früchte, Blumen, und dergleichen
Dinge, sehr lebhafte Farben haben, auf welche
das Licht fällt, und dann die Verschiedenheit der
hellen und dunkeln Parthien desto merklicher
macht. Auch gelangt man ausserdem durch das
Abmahlen dieser Gegenstände zu einer gewissen
Freiheit und Leichtigkeit im Arbeiten, die sehr
viel hilft und ermuntert. Diese entsteht besonders dadurch, weil man beim Abmahlen solcher
Gegenstände viel Freiheit und Willkühr hat,
Veränderungen anzubringen, indem man bald
mehr, bald weniger gefärbte Blätter, Blumen
und Früchte, bald so, bald anders gestaltet,

anbringt. Diesen Rath, sich im Abmahlen der Früchte und Blumen zu üben, kann man als ein großes Geheimniß in dieser Kunst ansehen, da ein sehr geübter Meister in derselben es mir aus mehrerlei Gründen empfahl, vornehmlich aber aus dem vorher angeführten Grunde, um zur Kenntniß der Beleuchtung zu gelangen. Und weil von dieser Kenntniß die ganze Kunst der geschickten Vertheilung der Farben abhängt, so habe ich hier diese wenigen, aber hier sehr wesentlichen, Erinnerungen anbringen wollen.

Ich muß nun noch zum Schluß dieses Kapitels einige andre besondre und praktische Regeln über das Kolorit, ausser den vorhin ertheilten, anführen; und da ich, durch die eingeschalteten Bemerkungen über die Lichter, fast ganz von diesem abgekommen bin, so will ich hier nur noch bemerken, daß man alsdann, wenn man die Arbeit unterbrochen hat, und hernach das Gemählde wieder vornimmt, dessen Farben schon eingezogen und getrocknet sind, um den Pinsel besser in Gang zu bringen, zuerst die Stelle etwas anfeuchten muß, worauf man fortfahren, oder das Angefangene weiter aus

mahlen will; und zwar mit gekochtem Leinöl,
wozu man auf jedes Pfund Oel zwei Unzen
Silberglätte genommen, und es bis zum Aufkochen hat heiß werden laffen. Diese Anfeuch-
tung thut übrigens dem Gemählde keinen Schaden, wie einige glauben; und man erhält dadurch den Vortheil, daß es bald trocken wird,
da hingegen das ungekochte Oel zum Einziehen
ziemlich viel Zeit erfodert.

Ehe man irgend etwas auf die zum Gemählde bestimmte Leinewand zeichnet, muß diese
gegründet werden, welches auch bei hölzernen
oder metallnen Tafeln, worauf man kleinere
Bilder zu mahlen pflegt, nöthig ist. Diese
Gründung besteht darin, daß man die Tafel
mit einer Farbe bestreicht, wozu man gut ange-
machte Umbra-Erde mit etwas Bleiweiß und
Röthel, mit Leinöl angerührt, zu nehmen pflegt.
Diese Grundfarbe wird etwas dicker und weniger flüssig angemacht, als die andern Farben;
und man streicht sie mit einem großen Messer
über das Gemählde her; wobei man dahin sieht,
daß sie eben und überall gleich und sauber aufgetragen werde. Einige pflegen diese Gründung

zwei, bis dreimal zu wiederholen; welches mir
aber nicht gefallen will. Denn ist die Grund⸗
farbe zu dick, so verändert sie gar sehr die nach⸗
her aufgetragenen Farben, indem sie dieselben
dergestalt einzieht und einsaugt, daß sie von
dieser Grundfarbe selbst etwas annehmen.

Damit die Farben sich lebhaft erhalten mö⸗
gen, muß man die nämliche Farbe mehrmals
über einander auftragen; auch muß dieser Auf⸗
trag überhaupt etwas stärker seyn, als in der
Natur. Wenn man z. B. die Wangen und
ähnliche Theile mit Lack oder Zinnober röthet,
so geht man dabei etwas über die Natur hin⸗
aus, und mahlt sie röther, weil sie nach Ver⸗
lauf einiger Zeit blässer, und so werden, wie sie
in der Natur selbst sind; denn sonst würde das
Gesicht gar bald todt und blaß werden.

Viel Fleiß muß der Mahler darauf wenden,
auf seinem Gemählde die einzelnen Gegenstände
mit ihren eigenthümlichen und natürlichen Far⸗
ben dergestalt darzustellen, daß die eine Farbe
in der Nähe der andern dazu beitrage, alle
Theile zu heben und hervor zu treiben, indem
die dunkeln und tiefen Farben allemal die be⸗

nachbarten hellen abstechender machen. Wünschen wir daher, daß ein Kopf hervortreten und
sich heben soll, so müssen wir die Farben um
ihn herum dergestalt vertheilen, daß der hellere
Theil irgend einen dunkel gefärbten Gegenstand
oder Umriß neben sich habe; so, wie hingegen
der beschattete und dunkle Theil irgend einen
etwas hellern Gegenstand in der Nähe haben
muß. Wird dieser so gestellt, daß er das Licht
von der entgegenstehenden Seite her erhält, und
es an der schattigen Seite des Kopfes zurückwirft, so wird ein solcher Wiederschein die tref-
lichste Wirkung thun, indem er den Schatten
von derjenigen Seite des Kopfes etwas mildert,
welche das Licht nicht geradezu erhalten kann.
Um dergleichen Wirkungen hervorzubringen,
wird es gut seyn, solche Gewänder zu wählen,
deren Farben sich zu dieser Absicht am besten
schicken; indem es uns frei steht, den Gewän-
dern eine Farbe zu geben, die ihnen am vor-
theilhaftesten ist. Und da wir sie überall hin-
fallen lassen können, so muß man ihre Falten
und Würfe so anzubringen suchen, daß ihre
Farben selbst dazu dienen, die unbedeckten Theile

C 5

hervortretender zu machen. Um aber diese Ge=
wänder zu mahlen, bediene man sich eines wirk=
lichen Tuchs, gebe ihm einige Falten, Buchten
und verschiedne Lagen; wobei man nur darauf
sehen muß, daß sie durch die Menge nicht ge=
zwungen noch verworren werden, noch auch,
daß das Gewand gar zu steif und eben, ohne
Anmuth und Schönheit sey. Vornehmlich aber
muß man es so anzulegen wissen, daß man dar=
unter die Hebung und Senkung der Glieder
und alle ihre Anstrengungen und Bewegungen
erkenne. Denn das Gewand soll zwar die Figur
gut bekleiden, aber nicht sie verhunzen, noch
ihr die Beine brechen. Alles dieß muß man ja
nicht obenhin treiben, und für so gar leicht an=
sehen; denn es giebt in der Mahlerei durchaus
keine leichte Arbeit, so bald man sie in gehöriger
Vollkommenheit auszuüben wünscht.

———

Komische Subjekte. Aus der
Stelle des Cicero von der Traurigkeit, die
ich im zweiten Bande der Dramaturgie an=
geführt habe.

———

Mylord Roß zu Dublin, von dem das Journal Encyclopédique, 1762, p. 105, nachzuleſen iſt, würde ein gutes Subjekt zu einem neuen Don Pedro ſeyn.

――――――

Von einem auſſerordentlichen Projektma‐ cher, den Weiſſe zum Muſter hätte nehmen ſollen, oder den Jemand noch nehmen könnte, der einen beſſern Projektmacher verfertigen wollte, ſ. gleichfalls das Journ. Encycl. 1762, p. 103. Es war Kapitän Pockrich in Lon‐ don. Seine Gläſermuſik. — Sein Geheimniß, unſterblich zu werden. — Ein gewiſſer New‐ burgh hat dieſen zweiten Don Quixote in einem beſondern Gedichte, The Pockiad, be‐ ſungen.

I.

Leſſing redet im 87ſten und 88ſten Stücke ſeiner Hamburgiſchen Dramaturgie, (Th. II. S. 273 ff.) von der einem komiſchen Charakter nothwendigen Allgemeinheit, und rechtfertigt den Terenz über ſeinen Charakter des Heavtontimorumenos gegen eine Kri‐ tik Diderot's, der demſelben zu viel Sonder‐

lichkeit und Einzelnheit vorwirft. Hier sagt er
unter andern, S. 284: „Cicero hatte auf die
Natur der Betrübniß genauer gemerkt; er sah
daher in dem Betragen des Heavtontimorumenos nichts mehr, als was alle Betrübte, nicht
bloß von dem Affekt hingerissen, thun, sondern
auch bei kälterm Geblüte fortsetzen zu müssen
glauben: (*Tusc. Quaest.* L. III. c. 27.) Haec
omnia recta, vera, debita putantes, faciunt in
dolore: maximeque declaratur, hoc quasi officii
judicio fieri, quod si qui forte, cum se in luctu
esse vellent, aliquid fecerunt humanius, aut si
hilarius locuti essent, revocant se rursus ad
moestitiam, peccarique se insimulant, quod do-
lere intermiserint: pueros vero matres et magi-
stri castigare etiam solent, nec verbis solum,
sed etiam verberibus, si quid in domestico luctu
hilarius ab iis factum est aut dictum, plorare
cogunt. — Quid ille Terentianus ipse se pu-
niens? u. s. f. — Schade, daß Lessing die
Idee nicht ausführte, diese so wahre Bemerkung
zum Anlaß eines Charakterstücks zu nutzen, in
welchem der Traurige mit andern Personen in
solche Situationen versetzt wäre, worin er diesen
Hang, alles in seine Laune und Gemüthsstim-
mung mit hinein zu ziehen, vielfach geäußert hätte.

2.

In dem angeführten Stücke des *Journal Encyclopédique* (1r Janv. 1762, p. 97 ff.) wird die
im J. 1761 erſchienene engliſche Schrift: The
Life of *John Carteret Pilkington* — — written
by Himſelf; 2 Vols. 12mo. reſenſirt. Der ganze
Artikel iſt, wie das gewöhnlich bei den Anzeigen
engliſcher Bücher in dieſem Journale der Fall
iſt, aus dem *Monthly Review* gezogen, in welchem man Vol. XXIV, p. 11 ff. einen umſtändli-
chen Auszug jenes Buchs findet. Unter den
daraus zur Probe mitgetheilten Anekdoten iſt
auch die von dem damals in London wegen ſeiner ſeltſamen Aufführung ſehr bekannten Grafen
von Roß befindlich, deſſen Charakter mit dem
noch bekanntern des Grafen von Rocheſter ſehr
viel Aehnlichkeit hatte. Auch er beſaß ſehr viel
Witz und gute Anlage des Herzens, verbunden
mit einem herrſchenden Hange zu wilden Ergötz-
lichkeiten, wodurch er gar bald ſein Vermögen
und ſeine Geſundheit zu Grunde richtete. Zu
Dublin, wo er ſich aufhielt, ſah man ihn nicht
nur als den Ausbund aller Laſter an, ſondern
glaubte ſogar, er habe ein Bündniß mit dem
Teufel. Auf ſeinem Todtbette hielt ſein Nach-
bar, der Dechant Madden, ein ſehr frommer

und rechtſchaffener Geiſtlicher, es für Pflicht,
einen ſehr nachdrücklichen Brief an ihn zu ſchreiben, worin er ihm alle ſeine Ausſchweifungen
umſtändlich zu Gemüthe führte, und ihn zur
Bekehrung vor ſeinem Ende vermahnte. Lord
Roß, der ſeiner Poſſenreiſſerei noch immer treu
blieb, legte den Brief, nachdem er ihn geleſen,
in einen andern Umſchlag, und addreſſirte ihn
an den Grafen von K..e, der ein ſehr exem-
plariſcher Mann, und das gerade Widerſpiel von
jenem war. Der Bediente des Geiſtlichen mußte
ihn, als von ſeinem Herrn, überbringen, wozu
er ihn durch ein paar Guineen bewog. Lord K.
war ein ziemlich ängſtlicher und engherziger
Mann, und in ſo hohem Grade pedantiſch, daß
man von ihm erzählte, er habe bei ſeiner Vermählung mit einem der ſchönſten Mädchen in
England beim Schlafengehen ſeine Bräutigams-
handſchuhe nicht ausziehen wollen. Und nun
kann man leicht errathen, was dieſer Brief
des Dechants für Eindruck auf ihn gemacht
haben muß. Voll Unwillens ließ er anſpan-
nen, und fuhr ſelbſt damit zum Erzbiſchof von
Dublin. Dieſem war der Ton des Briefes
unbegreiflich; er ließ ſogleich den Dechant rufen,
und den Lord K. unterdeß in ein Nebenzimmer

gehen. Jenem legte er den Brief vor, und da
er ihn als den seinigen anerkannte, machte er
ihm die bittersten Vorwürfe darüber, ohne ihm
jedoch den zu nennen, der ihm den Brief gebracht
hatte. Der Geistliche rechtfertigte sich darüber,
und erklärte sich, was er geschrieben habe, wolle
er vor jedermann verantworten. Lord K. war
im Begrif, die Sache klagbar zu machen. Unterdeß ließ der Erzbischof den Geistlichen noch
einmal rufen, und stellte ihm vor, er würde den
unangenehmen Folgen am besten vorbeugen, wenn
er dem Grafen förmlich Abbitte thäte. „Ich
ihm Abbitte thun? versetzte der Dechant; er ist
ja todt!" — „Wie? Lord K. todt?" —
„Nicht doch, Lord Roß." — Hier enträth-
selte sich nun das ganze Mißverständniß; und
der Dechant sah daraus zu seinem Leidwesen,
daß Lord Roß eben so leichtsinnig, wie er lebte,
gestorben war.

3.

Die Anekdote von dem seltsamen Projektmacher Pockrich ist gleichfalls aus Pilkington's Lebensbeschreibung genommen, und im
gedachten Bande des *Monthly Review*, p. 14 ff.
der Länge nach ausgehoben worden. Pilking-

ton lernte diesen Pockrich in seiner frühen
Jugend selbst kennen, und vernahm die Erzählung seiner Abentheuer aus seinem eignen Munde, die der Leser dort selbst aufsuchen mag, weil
sie hier zu viel Raum einnehmen würde. Seine
wahre Geschichte war kürzlich folgende. Er
hatte ein ganz ansehnliches Vermögen geerbt,
welches er aber in kurzer Zeit durchbrachte, ohne
daß irgend einem davon etwas zu Gute kam.
Auch konnte Niemand begreifen, auf welche
Weise er es durchgebracht hätte. Als ihn Pilkington kennen lernte, lebte er in der äußersten Armuth, ob er gleich den Anschein derselben
sehr sorgfältig zu vermeiden, und sich alle Be-
dürfnisse wegzuphilosophiren suchte. Eins seiner
ärgsten Projekte gieng auf nichts geringers, als
auf die Erfindung, nicht zu sterben; und dieß
glaubte er durch Abzapfung des Bluts, und
Uebertragung desselben aus den Adern eines gesunden Bauermädchens in den Körper eines ab-
gelebten Mannes, vermittelst eines beiderseiti-
gen Aderlasses, zu bewirken. Freilich kein neues
Projekt! Ausserdem glaubte er eine Harmonika
von zwiefacher Art erfunden zu haben. Die eine
war ungefähr das, was man jetzt eine Harmonika *à clouz de fer* nennt. Er schlug nämlich
sechszehn

sechszehn große Stifte in ein Brett, und spielte
vermittelst eines Eisendrathes ein ganzes Stück
darauf. Die andre bestand aus Trinkgläsern,
die er verschiedentlich mit Wasser füllte, und
auf deren Rande er spielte. Diese letztere hatte
er auch im Großen aus gläsernen Glocken verfertigt; und da der junge Pilkington sehr
hübsch sang, so schlug er ihm vor, mit ihm gemeinschaftlich in den vornehmsten Städten Eng-
lands Konzerte zu geben. Das erste derselben
wurde in dem Saale des Schneiders veranstal-
tet, bei dem er wohnte. Der Saal wurde schön
erleuchtet; man hatte das Konzert auf der En-
gels-Orgel (*angelic organ*) in allen Zeitungen angekündigt; alles war dazu in Bereitschaft;
zum Unglück aber kam kurz vorher eine große
ungeschliffene Sau in das Zimmer gelaufen, und
stürzte die ganze Maschine um, so, daß alle
Gläser zerbrachen, und nicht nur das Publikum
in seiner hohen Erwartung, sondern auch die
beiden armen Virtuosen in ihren noch höher ge-
spannten Hoffnungen getäuscht wurden. Pockrich faßte sich indeß mit allem möglichen Hel-
denmuthe, ließ die Zuhörer wieder zurückweisen,
und verkroch sich in sein armseliges Dachstüb-
chen. Nicht lange hernach nahm er ein sehr

trauriges Ende. Bei einer schrecklichen Feuers=
brunst in Cornhill, welche d. 10. Nov. 1759 in
Hamlin's Kaffeehause entstand, wo P. damals
wohnte, kam er in den Flammen um, die in sei=
nem Zimmer sollen ausgebrochen seyn. Vor
seinem Tode soll er doch neun Wochen hindurch
täglich nicht weniger als sechs Pfund Sterling
mit seiner Gläsermusik verdient haben. — Ein
gewisser Newburgh von Ballyhaise, in der
Grafschaft Cavan, besang ihn in verschiednen
launigen Gedichten, besonders in einer Pockia=
de, worin er alle seine vielen unglücklichen und
meistens unausführbaren Projekte erzählt.

———————

Kochkunst. Ich besitze ein altes deut=
sches Kochbuch, welches allem Ansehen nach
das erste ist. Es führt zum Titel das einzige
Wort: Kuchemaistrey, nicht aus einzelnen
Buchstaben zusammengesetzt, sondern ganz ge=
schnitten. Unter diesem Worte steht ein Holz=
schnitt, der eine Küche mit verschiedenen darin
beschäftigten Personen vorstellt. Nirgends zeigt
sich weder Ort noch Jahr des Drucks; aber
daß es aus dem funfzehnten Jahrhunderte seyn

muß, ist wohl unstreitig. Die Form ist klein
Quart, und der Bogen sind viere, von welchen
aber nach der Signatur die Bogen A und B
jeder acht, und die Bogen C und D jeder sechs
Blätter haben; daß folglich das Ganze, mit
den vier Blättern, welche den Titel, die Vorrede und das Register enthalten, aus 32 Blättern besteht. Die Seiten sind nicht numerirt,
und der Kustos fehlt auch. Aber Anfangsbuchstaben hat es; und zwar zu Anfange der Vorrede und des ersten Theils ein A und D von
einer sehr bunten Art, voller Laubwerk. Das
Werkchen ist in fünf Theile, und jeder in besondre Paragraphen getheilt, die ich durchlau-
fen will.

Ditz Büchlein, heißt es, wirt getei-
let in fünff teyl. In dem ersten teyl.
lernt es. wie man fastenspeyß bereiten sol von mancherley vischen. vnd
auch biberschwantzen. ꝛc. zu syeden.
braten. gebachē. vñ wie man etlichs
darunter vergulden od' versilbern̄
mag. Auch wie man von gemüß vnd
suppē in mägerley weiß mit gewürtz-

tē. vñ etlich mit farbē bereiten und
geben fol. ꝛc. — So ist alles treulich nachgeschrieben; und man sieht, welche Sonderbarkeiten die Schrift hat: 1) Die Substantive haben keinen großen Anfangsbuchstaben. Nur die
Perioden fangen mit einem an. 2) Kein Kom-
ma zeigt sich gar nicht; auch sonst kein Unter-
scheidungszeichen, als das einzige Punktum,
welches für alle und jede, auch öfters an Stellen gebraucht wird, wo wir jetzt ganz und gar
keine Interpunktion setzen würden. 3) An Zeichen kommt noch sonst das Etcätera, ꝛc, und
das Paragraphenzeichen ꝺ vor. 4) Arabische
Zahlen finden sich gar nicht; sondern die Paragraphen sowohl als die Blätter der Bogen sind
mit römischen Zahlen, aber aus der nämlichen
deutschen Schrift, numerirt. 5) Noch merke
man den Ausdruk: Ditz büchlein lernt,
anstatt daß wir jetzt sagen würden, lehrt;
zum Beweise, daß lehren und lernen ursprünglich Ein Wort waren, und erst in spätern
Zeiten sind unterschieden worden.

Was ich sonst für mich daraus anmerken
kann, wird größtentheils nur in alten Wörtern
bestehen:

§. 3. mach ein gelbß pfefferlein daruber. Pfefferlein ist hier ohne Zweifel so viel als Brühe.

§. 4. haupt, grot vñ ingerusch. Ingerusch heißt so viel als Eingeweide.

§. 7. las es in einer pfannen erwallen einen wall: ein einzigesmal aufwallen, aufsieden.

§. 8. gar ein hofliches vnd deuigs essen: jetzt brauchen wir höflich nur von Sitten.

In Hrn. Panzer's Annalen der ältern deutschen Literatur finde ich dieß Buch nicht angeführt, welches dadurch, daß es in seiner Art vermuthlich das erste ist, allerdings merkwürdig wird. Ein Küchenmeister bedeutete ehedem überhaupt einen geschickten und ausgelernten Koch, z. B. wie Frisch bemerkt, einen solchen, der bei Hochzeiten, oder andern feierlichen Gastmälern die Speisen zubereitete. — Ein Pfeffer oder Pfefferlein hieß eine jede Brühe, besonders eine schwarze, ohne Zweifel von dem Hauptingredienß des Pfeffers; man nannte daher auch die Schmaroßer Pfefferlecker. —

Daß lernen in ältern deutschen Schriften sehr oft für lehren gebraucht wurde, ist bekannt. — Ingerusch oder Ingeräusch wird auch von Frisch, Th. II. S. 94, als gleichbedeutend mit Eingeweide angeführt; und von Hrn. Adelung unter diesem letztern Worte, als baiɾ risches Provinzialwort. — Der Wall im Sieɾ den; etwas einen Wall thun, für auffieden, aufkochen lassen, ist gleichfalls von Frisch, Th. II. S. 419, bemerkt worden. — Höflich für höfisch kommt in ältern Schriften oft vor.

Bei dieser Gelegenheit will ich ein andres altes, und sehr reichhaltiges deutsches Kochbuch anführen, das freilich wohl um ein Jahrhundert neuer, aber doch immer, als Beweis des vor zweihundert Jahren herrschenden Geschmacks und Aufwandes in Speisen, einige Aufmerksamɾ keit verdient. Es hat den Titel: Kunstbuch von mancherley Essen, Gesotten, Geɾ braten, Posteten, von Hirschen, Voɾ geln, Wildprat, vnd andern Schawɾ essen, so auff Fürstlichen vnd andern Panccketen zuzurichten gehörig: gestelt durch den Erbarn vnd wohlerfahren Meister Frantz de Rontzier, Fürstl. Braunschw: beɾ stalten Mundtkoch. Dergleichen bishero

in druck nicht geſehen. Wolfenbüttel,
1598. 4. 543 Seiten. Vermuthlich war dieß
ſchon ein franzöſiſcher Hofkoch; und er hat
ſein Buch, weil er ſelbſt nicht ſchreiben konnte,
wie er im Vorberichte ſagt, *ad pennam* diktirt.
Die Kunſtwörter ſind indeß nicht franzöſiſch,
ſondern faſt durchgängig deutſch.

Küſſen. Die alten Griechen, wenn
ſie Kinder küßten, pflegten ſie bei den Ohren zu
faſſen, und ſich von ihnen ſo faſſen zu laſſen:
αἰνιττομενοι μετα παιδιας, ſagt Plutarch,
(de aud. poët. p. 38, edit. *Xyl.*) ὁτι δει
Φιλειν μαλιϛα τ‍ϗς δια των ωτων ωφε-
λϗντας, per jocum innuentes, maxime
amandos eos, qui per aures profunt. —
Dieſe Art zu küſſen habe ich irgendwo die flo-
rentiniſche genannt gefunden. Die Urſache,
welche Plutarch angiebt, iſt wohl ſchwerlich
die wahre; und der ganze Grund von dieſem
beiderſeitigen Ergreifen der Ohren mag wohl
kein andrer ſeyn, als, weil auf dieſe Weiſe Geſicht und Geſicht am völligſten gegen und auf
einander kommt.

Plutarch scheint diese Art, Kinder zu küssen, wohl freilich mehr so gedeutet, und ihr einen anspielenden moralischen Sinn gegeben, als diese Anspielung für die wahre Veranlassung jener Sitte genommen zu haben. Wenn aber C. diese Art zu küssen irgendwo die florentinische genannt fand, so hatte man dabei, fürcht' ich, mehr einen unmoralischen Nebenbegrif, und den Verdacht der den Griechen so oft, und leider! nicht immer mit Ungrund, vorgeworfenen unerlaubten Knabenliebe. Denn auch das Wort florenzen findet man in alten deutschen Büchern von diesem Laster gebraucht; und ich erinnere mich, daß mir Lessing selbst einmal sagte, er habe eine Warnung dawider in einer alten Predigt mit diesem Ausdrucke gefunden, dessen Ursprung bekannt, und der auch im Italiänischen üblich ist.

L.

Lachen. Vom Lachen, in sofern es unbelebten Dingen und den Göttern von den Dichtern beigelegt worden, siehe ein gutes Kapitel in *Petri Petiti* Miscell. Obss. L. II. c. 18.

Ein sehr merkwürdiges Beispiel vom un-
willkührlichen Lachen findet sich beim Saxo
(Hiſt. Dan. L. II. p. 30.) in dem Zweikam-
pfe des Agner mit dem Biacco. Erſt hieb
Agner; und als die Reihe an den Biacco
zu hauen kam: tunc Biacco mutuo percuſ-
ſurus, quo plenius ferrum libraret, pe-
dem trunco annixus, medium Agneri
corpus praeſtantis acuminis mucrone trans-
egit. Sunt qui aſſerunt, morientem Agne-
rum ſoluto in riſum ore per ſummam do-
loris diſſimulationem animam reddidiſſe.
— Der Umſtand kann ſehr wahr ſeyn; ja er iſt
der Sache ſo angemeſſen, daß das Faktum ſelbſt
durch ihn wahrſcheinlich wird. Man erinnere
ſich nur, daß das Lachen durch eine Erſchütte-
rung des Zwerchfells entſteht. Wie ſehr aber
mußte dieſes Eingeweide durch den mächtigen
Hieb gereizt und erſchüttert werden! Der ſter-
bende Agner mußte alſo lachen, er mochte wollen oder nicht; und es geſchah gar nicht aus
Verſtellung des Schmerzes, wie Saxo meint,
die ihm gewiß in dieſem Augenblicke unmöglich
geweſen wäre.

D. 5

Schon Aristoteles hat es (L. III de partibus animalium, cap. 10.) angemerkt: ictu trajecta praecordia in proeliis risum attulisse. Dieß ganze Kapitel, wo mehr vom Lachen vorkommt, verdient näher von mir erwogen zu werden.

———

Die Thränen der Freude und des sardonischen Lachens zeigen genugsam, wie nahe beides, Weinen und Lachen, mit einander verwandt sind. Vom sardonischen Lachen f. verschiedenes gesammelt in *Novarini* Adagiis, T. I. p. 49.

———

Lord Shaftesbury's Meinung von dem Lächerlichen, als dem Probiersteine der Wahrheit, hat Brown, wie bekannt, bestritten. Ein Ungenannter aber hat den Lord gegen ihn vertheidigt: A Vindication of Lord Shaftesbury, on the Subject of Ridicule; Lond. 1751. 8. Er meint, daß der Lord das Wort *ridicule* als ein Synonym von *freedom, familiarity, good humour*, u. dergl. gebraucht habe.

Petit setzt am angef. O. die verschiedenen
Bedeutungen aus einander, in welchen das
Lachen von den alten Schriftstellern auch leb-
losen Dingen metaphorisch beigelegt wird. Die
erste ist die bekannteste, da es so viel, als einen
heitern, angenehmen Anblick bedeutet. Aber
nicht bloß von sichtbaren Gegenständen wird
diese Metapher bei den Alten gebraucht. Katull sagt auch von den Gerüchen der Blumen:
domus jucundo *risit* odore. Auch vom Meere
wird gesagt, daß es lache, wenn Stille auf
demselben herrscht, und sich das Wasser nur in
kleinen, sanften Wellen kräuselt. Katull hingegen legt dem vom Winde bewegten, rauschen-
den Meere ein lautes Gelächter bei: leni resonant
(undae) plangore *cachinni*. Den Donner und
das Feuer des Blitzes nannten die Griechen, wie
Aristoteles sagt, ein Lachen Vulkan's
oder der Vesta. — In der Folge redet Petit
noch von der mystischen Bedeutung des Lachens
in einigen Stellen der H. S.; und von dem
Lachen der Götter, worüber er eine Stelle aus
dem Kommentar des Proklus über Plato's
Bücher von der Republik anführt, die sich auf
den Vers beim Homer bezieht:

'Ασβεσος δ' αρ' ενωρτο γελως μακαρεσσι
θεοισι.

Ueber das Lachen und das Lächerliche
findet man im erſten Bande von Flögel's Ge=
ſchichte der komiſchen Literatur, viel Gutes ge=
ſammelt und nachgewieſen. Es wird daſelbſt
gleichfalls, S. 104 ff. die durch den Lord
Shaftesbury veranlaßte Frage geprüft:
„Ob das Lächerliche der Probierſtein der Wahr=
heit ſey?‟ Dieſe Frage hat zu mehrern Unter=
ſuchungen Anlaß gegeben, unter denen ich hier
nur noch der von Leibniß in ſeinen Remarques ſur un petit livre trad. de l'Anglois, intitulé, *Lettre ſur l'Enthouſiasme*, gedenken will,
die man in dem bekannten Recueil de div. Pieces
ſur la Philoſophie &c. des Des Maizeaux
(Amſt. 1720. 2 Voll. 8.) T. II. p. 245 ſſ. findet.
— Die Eſſays on the Characterſticks of the
Earl of *Shaftesbury*, by *John Brown*, Lond.
1751. 8. ſind voll von überaus ſcharfſinnigen
und treflichen Bemerkungen, ſowohl über dieſen
als andre Gegenſtände. Von den drei Verſu=
chen gehört der erſte hieher, worin er zu zeigen
ſucht, daß nicht das Lächerliche, oder Spott,
ſondern die Vernunft allein der Probierſtein der
Wahrheit, und Entdeckerin des Irrthums und
der Unwahrheit ſey, der auch die Prüfung des
Lächerlichen ſelbſt unterworfen werden müſſe,

„Ueberhaupt, sagt er zuletzt, muß einem bei
„diesem neuen Vorschlage, die Wahrheit durch
„das schwankende und unstäte Licht des Lächer-
„lichen zu entdecken, jener ehrliche Irländer
„einfallen, der mit seinem Lichte zum Sonnen-
„zeiger gieng, um zu sehen, wie spät es schon
„in der Nacht wäre.‟ — Die von L. erwähnte
Gegenschrift aber ist ein bald in Vergessenheit
gerathenes Pamphlet, und von weniger Bedeutung. Sh.'s Meinung ist freilich oft mißver-
standen worden; aber dahin ging sie doch wohl
gewiß nicht bloß, den leichten, muntern und
launigen Vortrag jedem Wahrheitsforscher zu
empfehlen, und ihn von dem finstern, schwer-
fälligen und pedantischen Lehrton abzuschrecken.

Lakonismus. Den Ursprung des
Lakonismus findet Kappe (in seiner Diss.
de Laconismo, p. 2. 3.) vornehmlich in der
neidischen und stolzen Gemüthsart der Spartaner; und dann in einem ausdrücklichen Gebote
ihres Gesetzgebers, des Lykurgus, (*Cragius*
de Rep. Laced. L. III. tab. VIII. inst. 6.)
welchem zufolge schon die Jugend angehalten

wurde, sich nicht anders, als mit wenig Worten, auszudrücken. Aber nun ist die Frage:
Was bewog den Lykurg zu diesem Gesetze?
Weil er seine Landesleute schon von Natur dazu
geneigt fand? Aber was braucht man dem natürlichen Hange einer Nation noch mit Gesetzen
zu Hülfe zu kommen? — Dieß erinnert mich
an eine schöne Stelle des Symmachus, von
der ich mich wundre, daß sie einem so belesenen
Manne, wie Kappe war, entgangen ist. Er
meint nämlich, weil die Spartaner gefunden,
daß sie es den Atheniensern schwerlich in dem
reichen und blühenden Ausdrucke gleich thun
würden, so hätten sie lieber einen ganz entgegen-
gesetzten Weg einschlagen, als sich der Gefahr
der Vergleichung aussetzen wollen. (L. I. ep.
45.) Memini brevitatem Spartanam laudi
quondam fuisse. Sed ego tecum Roma-
nis legibus ago, et, si ita vis, Atticis;
quibus tantum decus a facundia fuit, ut
mihi videantur Lacones metu collationis
in diverfum studia destinasse.

    Cragius am angef. Orte (ed. L. B. 1670.
s. p. 293.) beruft sich auf den Plutarch,

welcher im Leben Lykurg's ausdrücklich ſagt: ἐδίδασκον δὲ τὰς παίδας καὶ λόγῳ χρῆσθαι πι- κρίαν ἔχοντι μεμιγμένην χάριτι, καὶ πολλὴν ἀπὸ βραχείας λέξεως ἀναθεώρησιν. Er führt hievon noch mehrere Zeugniſſe, und einige Bei- ſpiele an, dergleichen man vornehmlich auch in Plutarch's Apophtegmatt. Lacon., und in ſeiner Abhandlung de garrulitate findet.

———

Lampadiſten. So hießen die, welche in denen Spielen zu Athen, die λαμπαδη- δρομίαι, das Fackelrennen, hießen, den Preis davon getragen hatten.

Ein Denkmal auf einen ſolchen Lampadiſten f. beim Caylus, wo auch eine Beſchreibung dieſer Spiele ſelbſt, nebſt Anzeigung verſchiede- ner Punkte, die dabei noch zu unterſuchen wä- ren, gegeben wird. (S. Erklärung der Zier- rathleiſten des erſten Bandes der Alterthümer, S. XIV der Ueberſ.)

Das Fackelrennen, oder der Fackel- kampf, ἀγὼν λαμπάδυχος, war beſonders bei den Hephäſtien, oder dem Feſte Vulkan's zu Athen gebräuchlich, das auch zu Rom unter dem Namen der Vulkanalien gefeiert wurde. Auch mit den Panathenäen, den Prometheen, und andern griechiſchen Feſten, verband man ſolch ein Wettrennen mit Fackeln. Drei Jüng- linge ſtellten daſſelbe an. Wem die Fackel vor Erreichung des Ziels verlöſchte, der gab ſie dem andern, und dieſer, in eben dem Falle, dem dritten; und wer ſie brennend bis ans Ende der Laufbahn brachte, trug den Sieg davon. Die- ſer hieß denn auch λαμπαδηφορος, oder πυρσηφορος. Hieraus ſind manche Anſpielungen der Dichter und anderer Schriftſteller, z. B. die Stelle beim Lukrez (de Nat. Rer. L. II. v. 78 ſ.) zu erklären:

Inque brevi ſpatio mutantur ſecla animantum,
Et quaſi curſores vitaï lampada tradunt.

wobei die Erläuterungen der Ausleger zu ver- gleichen ſind. S. Potter's Griech. Archäol. Ueberſ. B. I. S. 178.

―――――

Franc. Lana. Dieſer italiäniſche Je- ſuit, welcher 1687 zu Rom ſtarb, hat von ſei- nem Werke: *Magiſterium Naturae et Artis* betitelt, nur drei Bände zu Stande gebracht. —

Ob

Ob in diesen schon etwas von der Mahlerei
vorkommt? — Aus dem *Prodromo* wenigstens,
der zu Brescia 1670 in fol. gedruckt ist, und
womit er dieß Werk ankündigte, erhellet, daß
er von der Verbesserung der Mahlerei handeln
wollte; und in diesem Prodromo selbst wird
von S. 135 bis 168 in vier Kapiteln davon gehandelt, aus welchen ich hier einiges ausziehen will *).

Kap. I. enthält Vorschriften über die
mahlerische Erfindung. Er redet von der
Mannichfaltigkeit in den Figuren, Stellungen,
und besonders in den Gesichtern. „Hierin,
sagt er, findet sich viel Schwierigkeit; denn ein
jeder Mahler sucht natürlicherweise den Personen, die er mahlt, diejenigen Physiognomien
zu geben, die sich seiner Einbildungskraft am
lebhaftesten eingeprägt haben; und man hat
daher bemerkt, daß die Gesichtszüge auf den
Gemählden immer sehr viel von den Physiognomien des Vaters, der Mutter, oder irgend

---

*) Lessing hat die Stellen alle nur italiänisch ausge-
zogen; vielleicht geschieht doch manchem ein Dienst
durch Uebersetzung derselben.

einer andern Perſon, die der Mahler vorzüglich liebte, oder am öfterſten ſah, an ſich haben.
Selten trift man Gemählde mit vielen Geſich-
tern, wo nicht eins dem andern ähnlich ſähe.
Daher verdient der ſo berühmte R a p h a e l um
ſo mehr Lob, weil man in ſo vielen Arbeiten
von ihm ſchwerlich zwei Geſichter antreffen
wird, die einander völlig ähnlich wären" a).

Von den unſchicklichen Uebertreibun-
gen ſagt er: „Ich kann nicht umhin, diejeni-

---

a) Nel che ſi ritrova molta difficoltà; poichè
ogni pittóre inclina naturalmente ad eſprimere nelli perſonaggi quelle fiſionomie, che
ha più impreſſe nell' imaginazione; onde è
ſtato oſſervato, che i volti pittoreſchi ten-
gono ſempre molto della fiſionomia del padre, della madre, o d'altra perſona più
amata, e più frequentamente veduta dal pittore; e rari ſono que' quadri ne' quali rap-
preſentandoſi molte faccie, l'una non habbia
la fiſionomia ſimile all' altra. Quindi è de-
gno di molta lode il famoſiſſimo *Rafaello*,
che in tante opere ch'egli fece, difficilmente
ſi ritroverà un volto che ſia ſimile ad un altro.

gen Mahler zu tadeln, welche die heilige Jung-
frau unter dem Kreuze ganz in Schmerz ver-
sunken, und fast verzweifelnd, darstellen. Billig
sollte man an ihr einen zwar großen, aber gesetzten und frommen Schmerz schildern. Von
der Art ist die Madonna dello Spasimo zu
Messina, ein herrliches Gemählde von Raphael" b).

Kap. II. Regeln für die Zeichnung. —
Lana räth, nicht bloß eine Skizze im Kleinen
von dem auszuführenden Gemählde zu entwer-
fen, sondern sogar ein kleines, und nur aus dem
Groben gearbeitetes Modell aus Wachs von
einer jeden zu mahlenden Figur zu machen, und
dann von diesem Modell die Zeichnung zu nehmen, weil man es nach Gefallen wenden und
stellen könne. Auch wären dergleichen Modelle

b) Non poſſo non biaſimar quei pittori, i quali
dipingono la Beatiſſima Vergine a piè della
croce, totalmente abbandonata per il dolore,
e quaſi che diſperata; dovendoſi eſprimere in
lei un dolore grande sì, mà coſtante e di-
voto; qual' è la Madonna dello Spaſimo in
Meſſina, opera maraviglioſa di Rafaello.

öfter wieder zu gebrauchen. Ueberhaupt räth
er dem Mahler, sich vorher einige Uebung in
der Bildhauerei zu erwerben, weil es die leich-
tere Kunst sey; allenfalls auch nur vom Bossi-
ren in Wachs.

Lana scheint der Erfinder des Worts
Ideal zu seyn; ob er gleich nicht will, daß
der Mahler nach dem Ideale mahlen soll, sondern nach der Natur. „Ich wünschte, sagt
er, daß die Mahler die Parthien ihrer Figuren
aus der Natur schöpfen möchten; und ich be-
greife nicht, warum eine nach Gutdünken gemahlte Figur, die man manierirt nennt, und
die ich Ideal (idealisch) nennen möchte, schöner seyn sollte, als eine aus der Natur entlehnte" c). Doch will Lana auch nur, daß
man die einzelnen Theile von der Natur, nicht
aber alle Theile von einem und demselben Menschen nehmen, sondern an verschiedenen die

c) Jo vorrei, che li pittori pigliaffero le fue
parti dal naturale; nè fò intendere, perchè
debba effer più bella una figura dipinta a capriccio, che chiamano di maniera, ed io la
direi *ideale,* di quella che è prefa della natura.

schönsten Theile aussuchen soll. Und weiter versteht man auch jetzt nichts unter dem Ideal.

Von den Proportionen des menschlichen Körpers nimmt Lana die Dürerischen an. Er schließt aber, nachdem er aus dem Vitruv und Villalpando angemerkt hat, daß alle Körper um so viel vollkommener wären, je mehr sie sich in ihren Verhältnissen den Verhältnissen des menschlichen Körpers näherten: „er müsse jedoch bemerken, daß die Alten es für rathsam hielten, ein wenig von diesen natürlichen Verhältnissen abzuweichen. Um also den Statuen und Figuren mehr Zweltes und Schlankes zu geben, machten sie die Körper etwas groß, die Köpfe klein, die Hüfte lang; und manche Parthien machten sie gern fein und gestreckt, um der Figur eine gewisse Grazie und Schönheit zu geben" d).

d) Dovesi però avvertire, che gl'antichi stimavano bene lo scostarsi alquanto da queste naturali proporzioni; onde per dare maggior sueltezza alle statue e alle figure, facevano i corpi alquanto grandi, le teste piccole, la coscia lunga, ed in molte parti amavano la

Von den gewaltſamen Stellungen hat er ſehr richtige, geſunde Anmerkungen: „Hierin, ſagt er, verſehen es viele, indem ſie die Knochen des Körpers dergeſtalt verdrehen und verrenken, daß man ſchon daraus wahr=nehmen kann, es ſey ein gemahlter, und kein lebendiger Menſch, weil er vor Schmerz dar=über nicht ſchreit und ächzet, welches man ganz gewiß hören würde, wenn er lebte. Hierüber ließe ſich vieles ſagen; hier aber will ich nur an=merken, daß in den Anſtrengungen der Lebens=kräfte und der Glieder ſehr oft manches Irrige und Unnatürliche liegt, welches derjenige, der kein Kenner iſt, ſo leicht nicht entdeckt, weil dergleichen gewaltſame Stellungen das Auge durch ihre Neuheit hinreiſſen. Billig aber ſollte man nie über die Möglichkeit und Wahrſchein=lichkeit hinaus gehen. So darf der Kopf des=jenigen, der auf den Füßen ſteht, ſich nicht weiter in die Höhe heben, als ſo weit die Augen in die Mitte des Himmels ſehen; auch ſollte er

ſottigliezza e la lunghezza, per una certa grazia e leggiadria.

sie nicht weiter nach Einer Seite hin bewegen,
als so weit noch das Kinn die Schulter berüh=
ren kann. Die Bruſt muß nicht so sehr ver=
dreht werden, daß die Schulter über die Ge=
gend des Nabels hinauskomme; u. s. f. " e).

e) Nel che molti peccano ſtorcendo e dislo-
gando le offa in tal modo, che da queſto ſuolo
ſi può conoſcere effer quello un' uomo di-
pinto e non vivo, perche non grida e non
ſpaſima per il dolore, che dovrebbe ſentirne,
ſe vivo foffe. Circa di ciò ſarebbe molto che
dire; mà offervo ſolo, che nelli sforzi della
vita e delle membre ben ſpeffo ſtanno naſcoſti
molti errori ed innaturalezze, le quali da
chi non è bene intendente, difficilmente ſi
conoſcono, perche tali sforzi rapiſcono l'occhio con la novità: mà non dee ſcoſtarſi dal
poffibile e dal veriſimile. Per tanto la teſta
di chi ſtà in piedi, non ſi volti più in sù, ſe
non quanto gli occhi guardino mezzo il cie-
lo; ne più ſi volti da un lato, ſe non quanto
il mento tocchi la ſpalla; il petto non ſia ſi
torto, che la ſpalla arrivi più oltre della di-
rittura dell' umbilico. etc.

E 4

Auch räth er sehr vernünftig an, Anfangs ins Große und nach der Natur zu zeichnen, weil in einem kleinen Bilde sehr oft große Fehler verborgen liegen, da man hingegen in einem großen Bilde alle, auch die kleinsten, Mängel entdeckt.

Von der **Perspektiv** verspricht er in dem größern Werke weitläuftig zu handeln.

Kap. III. Regeln über das Kolorit. Dieses ganze Kapitel verdient, daß ich es unter dem Artikel **Farbengebung** oder **Kolorit** ganz übersetze. Es faßt in der Kürze so viel Gutes in sich, als ich nirgend angetroffen habe. *).

Kap. IV. Von den verschiednen Arten in der Mahlerei und Zeichnung, nebst andern dahin gehörigen Erfindungen. — Die zwei vornehmsten Arten zu mahlen sind: die Fresko- und die Oel-Mahlerei. Die erstere scheint **Lana** überhaupt für die Mahlerei in Wasserfarben zu nehmen (dipingere a tempera,

---

*) S. oben den Artikel **Kolorit,** wo ich die Uebersetzung dieses Kapitels eingeschaltet habe.　E.

così chiamato, perche i colori ſi ſtempra-
no con acqua,) ſie mag nun auf friſchem
Kalk, oder auf hölzernen Tafeln, oder auf ſonſt
einem Grunde geſchehen. Geſchieht ſie auf friſchem Kalk, ſo werden die Farben mit bloßem
Waſſer angerührt, ſonſt aber mit Gummiwaſſer.

Jede von dieſen beiden Manieren kann auf
dreierlei Art ausgeübt werden ƒ):

1. „Die erſte, gewöhnliche und gemeinſte
Art iſt die Vereinigung (*unendo*) oder Ver-
treibung der Farben, wenn man nämlich jede
Farbe an ihre Stelle ſetzt, und ſodann mit einem
andern reinen Pinſel, ohne Farbe, die äußer-
ſten Theile der beiden benachbarten Farben doch
ſo mit einander verbindet, daß ſie bei ihrer Vereinigung nicht eine gewiſſe Härte oder Rauhig-
keit verurſachen, die das Auge beleidigen würde,

ƒ) Il primo più uſitato e commune è *l'Unendo;*
il che ſi fa con mettere ciaſcun colore al ſuo
luogo, e poi con un altro pennello, che ſia
netto, e ſenza tinta, congiungendo le parti
eſtreme delli due colori vicini, acciò unen-
doſi inſieme non cagionino una certa aſprez-
za, che offenderebbe l'occhio, ſe vedeſſe un

wenn es die eine Farbe unmittelbar neben der
andern gestellt sähe, ohne daß sie in einander
liefen. Und so besteht diese Vereinigung darin,
daß man die äußersten Enden der Farben in einander verschmelzen, und gleichsam auf eine
sanfte Art verdunsten läßt. Dieß findet man
in den Arbeiten des Antonio Correggio,
Raphael, und Leonardo Vinci, und vieler andern Meister."

2. „Die zweite Art ist nicht so gewöhnlich,
weil sie schwerer ist. Sie besteht nämlich in einzelnen Pinselstrichen (*tratteggiando*); da
man, anstatt die Farben mit einander zu ver-
einigen, verschiedne Züge oder Striche mit dem

colore posto immediatamente vicino all' altro,
senza contemperarsi insieme; sì che l'unire
consiste in contemperare l'estreme parti de'
colori, facendosi dolcemente sfumare; così
sono fatte l'opere d'Antonio Correggio, Raf-
faello, e Lionardo da Vinci, e molti altri.

Il secondo è meno usitato, perche è più
difficile, e si fà *tratteggiando*, cioè, in luogo
di unire i colori si vanno facendo varie tratte
di pennello, che formano quasi linee l'una

Pinsel macht, welche gleichsam Linien abgeben,
wovon die eine so dicht bei der andern ist, daß
sie bei allem erfoderlichen Abstande doch mit ein=
ander vereinigt scheinen, und eben die Wirkung
thun, als ob die Farben völlig zusammen ver=
bunden wären, auf ähnliche Art, wie auf Ku=
pferstichen und in Zeichnungen mit der Feder.
Von der Art sind die Freskogemählde des Mi=
chel Angelo, Pierin del Vaga, und zu
unsern Zeiten die von Guido Reni."

3. „Die dritte Art geschieht durchs Tu=
pfen (*a botte*) oder Aufwerfen, wenn man
nämlich nicht den Pinsel von einer Seite zur
andern über das Gemählde hinführt, sondern

vicina all' altra sì, che in debita distanza
sembrino unite, e facciano l'istesso effetto,
che se i colori fossero totalmente congionti,
in modo simile a quello, che vediamo nelli
intagli di rame, e come si formano i disegni
con la penna; così Michel' Agnolo, Pierin
del Vaga, e a nostri dì Guido Reni.

Il terzo modo si chiama dipingere *a botte*,
il che si fà, non conducendo il pennello dall'
una parte all'altra sopra la tela, ma apputtan-

mit demselben darauf tupft, und verschiedene
Würfe damit macht. Dieser Manier bedienen
sich vorzüglich geschickte Meister, wenn sie mit
wenigen Pinselwürfen ein Gemählde vollenden
wollen, das zwar, in der Nähe betrachtet, keine
sonderliche Feinheit, aber dennoch viel Stärke
der Zeichnung, und in der Ferne das Ansehen
hat, als ob es ganz ausgeführt, und aufs feinste
dargestellt wäre. Dergleichen Gemählde schätzt
man um so viel höher, mit je weniger Pinsel-
zügen sie ausgeführt sind; indem man in der
Nähe gar leicht die einzelnen Würfe des Pinsels
zählen kann, welches bei andern Gemählden
nicht der Fall ist; und aus ihrer geringen An-

dolo, e dando varie botte sopra di essa; e
questo modo si suole usare da valenti Maestri,
quando in pochi colpi vogliono formare una
pittura, la quale benche non habbia certa de-
licatezza veduta in vicinanza, nulladimeno
habbia forza di disegno, e rimirata da lon-
tano comparisca come se fosse finita, e deli-
catamente formata; e queste pitture tanto più
vengono stimate, con quanto meno botte
sono dipinte; poiche osservate da vicino si

zahl ſchließt man dann auf die meiſterhafte Ge⸗
ſchicklichkeit des Mahlers, der mit ſo wenigen
Würfen ein ſchönes Stück zu verfertigen wußte.
Von dieſer Art ſind die Werke eines Titian,
Paul Veroneſe, Tintoretto und vieler
andern. Ich ſagte, daß dieſe Manier nur gro⸗
ßen Meiſtern eigen ſey, weil ein Meiſter in der
Kunſt bei der Verfertigung eines Gemähldes
oder Bildniſſes nicht mehr Pinſelzüge darauf
verwendet, als durchaus nothwendig ſind, und
dadurch zu erkennen giebt, daß er weiß, was
er macht, und nicht aufs Gerathewohl oder auf
gut Glück arbeitet, wie unerfahrne Künſtler
thun, die immer das ſchlecht gerathene verbeſ⸗

poſſono agevolmente numerare le botte (il
che non avviene nelle altre pitture) e dal
poco numero di eſſe ſi argomenta il valore e
maeſtria del pittore, che in ſi pochi colpi
ſeppe formare un bel quadro; coſi ſi veg-
gono l'opere di Titiano, Paolo da Verona,
Tintoretto, ed altri molti. Diſſi, che queſto
è proprio di valenti pittori; poiche un mae-
ſtro nell'arte nel formare una pittura o ri-
tratto, non vi mette più pennellate di quelle,

ſern wollen, und daher die Pinſelzüge verviel-
fältigen, und Farben ohne Noth verſchwenden
müſſen.   Daher kommt es auch, daß vortrefliche Mahler in kurzer Zeit viele Gemählde haben vollenden können, weil kein einziger Pinſel-
ſtrich von ihnen umſonſt geſchah.“ — In dieſer Manier lobt er beſonders einen ſeiner Freunde, Namens Clemente, der nicht allein in
der Mahlerei, ſondern auch in der Skulptur,
Poeſie und Hiſtorie ſehr erfahren geweſen.
„Dieſer überaus ſinnreiche Meiſter ſeiner Kunſt,
ſetzt er hinzu, hat eine wirklich bewundernswer-
the Manier in der Mahlerei, weil er nicht nur
eine Figur oder ein Bildniß mit ganz wenig

che ſono preciſamente neceſſarie, moſtrando
di ſapere ciò che fa, e non operando quaſi
diſſi a tentone, o giuocando a indovinare,
come fanno gl’ineſperti; che però volèndo
emendare il mal fatto, conviene che molti-
plichino i colpi del pennello, e conſumino
colori ſenza neceſſità. E quindi è, che pittori eccellenti hanno potuto in breve tempo
dipingere molti quadri, perche niuna delle
loro pennellate era data in vano,

Pinſelzügen, ſondern auch ſo entwirft, daß
mehr als die Hälfte der Leinewand bloß mit dem
Grunde (*imprimitura*) bedeckt bleibt, ohne daß
irgend eine andre Farbe darauf getragen würde,
indem er macht, daß dieſer Grund zur Andeutung der Schatten und der dunkeln Theile des
Gemähldes dient. Ich habe von ihm unter
andern ſein eignes Bildniß geſehen, auf welchem man, wenn man es gegen das Licht hält,
die Leinewand überall durchſcheinen ſieht, wo
keine Farbe aufgetragen iſt, und wo man nur
einen leichten Grund wahrnimmt; welches eine
vortrefliche Wirkung thut."

So viel ich finde, ſind von des *P. Franciſci
Tertii de Lanis* Magiſterium Naturae et Artis;
Opus Phyſico-Mathematicum, nicht drei, ſondern nur zwei Bände herausgekommen; der
erſte zu Breſcia, 1684, und der zweite ebendaſ.
1686, fol. Ueber ihren Inhalt ſehe man die
Acta Eruditor. a. 1685, p. 31; und a. 1688,
p. 35 ff. — Lana hatte ſeinen Plan auf eilf
Bände angelegt, und giebt von der Vertheilung
ihres Inhalts ſowohl in dem *Proemio* ſeines *Prodromo*, als auch in der Vorrede des großen

Werks selbst ausführliche Nachricht. Seine Absicht war, ein vollständiges Lehrgebäude der Physik und Mathematik zu liefern, aus dessen Grundsätzen sich eine Menge nützlicher Erfindungen sollten herleiten lassen; und sein *Prodromo* war vornehmlich dazu bestimmt, der Welt zu zeigen, daß er sie nicht mit leeren Verheissungen täusche, und verschiedne neue Erfindungen und praktische Anweisungen, vornehmlich über die Optik und Mahlerei, mitzutheilen. In den beiden gedruckten Bänden aber kommt von der Mahlerei nichts vor; sondern der erste betrift die physischen Eigenschaften der Körper, die mechanischen Grundsätze der Bewegung, u. s. f.; und der zweite handelt von der Porosität, der Ausdünstung der Körper, der Lehre vom Schall, u. s. f.

Zu unsern Zeiten ist Lana's Name durch die mehr untersuchte Geschichte der Aerostatik aufs neue berühmt geworden, wegen des im sechsten Kapitel seines *Prodromo* angegebenen Luftschiffes.

————

Daniel Landringer. Er lebte um J. 1680 zu Breslau, und war, wenn ich nicht irre,

irre, ein Medikus, aber zugleich in den Alter=
thümern, besonders in Münzen und geschnitte=
nen Steinen, nicht übel erfahren. Im J. 1681
ließ er daselbst drucken: Diss. in Onychem
Alexandri M. 7 Bogen in 4. — Dieser Kopf
Alexander's, erhaben auf einem Onyx ge=
schnitten, ist dem sehr gleich, welcher in der
Dactyliotheca Zanettiana, Tab. II. vor=
kommt. — Im J. 1686 gab er daselbst heraus:
Notitiam Numorum Antiquorum tam
Imp. Romanor. et Graecor. quam Augu-
starum, prout rari sunt vel communes.

Das Gelehrtenlexikon hat keine Nach=
richt von diesem Landringer; und ich hätte
mich in Breslau nach Umständen von ihm er=
kundigen können.

Als Landringer die erste dieser Schrif=
ten herausgab, arbeitete er zugleich an einem
Examine Chemico-Medico Rubiae Tin-
ctorum, herbae vernaculae, wie er selbst
in einem kleinen Nachberichte an den Leser sagt.
Ich weiß nicht, ob er etwas davon hat dru=
cken lassen.

Vergebens hab' ich mich um weitre Nachweisungen über diesen Gelehrten bemüht; und seines hier angeführten Münzwerks finde ich weder vom Fabricius in s. Ausg. von *Bandurii* Biblioth. Numaria, noch von Hirsch in seiner noch vollständigern Biblioth. Numismat. gedacht.

Lara. Die Geschichte der sieben Kinder *) von Lara s. beim Fellbien, T. III. S. 259 ff. — Die vierzig Blätter von Tempesta, auf welchen er diese Geschichte nach dem Otto Vänius gestochen hat, sind in kleinem länglichten Quart, mit einer lateinischen und spanischen Auslegung unter jedem, und einem Titelblatte, gleichfalls in beiden Sprachen. (Antverpiae, ap. Philippum Lisaert, 1612.) Der Titel heißt: Historia septem infantum de Lara, autore *Ott. Vaenio.* — *Historia de los siete infantes de Lara,* etc. — Die Erklärung des zweiten Blattes fängt an: El anno

*) Nicht sowohl der sieben Kinder, als der sieben Infanten von Lara. Im Französischen des Fellbien steht auch immer les sept *Infans,* nicht *Enfans.* E.

1304 regnando el Rey Bermudo, nascie-
ron del Principe Gonzalo Justos y Dona
Sancha etc. — Doch Mariana und Garibay, welche Felibien citirt, machen diese
Geschichte um mehr als dreihundert Jahr älter.
Felibien rügt auch den Fehler, den eben dieser Ausleger mit dem Almanzor macht, den
er einen König von Cordua nennt. Aber wer
ist der König Bermudo?

Felibien weiß nicht, ob Vanius diese
Geschichte gemahlt, oder nur gezeichnet habe?
Alles ist darin, nach des Vanius Geschmack,
mit allegorischen Personen häufig untermengt,
die sich, ohne die untengesetzte Erklärung nach
den Zahlen über ihren Köpfen, von den wahren
Personen schwerlich würden unterscheiden lassen.
Gleichwohl ist es eine nothwendige Eigenschaft
solcher vermischten allegorischen Gemählde, daß
sich die allegorischen Personen von den wahren
durch solche untrügliche Kennzeichen unterscheiden, daß sie sich gar nicht verwechseln lassen;
denn sonst ist es schlechterdings unmöglich, ohne
Hülfe einer Unterschrift, auf den wahren Verstand derselben zu kommen.

Aus der beim Felibien befindlichen Erzählung dieser Geschichte will ich hier die wesent-
lichsten Umstände mittheilen:

Gonzalo Gustios oder Gustos, Erb-
herr auf Salas de Lara, stammte von den Grafen von Castilien ab. Er vermählte sich mit
Donna Sancha, einer Schwester des Ruy
Velasquez zu Bylaren. Von dieser hatte er
sieben Söhne, welche sich unter dem Namen der
sieben Infanten von Lara berühmt machten. Der Graf, Dom Garcia Fernandez,
der ihr Vetter und Brudersohn ihres Vaters
war, machte sie alle an dem nämlichen Tage zu
Rittern. Durch ihre gute Erziehung hatten sie
sich alle die Eigenschaften und Geschicklichkeiten
erworben, deren sie zur würdigen Bekleidung
dieses Ranges bedurften. Sie waren in der
Blüthe ihrer Jugend, als Ruy Velasquez,
ihr Oheim, sich mit der Donna Lambra,
einer Nichte des Dom Garcia Fernandez,
vermählte. Die Hochzeit war in der Stadt
Burgos, und sehr glänzend. Sie dauerte ganzer fünf Wochen, und diese verflossen in lauter
Festen und öffentlichen Lustbarkeiten. Gonzalo
Gustos und Donna Sancha, seine Gemahlin, waren mit ihren sieben Söhnen, und deren

Hofmeister, Nuño Salido, gleichfalls dabei
zugegen. Eines Tages entstand beim Wettrennen zu Pferde ein Streit zwischen Gonzalo
Gonzalez, dem jüngsten von den sieben Söhnen, und einem Ritter, Namens Alvar San-
chez, einem Vetter der Neuvermählten, Donna
Lambra. Diese letztere fand sich dadurch beleidigt, und faßte einen tödtlichen Haß gegen
die sieben Infanten, ob sie gleich Verwandte
ihres Mannes waren. Nach Endigung der Hoch-
zeitfeier begaben sich Donna Lambra und Donna
Sancha, ihre Schwiegerin, nach Barbadillo
mit den sieben Infanten, welche sie dahin ehren-
halber begleiteten. Gonzalo Gonzalez befand sich einmal in dem Garten, wo er in dem
Baſſin einer Fontäne einen Falken badete.
Donna Lambra, welche noch immer geheime
Rachgier im Herzen hegte, rief einen von ihren
Sklaven, und hieß ihm einen in Blut getauchten
Kürbis nehmen, und damit dem Gonzalez
ins Gesicht schlagen. Gonzalez und seine
Brüder, die in der Nähe waren, wurden über
diese Beleidigung äußerst entrüstet, und liefen
hinter dem Sklaven her, welcher sich hinter seiner Gebieterin versteckt hatte. Sie kehrten sich
daran nicht, sondern ermordeten zu ihren Füßen

F 3

ihren Beleidiger, und gingen darauf mit ihrer
Mutter, der Donna Sancha, nach Salas.
Gonzalo Gustos und Ruy Velasquez
waren damals abwesend, und wunderten sich bei
ihrer Zurükkunft nicht wenig über das, was
vorgefallen war. Donna Lambra foderte ihren
Gemahl zur Rache auf; und dieser versprach ihr
alles, was sie von ihm verlangte. Er bewog
den Gonzalo Gustos und seine Kinder, nach
Barbadillo zu kommen; hier that er, als ob er
sich völlig mit ihnen aussöhnen wollte, und bat
seinen Schwager, zum Könige von Korduba zu
reisen, um ihm für einige von ihm erhaltne
Gnadenbezeugungen in seinem Namen zu danken. Er that es, ohne zu wissen, daß in den
Briefen, die ihm Ruy Velasquez mitgege-
ben hatte, sein Todesurtheil enthalten war.
Denn dieser hatte darin den König gebeten, ihn
umbringen zu lassen, und Soldaten auszuschi-
cken, denen er die sieben Infanten in die Hände
liefern wollte, weil sie und ihr Vater die gefähr-
lichsten Feinde der Mohren wären. Der König
von Korduba nahm indeß Anstand, diesen Vorschlag auszuführen. Er ließ bloß den Ueber-
bringer des Briefes ins Gefängniß setzen, und
schickte seine Truppen an den bestimmten Ort.

Während seiner Gefangenschaft fand Gonzalo
Gustos Gelegenheit, die Liebe der Schwester
des Königs zu gewinnen; und ihre Vertraulich-
keit gieng so weit, daß sie schwanger wurde.
Ruy Velasquez zog indeß mit den sieben
Infanten, die eine Begleitung von zweihundert
Reitern bei sich hatten, in die verabredete Gegend. Während der Reise gerieth Nuño Salido auf Verdacht, und suchte den Infanten
von der weitern Fortsetzung derselben abzura-
then, worüber er mit Velasqez zerfiel. Es
wurde jedoch alles wieder beigelegt; und sie kamen vor die Stadt Almenar, wo er mit einigen
Mohren weitere Abrede nahm, um sein Vorha-
ben auszuführen. Man verabredete einen Hin-
terhalt, und die sieben Infanten mit ihrem Hofmeister und ihren Begleitern fielen demselben in
die Hände, so, daß das Gefecht unvermeidlich
war. Der Mohren waren zehntausend; und so
mußten jene, ihrer tapfern Gegenwehr ungeachtet, endlich weichen. Die zweihundert Reiter
blieben alle auf dem Platz, und mit ihnen Fernando Gonzalez, einer von den sieben Infanten, und Nuño Salido, ihr Hofmeister.
Die sechs übrigen Brüder wandten sich um
Hülfe an ihren Oheim, Ruy Velasquez,

F 4

ohne zu wiſſen, daß er Urheber dieſer Verräthe-
rei ſey. Er entſchuldigte ſich; indeß giengen
dreihundert Reuter freiwillig zu ihnen, und
griffen die Mohren an. Sie wurden aber gleichfalls alle getödtet; und die ſechs Infanten wurden endlich, nach tapferm Widerſtande, von den
Mohren gefangen genommen und getödtet. Ihre
Köpfe und die vom Fernando und ihrem Hof-
meiſter wurden dem Könige von Korduba zuge-
ſandt. Ruy Velasquez kehrte nun, nach
einer ſo ſchändlichen That, nach Hauſe zurück.
Der König wurde jedoch über dieſen Anblick ſehr
gerührt, und zeigte die Köpfe dem Gonzalo
Guſtos, der jetzt ſein ganzes Unglück lebhaft
fühlte, und halbtodt zu Boden ſank. Der
Mohrenkönig empfand Mitleiden über das harte
Schickſal dieſes unglücklichen Vaters, ſetzte ihn
in Freiheit, und gab ihm Geld zur Rückreiſe.
Er verabredete alles mit ſeiner Gemahlin, die
er zurück ließ, und erfuhr bald nach ſeiner Zu-
rückkunft in Salas, daß dieſe von einem Sohn
entbunden ſey, den man Mundara Gonzalez nannte. — Die Leichname der ſieben Infanten ſollen von den Mohren ausgeliefert, und
in das Kloſter St. Petri zu Arlanza gebracht
ſeyn, wo die Nonnen jetzt noch ihr Begräbniß

zeigen, so wie das Grab ihrer beiden Eltern.
Indeß zeigen auch die Mönche des Klosters von
St. Milan de la Cogolla neun sehr alte steinerne
Gräber, worin die sieben Infanten, ihr Vater,
und ihr Hofmeister, liegen sollen. — — Mudara wurde an dem Hofe des Königs, seines
Oheims, sehr sorgfältig erzogen, ward schon im
zehnten Jahre Ritter, und erfuhr von seiner
Mutter alles. Um seinen Vater, den Gonzalo Gustos, zu sehen, gieng er, mit einer
ihm von dem Könige gegebenen Begleitung,
nach Salas, und bald hernach bekannte er sich
zum christlichen Glauben. Sein eifrigster Wunsch
war die Rache seiner Brüder. Er erfuhr, daß
Ruy Velasquez sich zu Burgos aufhielt,
gieng dahin, und als jener bei Nacht die Stadt
verließ, folgte er ihm, fiel ihn unterwegs an,
und brachte ihn ums Leben. Nach dem Tode
des Grafen Dom Garcia Fernandez rächte
er sich auch an dessen Schwester, der Donna
Lambra, und ließ sie, wie einige sagen, lebendig verbrennen, oder, wie andre berichten, stei-
nigen, und hernach verbrennen. Donna Sancha, die schon viel Zärtlichkeit für ihn hegte,
liebte ihn um dieser Rache willen desto mehr; sie
nahm ihn zu ihrem Sohn an, und, zum Beweise

davon, ließ sie ihn, anstatt, wie sonst gewöhnlich ist, ihm ein Hembe anzulegen, nur durch den sehr weiten Ermel desselben kriechen, so, daß der Kopf oben aus dem Ermel und aus dem Kragen des Hembes hindurch gieng. Diese sonderbare Ceremonie gab zu einer Art von Sprüchwort oder Volksliede Gelegenheit, welches hieß: Entra por la manga, y sale por el cabeçon; d. i. Er ging durch den Ermel, und kam durch den Kragen heraus. Mudara ward nun der einzige Erbe von allem Vermögen des Hauses Lara. Von ihm stammen die Manriques de Lara in Spanien ab, wovon Malvaba Manrique, die Gemahlin des Alfonso Henriquez des Ersten, Königs von Portugal, herstammte. —

Diese Geschichte wird, wie Felibien bemerkt, von einigen um das Jahr 967, von andern um 993 gesetzt; also freilich dreihundert Jahr früher, als sie unter den Kupfern des Tempesta angegeben wird. Almanzor war nicht König, sondern nur Vicekönig von Cordua; obgleich Mariana den Alhagib Mahomet, einen berühmten Kriegshelden, an seiner Stelle nennt.

Die Beschreibung der einzelnen Kupferblätter, auf welchen diese Geschichte vorgestellt wird,
kann man beim Felibien, Th. III, S. 268 ff.
nachlesen; wiewohl er nur die ersten ein und
zwanzig umständlich, und die übrigen ganz sum-
marisch beschreibt.

Otto Venius, oder Oktavius van
Veen, war ein niederländischer Mahler, aus
Leyden gebürtig, in der ersten Hälfte des vorigen Jahrhunderts, der sich in Italien gebildet
hatte, und vornehmlich zu Brüssel arbeitete, wo
er im J. 1634 starb. Er hatte viele Verdienste
um die Einführung des bessern niederländischen
Geschmacks, und war ein Lehrer des berühmten
Rubens.

Antonio Tempesta war ein bekannter
Mahler und Kupferstecher zu Florenz, geb. 1556,
gest. 1630. Seine Erfindungen waren geistreich,
fruchtbar und mannichfaltig; nur vermißt man
in seinen Gemählden die Haltung und eine geschickte Beleuchtung. Seine Kupferblätter verdienen, als Studien betrachtet, immer noch
Aufmerksamkeit. Der Abt Marolles sammelte sein ganzes Werk, mit dem, was andre
Kupferstecher nach ihm gearbeitet haben, in
2062 Blättern. Die vorzüglichsten darunter

sind Schlachten und Jagdstücke. Uebrigens ist mit diesem Künstler der trefliche niederländische Mahler, Peter Molyn der Jüngere nicht zu verwechseln, der von seiner Stärke in Gewitter= scenen gleichfalls den Beinamen Tempesta erhielt, und von dem Füeßlin unter dem Ar= tikel Mulier oder de Mulieribus nachzu= sehen ist.

Nach Felibien's Anführung findet man die Geschichte der sieben Infanten von Lara in des Garibay Compend. Hist. L. X. c. 14; und beim Mariana, L. VIII. c. 9.

Leibniß. Von seinem Versuche, wo= durch er erwiesen, daß es wirkliches Blut gewe= sen, was in den gläsernen Fläschchen enthalten war, die in den Grabstäten der alten Märtyrer mit beigesetzt wurden, möchte ich doch wohl näher unterrichtet seyn. Es ist davon nachzuse= hen Fabretti, Inscriptt. C. VIII. p. 555. — *Fabrettus* enim (schreibt Vettori de septem dormientibus, p. 35.) testimonio clarissimi viri *Godefridi de Leibnitz* (olim eterodoxi, qui physico experimento pro-

baverat) verum fanguinem in hifce va-
fculis reperiri demonftrat. — Hierzu noch
eine Note des Vettori: Eundem *Godefri-
dum Boldettus Georgium* appellat (Offerv.
fopra i cimeteri de' SS. Martiri, L. I. c. 38.
p. 186.) atque obiiffe in gremio Sanctae
Romanae Ecclefiae fcribit citato loco.
Dieß Letzte ift eine Lüge. — In dem Regifter,
unter Leibnitz, fetzt Vettori noch hinzu:
De eodem experimento mentio eft apud
Alexandrum Plowierium in Apocrifi in Epi-
ftolam *Eufebii* Romani ad *Theophilum* Gal-
lum de Cultu Sanctorum ignotorum; p.
33, §. 5. edit. Romae, 8. a. 1700.

Ueber Leibnitzens Religionsgefinnungen
hat man, wie bekannt, von jeher fehr verfchie-
den, und oft fehr ungünftig, geurtheilt, und
ihm befonders, wegen mancher in feinen Schriften, vornehmlich in feinen Briefen, vorkommenden vortheilhaften Aeußerungen für die rö-
mifchkatholifche Religion, einen überwiegenden
Hang zu derfelben Schuld gegeben. Daß er
aber nie zu diefer Kirche übergetreten fey, ift
wohl ausgemacht genug, wenn es gleich fehr

begreiflich ist, daß eifrigen Katholiken jene Aeußerungen schon hinreichend genug waren, solch
einen Uebertritt eines so großen und berühmten
Mannes nicht nur zu wünschen, sondern wirklich
anzunehmen. Die ganze Sache verdiente wohl
eine gründliche und ausführliche Erörterung;
und einen wichtigen Beitrag dazu würden dann
die Briefe zwischen Leibniß und dem Land-
grafen Ernst von Hessen-Rheinfels geben,
welche Hr. Dr. G. W. Böhmer im ersten und
zweiten Bande seines Magazins für das
Kirchenrecht (Gött. 1787 ff. gr. 8.) zuerst
bekannt gemacht hat. Nur muß man dabei, wie
auch Hr. Dr. B. erinnert, nie vergessen, daß
diese Briefe in den Jahren 1683 und 84, also
mehr als dreißig Jahre vor Leibnißens Tode,
sind geschrieben worden. — Um den oben angeführten Umstand mehr ins Licht zu setzen, habe
ich die meisten angezogenen Schriften nicht gleich
zur Hand.

Lemnius. Auf seine Flucht und auf
sein Nichtstellen paßt, was Alcibiades antwortete, als ihn die Athenienser aus Sicilien

zurückberiefen, um sich gegen seine Ankläger zu
verantworten. S. *Aelian.* L. XIII. c. 38.

Rieberer, im vierten Bande seiner Beiträge handelt auch vom Lemnius, und ist
mit seinen Vertheidigern unzufrieden; welches
ich nachlesen muß.

Aelian erzählt in der angeführten Stelle
vom Alcibiades, er habe bei jener Gelegenheit gesagt: „Es wäre wohl sehr thöricht, wenn
ein Beklagter fliehen könnte, und sich doch lieber dahin begeben wollte, wo er nicht würde
entfliehen können." ἔυηθες τον ἐχοντα δικην
ζητειν μη ἀποφυγειν, ἐνον φυγειν. — Lessing
hat, wie bekannt, in den Briefen, die im
dritten Bande seiner Vermischten Schriften stehen, Br. II—VIII, den Simon Lemnius und sein Benehmen gegen Luther'n mit
vielem Scharfsinn vertheidigt.

Was Rieberer in s. Nachrichten zur
Kirchen- Gelehrten- und Bücherge-
schichte wider Lessing's Vertheidigung des
Lemnius erinnert hat, findet man im vierten Bande derselben (Altdorf, 1768. 8.) S.
359 ff. Es ist doch wohl gewiß strenge und un-
billig, wenn L. daselbst ein strenger und

unbilliger Tabler Luther's genannt wird.
Die „Vertheidigung des sel. Lutheri und der
„Reformationsgeschichte wider den Verfasser
„der Kleinigkeiten, herausgegeben von M. S.
„B. H. r. i. z.; Frankf. und Leipz. 1756. 8."
nennt Hr. R. eine gründliche Widerlegung.
Gründlicher ist doch wohl auf jeden Fall das,
was Hr. Münzdirektor Lessing in dem Vorberichte zu dem dritten Bande der Vermischten
Schriften seines sel. Bruders, S. 9 ff. wider
diese Vertheidigung erinnert hat. Was Hr. R.
sonst noch bei dieser Gelegenheit sagt, ist wenig,
und von wenigem Belang.

Locke. Gilbert hat einen Auszug
aus Locke's Versuch über den menschlichen Verstand gemacht, welcher verschiednen Ausgaben
desselben ist vorgesetzt worden; wenigstens hat
ihn Poley seiner Uebersetzung vorgesetzt. Jetzt
finde ich, daß Locke selbst einen kurzen räsonni-
renden Auszug von seinem Werke gegeben hat,
nämlich in der Young Student's Library,
by the Athenian Society; Lond. 1691.
fol. p. 162 ff. Der Auszug ist vortreflich;
und

und da er authentiſch iſt, ſo hätte Poley ihn
lieber, als den von Gilbert, wählen ſollen.
Wenn er ihn gekannt hätte! Aber ich habe ſeiner nirgend erwähnt gefunden.

Der Auszug, den Locke aus ſeinem Verſuche über den menſchlichen Verſtand machte,
erſchien eigentlich ſchon früher, als dieſer Verſuch ſelbſt, der im J. 1690 zuerſt herauskam,
und früher franzöſiſch als engliſch, nämlich in der *Bibliotheque Univerſelle* des Le Clerc,
wozu Locke mehrere Beiträge lieferte. Im
achten Bande derſelben, vom J. 1688 findet
man S. 49 ff. dieſen Extrait d'un Livre Anglois
qui n'eſt pas encore publié, intitulé ESSAI
PHILOSOPHIQUE *concernant* L'ENTEN-
DEMENT, où l'on montre quelle eſt l'éten-
düe de nos connoiſſances certaines, & la manière dont nous y parvenons. *Communiqué par
Mr. LOCKE.* In der *Student's Library* iſt dieſer Aufſatz nur engliſch abgedruckt worden, und
er verdiente allerdings auch eine deutſche Ueberſetzung in irgend einer philoſophiſchen Zeitſchrift.
Locke ließ auch einige einzelne Abdrücke davon
machen, die er, wie hernach das Werk ſelbſt,
dem Grafen von Pembroke zueignete. —

Niceron gedenkt noch eines andern Auszuges, den Dr. Wynne, nachheriger Bischof von St. Asaph, verfertigte, und den Bosset zu London, 1720, 12. ins Französische übersetzte. Diesen Auszug, mit einem reichhaltigen Kommentar begleitet, gab der P. Franc. Soave zu Mailand 1775 ff. in drei Bänden italiänisch heraus.

***

Lorenzetto. Ein verdienter Bildhauer, der aber nicht sehr bekannt ist. Er war ein Schüler Raphael's. „Sein Jonas, „in der Kapelle Chigi, sagt Winkelmann, „(Von Empf. d. Schönen, S. 12.) ist bekannt; ein vollkommeners Werk aber von ihm, „im Pantheon, eine stehende Madonna, noch „einmal so groß als die Natur, welche er nach „seines Meisters Tode machte, wird von Niemand bemerkt. Ein andrer verdienter Bildhauer ist noch weniger bekannt; er hieß Lorenzo Ottone.“ Man sehe sein Leben beim Vasari, P. III. Vol. I. p. 139. — Und was mir ihn am merkwürdigsten macht, ist dieses, daß er, nach Vasari's Erzählung, der erste Restaurator alter verstümmelter Statuen gewesen ist. — Er war ein Florentiner von Geburt, und starb 1541 im 47sten Jahre seines Alters.

Lorenzetto hieß eigentlich Lorenzo Lotto; und man muß ihn beim Füeßlin unter diesem letztern Namen suchen, wo die Nachrichten des Vasari ausgezogen sind. — Seiner Statuen des Jonas und Elias, welche beide in der Kapelle Chigi, in der Kirche di Santa Maria del Popolo zu Rom stehen, gedenkt auch Richardson, Traité de la Peinture, T. III, p. 595, und bezieht sich dabei auf den Bellori, der in den Pitture del Vaticano, p. 64, sage, Raphael habe zu dem Jonas das Modell verfertigt, und die Statue selbst polirt. Auch beim Venuti, Descrizz. di Roma Moderna, T. I. p. 162, wird dieser beiden Statuen erwähnt; und eben daselbst, S. 138, findet man doch auch in der Beschreibung des Pantheon, oder der Kirche di S. Maria ad Martyres, die von W. für ganz unbemerkt gehaltene Madonna mit folgenden Worten angeführt: Nelle altre cappelle e altari si vedono diverse statue di buona maniera; fra le quali quella, che rappresenta la Santissima Vergine è di *Lorenzetto*, fatta d'ordine di *Raffaele* lasciato in iscritto. — Hr. v. Ramdohr, dessen Werk über Mahlerei und Bildhauerei in Rom, Th. III, S. 311, über die Statuen des Jonas und Elias nachzusehen ist, urtheilt von der Madonna im Pantheon, S. 305 : daß der Kopf derselben von schlechter Wahl und ohne Ausdruck, das Christkind schlecht gezeichnet, und so hart ausgeführt sey, daß es aus Holz geschnitzt zu seyn scheine. Ueberhaupt sey das Nackende nicht mit genugsamer Zartheit behandelt. Besser sey das Gewand; immer aber noch bleibe es zu schwerfällig und unbestimmt in dem Faltenschlage, wenn man gleich die Nachahmung der Antiken darin spüre.

M.

Macaronische Poesie. Der Urheber derselben war, wie bekannt, Trofilo Folengo, der seine Gedichte unter dem Namen *Merlinus Cocajus* herausgab. Ich besitze davon die Ausgabe: Venetiis, apud Bevilacquam, 1613, 12. Folengo starb 1544.

In Frankreich machte ihm diese Art von Versen ein gewisser Antoine Arena nach,

von dem einiges 1537 zu Avignon mit gothi-
ſchen Lettern iſt gedruckt worden. Dieſer Arena
ſtarb in eben dem Jahre, in welchem Folengo
ſtarb. Siehe von ihm die *Carpenteriana*. Eins
von ſeinen Gedichten iſt über das Tanzen.

Unter des Folengo Nachahmern in Italien iſt auch Cäſar Urſinus, gebürtig von
Ponzano im Genueſiſchen, der zu Anfange des
ſiebzehnten Jahrhunderts lebte, und bei dem
Kardinal Bevilacqua Sekretär war. Er
gab unter dem Namen: *Magiſtri Stopini* Capriccia Macaronica heraus, deren Ausgabe,
Ven. 1653, fl. 12. ich beſitze. Dieſe ſind,
glaub' ich, viel ſeltener, als die Gedichte des
Folengo, welche öfters, und auch in Deutſchland, ſind nachgedruckt worden. Erſt lieſet man
acht hexametriſche Gedichte, die *Macaronea*
überſchrieben ſind. Das erſte, de malitiis Pu-
tanarum; das zweite, de arte robbandi;
das dritte, de laudibus ignorantiae; das
vierte, de laudibus pazziae; das fünfte, de
laudibus boſiae; das ſechste, de laudibus
ambitionis; das ſiebente, gattam Roſam a
milite interfectam deplorat; das achte, con-

G 3

tentio trium poëtarum: Nizzi, Bertoldi, et Driadis. — Hierauf folgt ein Buch Epigrammen, und ein Buch Elegien; endlich ein Anhang von Epigrammen, die zu diefer Ausgabe hinzugekommen find.

Auch die Deutfchen haben fich in der macaronifchen Poefie verfucht. Eins von dergleichen Gedichten ift die *Floïa*, welches zu Ende des 15ten und in der erften Hälfte des 16ten Jahrhunderts fehr oft ift gedruckt worden. Die erfte Ausgabe, die ich kenne, ift von 1593 in 4. und der vollftändige Titel heißt: Floia, cortum verficale, de flois fchwartibus, illis deiriculis, quae omnes fere Minfchos, Nonnas, Weibras, Jungfras etc. behuppere, et fpitzibus fuis fchnaflis fteckere et bitere folent; autore *Gripholdo Knickknackio* ex Floilandia. Die Ausgabe von 1614 hat eine hübfche Vignette, wo fich eine ganze Familie, bis auf den Hund, flöhet. Der Anfang heißt:

Angla floosque canaim, qui waffunt pulvere fwarto

Ex watroque fimul fleitenti et blafide dicko,
Multipedes deiri, qui poffunt huppere longe,

Non aliter, quam ſi floglos natura dediſſet.
Illis ſunt equidem, ſunt, inquam, corpora
kleina,
Sed mille erregunt menſchis martrasque
plagasque *etc.*

Die maccaroniſche Poeſie hat ihren
Namen wohl ohne Zweifel von den *maccaroni*,
dem bekannten Lieblingseſſen der Italiäner, erhalten, weil auch hier verſchiedenerlei Ingre-
dienzien gleichſam in einen Teig verknetet ſind.
Ferrari (Origg. lingu. Ital. p. 189.) leitet
dieß Wort entweder von *maccare*, zerreiben,
oder von dem griechiſchen μαζα, maſſa, offa,
her; und ſagt unter andern davon: „eſſe ruſti-
„canac menſae cupedias, vel unus *Folengius*
„docuerit, qui novum carminis genus eo titulo
„nobilitavit."

Creſcembeni handelt in ſeiner Iſtoria
della volgar Poëſia, T. I. p. 363 ſſ. umſtändlich
von dieſer, und mehrern ähnlichen Arten von
Verſen, woran die Italiäner vorzüglich reich
ſind. Er bemerkt zuvörderſt, daß man ſchon
ſehr frühzeitig andre Sprachen in die italiäniſche
Poeſie gemiſcht habe, und daß bieß, wie er
L. I. p. 14 zeigt, bei den Provenzalen nicht un-

gewöhnlich gewesen sey. Im funfzehnten Jahrhundert ward die Einmischung des Lateinischen
so sehr gewöhnlich, daß selbst die Prosaisten im
Italiänischen lateinisch, und im Lateinischen italiänisch schrieben. Im folgenden Jahrhundert
gab nun, wie er sagt, diese Mischung zur Erfindung zweier sehr angenehmen neuen poetischen
Gattungen Gelegenheit, nämlich zu der *Poësia
Macheronica* (so schreibt C dieß Wort beständ-
dig) und *Pedantesca*, die man auch in der Folge
beibehielt. Man machte davon in allen Dich-
tungsarten, nur nicht im Trauerspiele, Gebrauch; und selbst beim Dante, und andern
alten Dichtern finden sich Spuren davon. Unter
mehrern Beispielen führt er folgendes, an sich
schöne, Sonett von dem ältern Lorenzo de'
Medici, auf das Rad der Glücksgöttin an,
woran vier Menschen geschmiedet sind:

Amico, mira ben questa figura,
Et in arcano mentis reponatur,
Ut magnus inde fructus extrahatur,
Considerando ben la sua natura.
Amico, questa è ruota di ventura,
Quae in eodem statu non firmatur,
Sed casibus adversis variatur,
E qual abbassa, e qual pone in altura.

Mira, che l'uno in cima è già montato,

Et alter est expositus ruinae,

E'l terzo è in fondo d'ogni ben privato.

Quartus ascendit jam. Nec quisquam sine

Ragion di quel, che oprando ha meritato,

Secundum legis ordinem divinae.

Der tollste Mischmasch dieser Art ist der von
einem Ercole Bottrigaro, der sogar He-
bräisch unter seine italiänischen Verse mengte.
Ein andrer, Antonino Lenio Salentino,
schrieb ein Gedicht in Ottava Rima, wo immer
ein lateinischer Pentameter mit den gewöhnlichen eilfsylbigen italiänischen Versen abwechselt.
Andre mischten die verschiednen Mundarten dieser letztern Sprache unter einander.

Von andrer Art ist die sogenannte Poësia *Pedantesca*, die übrigens der gewöhnlichen toskani-
schen völlig gleich ist, ausser in den häufig lati-
nisirenden Wörtern. Bei den Dichtern des
funfzehnten Jahrhunderts findet man öftere
Proben davon, die doch mehr eine Frucht der
Unwissenheit und einer gewagten Dreistigkeit
sind; vornehmlich, sagt Crescembeni, ist
ein gewisser Bettino Tricco in seiner *Leti-
logia* sehr reich daran, wovon er folgende, freilich sehr abgeschmackte, Verse zur Probe giebt:

G 5

Sythari el fano cum Afiriani,
    Amazoni, Medorum ac Perfarum,
  Et tutti Athenienfi, et Micenarum,
    Indiani, Longobardi et Egyptiani.
Macedoni, Corynthi, et Argivorum,
    Lacedaemonii, Lydi cum Judey,
    Laurenti et d'Ifrahel, et Glamorey,
    Cretenfi cum Albani, et Latinorum, *etc.*

Unter denen aber, die von diefer Poefie abficht=
lichen und komifchen Gebrauch machten, rühmt
er am meiften den Camillo Serofa, von
dem man auch ein Sonett diefer Art in eben
dem erften Bande des Crefcemb. S. 73 zur
Probe nachfehen kann.

Als eine Tochter diefer Mifchung nun be=
trachtet er die maccaronifche Poefie, in
welcher man ganz nach lateinifcher Art fich aus=
drückt, nur daß die darin angebrachte Latinität
wahres Küchenlatein, und fo entftellt, oder viel=
mehr italifirt ift, daß man oft nicht weiß, ob
ein Wort lateinifch oder italiänifch fey, weil es
im Grunde keines von beiden, fondern Gemifch
aus beiden ift. In diefer Manier ift allerdings
der von L. erwähnte Don Trofilo de' Fo=
lenghi, ein Benediktinermönch, aus Mantua
gebürtig, am berühmteften, und wird als ihr

eigentlicher Erfinder angefehen. Er. giebt S.
367 folgendes maccaronifches Epigramm von
ihm:

De Cingaris Facetia.

Squaffabat quondam pelagi fortuna Maranum,
 Qui de falata carne pienus erat.
Frangitur arbor, aquas forbet fundata carina,
 Et plorans coeli quisque dimandat opem.
Cingar fe mifit tantum rofegare mezenos,
 Ac fi non effet tunc prigolandus aquis;
Scridatur quare mangiat, nec donat ajutum;
 Refpondet: quia fum fat bibiturus, edo.

Ueber diefen de' Folenghi oder Folengo
kann man übrigens den Fontanini nachfehen,
der in f. Biblioteca dell' Eloquenza Italiana.
(ed. d'*Apoftolo Zeno*, Venez. 1753, 2 Voll. 4.)
T. I. p. 301 ff. umständlich von ihm handelt.
Durch ein großes geiftliches Gedicht über die
Menfchheit Chrifti, in zehn Gefängen, fuchte er
die Poffen feiner Jugend, die doch wohl mehr
Werth, als diefes, haben, wieder gut zu machen. Auch hat man von ihm ein komifches Heldengedicht, L'Orlandino di *Limerno* (Merlino)
Pitocco, in acht Gefängen. — Von feinen mac-

caronischen Gedichten haben Fontanini
und Zeno ebendas. S. 304 ff. die Ausgaben
ausführlich nachgewiesen. Die erste, obgleich
noch nicht vollständige, ist von Aless. Paga-
nino zu Venedig, 1517. 8. gedruckt. Ver-
mehrter lieferte sie eben dieser Buchdrucker unter
dem Titel: *Opus Merlini Cocaji poetae Mantuani
Macaronicorum* — — Tusculani, ad lacum Be-
nacensem, per Alex. Paganinum, 1521. 12.
Nach seinem Landgute Tusculano am See Be-
naco, zum Gebiete von Brescia gehörig, hatte
P. seine Druckerei von Venedig aus verlegt. —
Zeno vermuthet übrigens, daß Folengo im
J. 1493 geboren sey, und daß er also schon Mönch
gewesen seyn müsse, als er diese Verse schrieb,
obgleich er selbst in einem beigefügten Briefe
dieß zu leugnen suchte.

Ueber den Ant. de Arena, der, nach einigen auch Sablon oder la Sable hieß, vergleiche man den Clement, Biblioth. Cur. T. II.
p. 16 ff. wo zwei maccaronische Gedichte von ihm
angeführt werden, wovon das über das Tanzen:
Ad suos Compagnones Studiantes etc. zum öftern ist gedruckt worden. Clement giebt bei
dieser Gelegenheit S. 17 in der Note eine Stelle
aus einer höchst seltenen Schrift des Naudé,

worin diefer eine Digreffion über die maccaroni⸗
fche Poefie der Franzofen macht, und noch ver⸗
fchiedne andre nennt, die fich darin verfucht ha⸗
ben; nämlich in f. Jugement de tout ce qui a
été imprimé contre le Cardinal *Mazarin* depuis
le 6 Janv. jusqu'au 1 d'Avril, 1649. 4. edit. 2.
p. 276 f.

Die *Capriccia Macaronica* des Cefare Ur⸗
fini, der fich dabei den Namen *Magifter Stopi-
nus* gab, find doch auch mehrmals gedruckt wor⸗
den. Ich befitze davon eine Ausgabe, die zu
Mailand, 1688. 12. herausgekommen ift. In
diefer ift der Anhang von Epigrammen, nach
den Elegieen, der fich in Leffing's früherer
Ausgabe fand, nicht befindlich; vielleicht aber
find fie zu den übrigen Sinngedichten mit hinzu
genommen, von denen ich hier ein kurzes Bei⸗
fpiel herfetze:

Ad Marcum.

Quid tantis vexas cervellum, Marce, fadighis?
　　Quid ftratias mentem nocte dieque tuam?
Cernis ut ab unda leuiter bagnata virefcit
　　Herba, fed a nimia putrida marcet aqua.
Pectora continuae fic fpezzant noftra fadighae,
　　Has moderare igitur, fi tibi vita placet.

Von einer ſolchen ſeltſamen Miſchung des
Lateiniſchen in D e u t ſ c h e Gedichte, wie die iſt,
wovon zuerſt die Rede war, nämlich von der
Einſchaltung ganzer lateiniſcher Zeilen, finden
ſich ſchon ſehr alte Beiſpiele. Auch erinnere
man ſich nur an einige alte Kirchenlieder, z. B.
In dulci jubilo; Puer natus in Bethlehem, u.
dergl. und an die Verſe dieſer Art von dem Je-
ſuiten J a k o b B a l d e, beſonders an ſein Gedicht de vanitate mundi. (Vergl. F l ö g e l's
Geſch. d. kom. Lit. Th. III. S. 422 ff.) — Auch
kennt man ein ſcherzhaftes Trinklied dieſer Art
von H a g e d o r n:

> Der Weintrunk erhält,
> Das lehrten die Welt
>   Druiden und Barden und Magi;
> Sie hatten auch Recht,
> Das findet, wer zecht,
>   Recubans ſub tegmine fagi.

Er hat es zwar in die Sammlung ſeiner poeti-
ſchen Werke nicht aufgenommen; es ſteht aber
in der mit Muſik (von G ö r n e r) zu Hamburg
herausgekommenen Sammlung ſeiner O d e n
und L i e d e r, und iſt eigentlich aus dem Engliſchen des F r a n c i s B e a u m o n t nachgeahmt,
(S. A Select Collection of Engliſh Songs;

Lond. 1783. 3 Vols. 8. Vol. II. p. 28.) wo es
noch länger ist, und wo die obige Strophe so
heißt:

> This is the wine
> Which in former time
> Each wife one of the Magi
> Was wont to carouse
> In a frolicsome blouse,
> *Recubans sub tegmine fagi.*

Hievon ist nun freilich die eigentliche maccaronische, alles latinisirende, Poesie verschieden, in der es uns auch nicht an öftern Versu-
chen fehlt. Crescembeni selbst bemerkt in
den am Schluß des fünften Bandes S. 335 ff.
befindlichen Zusätzen, daß man um das vier-
zehnte Jahrhundert auch in Deutschland eine
solche Mischung gewagt habe, und beruft sich
dabei auf *Jac. Burkhardi* de linguae latinae in
Germania fatis Commentarios (*priores*), Ha-
nov. 1713. 8. p. 96. wo aber, in den zwei dort
befindlichen Grabschriften, doch auch nur deutsche und lateinische Verse mit einander wechseln.
Er glaubt sogar, die Deutschen hätten diese
Manier zunächst von den Provenzalen, und die
Italiäner von den Deutschen angenommen. —

Das von L. angeführte Gedicht, *Floïa*, ist aber allerdings völlig maccaronisch. Man findet es auch in der 1644. 12. herausgekommenen Sammlung: Nugae Venales, f. Thesaurus Ridendi et Jocandi, p. 129 ff. obgleich dieser Abdruck, der in Holland gemacht zu seyn scheint, in den aus dem Plattdeutschen latinisirten Wörtern sehr fehlerhaft ist.

Man vermuthet leicht, daß auch die Holländer diese Art von poetischen Schnurren nicht unversucht gelassen haben. So steht z. B. in der der eben gedachten Sammlung beigefügten *Pugna Porcorum*, S. 49, ein solches Mischgedicht, betitelt: Studiosi Characterisinus Belgico - Latinus.

Uebrigens hoffe ich nicht, daß man das Horatische: Turpe est, difficiles habere nugas, welches von dieser ganzen Gattung poetischer Possen gelten mag, auch auf die Länge dieser Anmerkung anwenden werde. Wenn es, wie Voltäre sehr wahr sagte, keine verächtliche Dichtungsart giebt, als die langweilige, so verdiente auch diese immer einige, wenigstens historische, Aufmerksamkeit; um so mehr, da ihre Geschichte unter uns, so viel ich weiß, noch nicht erörtert, und die maccaronische Poesie selbst

von dem ſel. Flögel in ſeiner Geſchichte
der komiſchen Literatur, Th. 1. S. 84,
nur ganz kurz berührt iſt.

———

Maczinzki. Lateiniſch: *Joannes
Maccinius;* ein polniſcher Edelmann. Er ſtu-
dirte in Deutſchland, und hielt ſich hernach mei-
ſtentheils in Königsberg auf. Hier gab er im J.
1564 ſein Lateiniſch-Polniſches Lexikon heraus,
welches er dem Könige Sigismund Auguſt
zugeeignet hat, und ſeine erſte Arbeit nennt,
und die Frucht ſeines Fleißes in Deutſchland.
Durch dieſes Werk hat er ſich um ſeine Mutter-
ſprache nicht wenig verdient gemacht; und es iſt
zu bedauern, daß der zweite Theil, welcher ein
Polniſch-Lateiniſches Wörterbuch hat enthalten
ſollen, nicht zu Stande gekommen iſt. Er ver-
ſpricht denſelben in der gedachten Zueignungs-
ſchrift. Seine Abſicht dabei war, zu zeigen,
daß die ſlavoniſche Sprache keiner andern an
Reichthum weiche. Er wollte grammatiſche
Anmerkungen mit unterſtreuen, und die Analogie der polniſchen Sprache mit der hebräiſchen,

griechischen und lateinischen beibringen. Mit
der hebräischen z. E. hat sie die Geschlechter der
Zeitwörter gemein; mit der griechischen den
Dualis.

Im Jöcher ist dieser polnische Gelehrte unter dem Namen Macinius zu suchen; und es
wird daselbst aus *Starzvolscii* Scriptor. Polonor.
Centuria von ihm angemerkt, daß er in Italien,
Spanien, Frankreich und England gereist, und
hernach beständig an des Königes Stephanus
Bathorus Hofe geblieben sey, von dem er
auch eine Pension erhalten habe.

Paolo Alessandro Maffei. In seiner bekannten Raccolta di Statue Antiche
e Moderne etc. Roma, 1704, gr. fol. welche 163 Statuen auf eben so viel Kupfertafeln
enthält, sagt er vom Laokoon, daß die Künstler desselben in der 88sten Olympiade gelebt haben; welches Vorgeben Winkelmann schon
sehr zweifelhaft gemacht hat, und ich völlig widerlegt habe. — — Beim vatikanischen
Apoll braucht die Schlange, welche an den

Sturz, auf den sich Apoll mit der Hand stemmt, sich heranwindet, der Drache Python nicht zu seyn, für den sie auch wohl nicht schrecklich genug aussähe. Die Schlange war überhaupt ein Symbol, welches die Alten dem Apoll, und mehrern Gottheiten, beifügten. Bei dem Köcher, welcher ihm über die linke Schulter auf dem Rücken hängt, merkt Maffei an, daß Jul. Cäf. Skaliger (ich vermuthe über *Macrob.* L. I. Saturnal. c. 17.) angemerkt habe, es sey ihm und der Diana allein erlaubt, ihn so zu tragen, und sonst keinem andern, weder von den Gottheiten noch Nymphen, die ihn immer an die Seite gegürtet hätten. Ist das wahr? und woher hat es Skaliger bewiesen?

Ueber die in des Maffei und Rossi bekannter Raccolta, gleich auf der ersten Tafel befindliche Abbildung der Gruppe vom Laokoon, erinnert Hr. Hofr. Heyne in s. zweiten Samml. Antiquar. Auff. S. 2, daß die Figur umgekehrt gestochen sey, daß Laokoon einen Lorbeerkranz habe, und daß der Biß der Schlange vom Vater verrückt sey. Eben daselbst wird

S. 31 die Meinung des Maffei in Ansehung
der Zeit, wann diese Gruppe verfertigt worden,
berührt, und gesagt, daß M. ein so unkritischer
Antiquar sey, daß er keine Stimme haben könne.
Ueber diese Zeitbestimmung überhaupt, und
Lessing's Meinung davon, ist die ganze dor-
tige Untersuchung unstreitig das Gründlichste,
was wir bisher haben. — — Das Bild der
Schlange bei der Statue des vatikanischen
Apolls war wohl eher Symbol der Gesundheit
und der Arzneikunde, deren Erfindung diesem
Gotte beigelegt wurde. — Die Stelle, wo
Skaliger von der Art redet, wie Apoll und
Diana den Köcher trugen, kann ich nicht sogleich
nachweisen; über den Makrobius hat er,
wie bekannt, nicht besonders kommentirt; und
in der Zeunischen Ausgabe dieses Schrift-
stellers, welche auch die Noten des Pontan,
Gronov und Meursius enthält, finde ich
bei dem angeführten, ganz den Apoll betref-
fenden, Kapitel nichts hieher gehöriges. —
Wider Skaliger's Behauptung ließe sich doch
wohl die Stelle beim Ovid (Metam. II. 419,)
anführen, wo von der Kallisto, einer Nymphe der Diana, gesagt wird:

Exuit hîc *humero* pharetram — —

und die beim Virgil (Aen. XI, 843 f.), wo es von der Amazone Kamilla heißt:

Nec tibi defertae in dumis coluiffe Dianam
Profuit, aut noftras *humero* geffiffe pharetras.

Magnet. Der äußerliche Gebrauch des Magnets gegen innerliche Krankheiten ist keine neue Erfindung. Athanaf. Kircher sagt schon in seinem Werke de Arte Magnetica, L. III. P. VII. (in welchem ganzen Theile er den Ἰατρομαγνητισμον abhandelt, worunter er aber doch mehr die magnetischen Kräfte der Arzneien, als die Arzneikräfte des Magnets versteht,) Cap. I. p. 534: „Ex collo geftatus Magnes fpafmum fanare, ac nervorum dolores compefcere, manuque detentus partum accelerare perhibetur." — Der austrocknenden Kraft, welche er mit dem Eisen gemein hat, nicht zu gedenken; denn diese äußert er entweder äußerlich gegen äußerliche Uebel, oder innerlich, pulverifirt genommen, gegen innerliche.

Es ist aber Theophraſtus Paracel-
ſus der ·eigentliche erſte Erfinder dieſer Kur,
durch welche jetzt (1769) Mesmer in Wien
ſo viel Aufſehen macht. Er handelt von den
Kräften des Magnets, in der Sammlung ſ.
Werke durch *Johannem Huſerum*, (Straßb.
1616 fol.) T. I. p. 1019; woraus folgende
Stellen ſind.

Von den Aerzten, welche dieſe weitre Kraft
des Magnets nicht einſahen, ob ſie gleich ſeine
Anziehungskraft vor Augen hatten, ſagt er:
,,Sie haben alle weitere Erfahrung verlaſſen,
und ſich beholfen an ihrem Küchengeſchwätz, das
nicht einmal mit Ehren zu verantworten iſt.'' —
Ferner: ,,Ob ich gleichwohl alle Tugend ſetz
von den Magneten, welche die Alten all beſchrieben haben, ſo hab ich doch nichts geſchrieben. Sondern will ich vom Magneten ſchreiben, iſt vonnöthen, daß ich mit der Addition
und Correktion vortrete, und ſie mir alle hinken
langſam hernach.'' — Er trotzt dabei auf ſeine
Erfahrung, und behauptet, daß, ſo wie der
Magnet in das Eiſen wirke, er auch eben ſo
alle martialiſche Krankheiten an ſich ziehe, auch

gegen die fallende Sucht und alle krampfhafte
Zufälle heilsam sey. Zu den martialischen Krankheiten zählt er alle Flüsse der Frauen, alle Flüsse
des Stuhlgangs, eine jede Krankheit, die sich
von ihrem Mittelpunkt im Zirkel dilatirt, u. s. f.
Er räth, den Magnet auf das Centrum zu
legen, von dem die Krankheit ausgeht; u. s. f.

Hätte der sel. Lessing das weit größere
Aufsehen noch erlebt, welches der thierische
Magnetismus in den letzten Jahren gemacht
hat: so würde er vielleicht die Untersuchung
über die ehemaligen Meinungen von der medicinischen Kraft des Magneten, die man auch seitdem verschiedentlich angestellt hat, noch weiter
verfolgt haben.

———————

Joh. Dan. Major. Die Schrif-
ten dieses Mannes, welcher als Professor der
Medicin in Kiel 1693 starb, verdienen zum
Theil, wegen ihres sonderbaren Inhalts, alle
Aufmerksamkeit. Seine Seefahrt nach der
Neuen Welt habe ich selbst; aber seinen Ge-
nius Errans, f. de Abusu in scientiis, Kiliæ.

H 4

1678. 8. muß ich zu bekommen suchen. Die Rezension im Journal des Savans des Jahrs 1679 macht mich darauf begierig.

Die weitläuftigste Nachricht von ihm und seinen Schriften findet man in *Molleri* Cimbria Litterata, T. II. p. 504 ff. Er starb aber nicht zu Kiel, sondern zu Stockholm, wohin er entweder von selbst gereiset, oder wegen der Krankheit der Königin Ulrike Eleonore, die kurz vor ihm starb, war gerufen worden. Er ist auch wegen verschiedner medicinischer, physischer und chirurgischer Erfindungen merkwürdig, von welchen Moller gleichfalls die vornehmsten anführt. Seiner Schriften ist eine zahlreiche Menge. Die Seefahrt nach der Neuen Welt, ohne Schiff und Segel, mit einer lateinischen Zugabe, de Imaginibus Rerum intra oculum inversis, kam zuerst zu Kiel, 1670, 4. ohne seinen Namen, und hernach mit demselben, ebendas. 1683, 12. heraus. Er läßt darin den Dädalus in eine bisher unbekannte Welt reisen, und einen Pallast mit mehr als hundert Zimmern antreffen, welcher ein Bild der Gelehrsamkeit, und so vieler, vorzüglich medicinischer und mathematischer, Wissenschaften seyn soll. —

Sein *Genius Errans,* s. de Ingeniorum in Scientiis Abusu Diss. kam zu Kiel 1677, 4. heraus;
mit der angehängten Abhandlung des Menzini,
de litteratorum hominum invidia. Jene Abhandlung enthält sehr richtige Ideen über die
Nothwendigkeit einer vorläufigen Kenntniß von
der Natur, dem Inhalte, und der Geschichte
aller Wissenschaften, die der Verfasser in dieser
Absicht alle durchgeht, wobei er denn gelegentlich viel Sonderbares und Merkwürdiges anbringt, was vornehmlich zur Geschichte der Kunst-
erfindungen und chymischer Versuche gehört.

Geo. Malvasia. Verfasser der Lebensbeschreibungen bolognesischer Mahler. Winkelmann's Urtheile nach, war er ein Mann
ganz ohne alle Empfindung des Schönen. (Von
der Fähigk. der Empf. des Sch. in der
Kunst, S. 5.) — Er nennt den Raphael
einen urbinatischen Hafner, nach der pöbelhaf-
ten Sage, daß dieser Gott der Künstler Gefäße
gemahlt habe, welche die Unwissenheit jenseits
der Alpen als eine Seltenheit aufzeigt; und

H 5

sagt, daß die Caracci sich durch die Nachahmung des Raphael verdorben hätten.

Zufolge der Nachricht, die ich in *Orlandi*
Notizie degli Scrittori Bolognesi (Bologna,
1714. 4.) p. 80, finde, ist der Graf Carlo
Cesare Malvasia, der Philosophie, der
Rechte und der Theologie Doktor, u. s. f. in
einem Alter von 77 Jahren im J. 1693 gestorben. In der Musik, Baukunst, Mahlerei,
Sternkunde und Poesie besaß er vorzügliche Ge-
schicklichkeit. Seine Schriften findet man dort
umständlich angeführt. Am bekanntesten von
ihm sind die oben gedachten Lebensbeschreibun-
gen bolognesischer Mahler, unter dem Titel:
Felsina Pittrice, Vite e Ritratti di Pittori Bo-
lognesi, Libri IV in due Tomi; Bologna, 1678. 4.
Er widmete sie Ludwig *XIV*, der ihm dafür
sein mit Brillanten besetztes Bildniß schenkte.
Winkelmann nennt ihn am angef. Orte einen
Schwätzer. Wider sein hartes und unbilliges
Urtheil über Raphael gab Don Vincenzio
Vittoria Offervazioni — — per difesa di
Rafaele da Urbino, dei Caracci, e della loro
Scuola, zu Rom 1679, 4. heraus; wogegen Let-
tere familiari in difesa del Conte *Carlo Cesare*

Malvasia circa la Felsina Pittrice, zu Bologna 1705. 8. von Giov. Pietro Janotti erschienen. — Uebrigens weiß man, daß die bemahlten irdnen Gefäße und Geschirre, die von manchen dem Raphael beigelegt werden, und deren in dem Herzogl. Kunst- und Naturalienkabinete zu Braunschweig ein sehr ansehnlicher Vorrath ist, gewiß nicht von Raphael's Hand, sondern nur aus seiner Schule, schwerlich aber von seinen besten und berühmtesten Schülern, sind.

***

Mahlerei. Die Schriftsteller von dieser Kunst unter den Alten sind sämtlich verloren gegangen; unter den Neuern ist Leo Baptista de Albertis (s. oben) als der erste anzusehen. Nur zwei oder drei von ihnen haben sich um die Kunst verdient gemacht. Unter diese aber gehört weder Pietro da Cortona, noch Poussin. S. Winkelmann v. Nachahmung der Griech. Werke, S. 70.

Eben daselbst gedenkt Winkelmann, S. 120, der Idée de la Peinture par *Chambray;* au Mont, 1662. 4. und sagt, daß es

eine seltne Schrift sey. — Ist dieß nicht vielleicht der Abbé *de la Chambre*, Curé de St.
Barthelemy, welcher das Leben des Ritters
Bernini herausgeben wollen, wovon er auch
schon im Voraus 1684 die Vorrede drucken ließ,
unter dem Titel: Préface pour servir à l'Histoire de la Vie & des Ouvrages du Chevalier *Bernini?* Diese Vorrede, sagt Monville, in seinem Leben Mignard's (Pref.
p. XLVI.), ist gegenwärtig äußerst selten.
Bayle, setzt er hinzu, gab einen Auszug davon, und lobte sie in den Nouvelles de la
Republ. de Lettres, *Sept.* 1685. Aber die
Geschichte selbst ist nicht herausgekommen. *a)*

Unter diesem Artikel will ich mir auch alle
die Nachweisungen, die Mahlerei betreffend,
sammeln, welche ich hie und da finde, und aus
Unkenntniß oder Mangel der Bücher nicht habe
nachsehen können; z. E. aus M. Joh. Friedr.
Jüngers Disp. de Inanibus Picturis; hab.
Lips. 1679. 4.

Joseph Scaliger, Epist. L. III. ep. 133;
ubi de singularibus picturis Christianorum
quaedam habet.

Camerarius ad Tufculan. p. 21, ubi de imperfectione artis pingendi ante *Dureri* et *Lucae* tempora agit.

De *Durero* v. *Opmeer*, Chronogr. p. 755; et de aliis praeftantibus pictoribus in Hollandia, ibid. p. 706. (Dieß ift des Petr. Opmeer, eines Holländers aus dem vorigen Jahrhunderte, Opus Chronographicum Orbis Univerfi.)

De *Dureri* artificiofiffima pictura v. *Jofeph. Rofaccerum* in Profpectu Mundi, p. 9.

Voffius de Progreffu Idololatriae, L. III. c. 46. — *Idem* de ἐγκαυσικῃ, L. IV. de Idololatr. c. 91.

Aus eben diefer Differtation lerne ich auch des Jefuiten *Joh. Molani* Libb. II. de picturis et imaginibus facris, und des Jefuiten *Mafenii* Speculum Imaginum kennen, die ich beide wohl bei Gelegenheit einmal durchblättern muß. [b]

———

Von dem thebanifchen Gefetze für die Mahler, εἰς το κρειττον μιμεισϑαι, habe ich meine Meinung im Laokoon gefagt.

Riedel hat Einwürfe dagegen gemacht, wider welche mich ein Ungenannter (ich glaube, Hr. Prof. Morus,) in dem letzten Stücke der Neuen Bibliothek d. sch. W. vertheidigt hat, wo Riedel's Theorie rezensirt wird. — In der vorhin angeführten Dissertation von Jünger wird dieses Gesetzes auch gedacht, und Jünger macht den Zusatz: qualis etiam lex apud Aegyptios viguit; vid. *Muret*. ad Nicomach. p. 249. Dieß wäre nachzusehen.

Mit diesem thebanischen Gesetze ist auch eine Stelle beim Cicero (de Oratore, L. II.) zu vergleichen: Valde autem ridentur etiam imagines, quae fere in deformitatem aut in aliquod vitium corporis ducuntur, cum similitudine turpioris.

Ich finde, daß Vettori (de septem Dormient. p. 22,) das thebanische Gesetz eben so, wie ich, verstanden hat, wo er diese Stelle des Cicero anführt, und hinzu setzt: de hoc abusu alibi loquuti sumus, lege Thebanorum mulcta pecuniaria coërcito. — Sed aliud est, ingeniose abuti arte pictoria,

aliud praeclare pingendo ex imperitia
deficere. c)

———

Von der Mahlerei auf Leinewand
schreibt Winkelmann in der Gesch. d. Kunst,
S. 395: „Es ist besonders, daß unter dem
„Nero zuerst auf Leinewand ist gemahlt wor=
„den, bei Gelegenheit seiner Figur von hun=
„dert und zwanzig Fuß hoch.“ Er beruft sich
dabei auf den Plinius; und ich weiß, daß
Harduin und mehrere den Plinius nicht
anders verstanden haben. Die Stelle ist diese:
Et nostrae aetatis infaniam ex pictura non
omittam. Nero Princeps jufferat Colof-
fum fe pingi CXX pedum in linteo; incognitum ad hoc tempus. Mir scheint es,
daß Harduin und Winkelmann die ersten
Worte dieser Periode nicht recht verstanden ha=
ben. Die Raserei, deren man sich in der Mah=
lerei zur Zeit des Plinius schuldig machte,
war eben das, was er eine sonst unerhörte Sache
nennt. Diese aber bestand nicht in der Mate=
rie, sondern in der Größe der Fläche, auf
welcher gemahlt wurde. Nicht die Leinewand,

sondern das Kolossalische, machte das Neue,
machte die Raserei aus, auf welche der kleine
gigantische Stolz des Nero fiel. *d*).

Gemahlte Kleider, gemahlte Vorhänge,
von allerlei Arten des Stofs, waren in den
allerältesten Zeiten bekannt. Man glaube nicht,
daß ich mich durch die Zweideutigkeit des Worts
pingere verführen lasse, durch welches die La-
teiner auch die Kunst, Bilder in den Zeug zu
sticken, zu wirken, andeuteten. Die Aegypter
verfertigten gemahlte Kleider im eigentlichen
Verstande; und obschon die Kunst, wie sie dieselben verfertigten, mehr Färberei als Mahlerei
war, so mußte doch die Mahlerei dazu Gelegenheit gegeben haben. Sie müssen Anfangs ihre
Zeuge wirklich mit dem Pinsel gemahlt haben,
ehe sie auf den kürzern Weg, die Gemählde
darauf auf Einmal hervorzubringen, kommen
konnten.

Von einer solchen Art zu färben ist vielleicht
die Stelle beim Petron zu verstehen, gleich
zu Anfange seines Fragments in der Deklamation des Enkolpius: Pictura quoque non
alium exitum fecit, postquam Aegyptio-
rum

rum audacia tam magnae artis compen-
diariam invenit. Wenigstens hat sie Don
Fonseca y Figueroa in seinem Buche *de
Pictura Veteri* (aus der Stelle des Plinius,
L. XXXV. c. XI: Pingunt et vestes in
Aegypto inter pauca mirabili genere;)
so erklärt, wovon Anton Gonsalez de
Salas in seinem Kommentar über den Pe-
tron, S. 15, die Stelle anführt. — Ist das
Werk des Fonseca y Figueroa jemals ge-
druckt worden? *a*)

a) Fréard du Chambray, der Ver-
fasser der Idée de la Peinture, von welcher Evelyn zu London, 1668, 12, eine englische Uebersetzung lieferte, ist ganz verschieden von dem
Abbé Marin de la Chambre, dessen
Mignard gedenkt, und der auch Caractères
des Passions herausgab. Der erstere ist auch
unter dem Namen Chantelou bekannt. Der
letztere war ein vertrauter Freund des Ritters
Bernini, der ihn auf seiner Rückreise von
Paris nach Italien begleitete, und sich ein Jahr
lang bei ihm in Rom aufhielt, auch hernach
noch bis an Bernini's Tod mit ihm in Brief-

wechsel stand. Bei der Vorrede, die den ganzen Plan des Werks enthält, findet sich auch
ein kurzes Eloge Historique du Cav. *Bernini*,
dessen Leben hernach von Baldinucci, und
noch genauer von des Ritters Sohne, Domenico Bernini, beschrieben wurde.

b) Vom Joh. Molanus, oder eigentlich Ver-Meulen, der zu Ryssel 1533 geboren wurde und Prof. der Theologie zu Löwen
war, wo er 1585 starb, s. *Valer. Andr. Deſſelii*
Bibliotheca Belgica, p. 539 f. Seine zwei Bücher de Picturis et Imaginibus Sacris kamen zu
Löwen, 1570 und 1594, 8. heraus. — Der Je-
suit Jak. Masenius wurde zu Dalen im
Jülichischen 1606 geboren, und starb gegen das
Ende des vorigen Jahrhunderts. Die oben von
ihm erwähnte Schrift heißt: Speculum Imaginum veritatis occultae per Symbola et Emble-
mata, und ist zu Köln, 1666 und 1681, gedruckt.

c) Lessing berief sich im Laokoon, S.
12, auf das bekannte Gesetz der Thebaner, welches dem Künstler die Nachahmung ins Schö-
nere befahl, und die Nachahmung ins Häßli-
chere bei Strafe verbot. Riedel erinnerte
dawider, in s. Theorie d. sch. W. S. 135, daß
dieß der Sinn jenes Gesetzes nicht gewesen sey,

sondern daß dadurch bloß den Bildnißmahlern
die Abweichung von der Aehnlichkeit ihrer Originale untersagt werde; und daß in der Stelle
beim Aelian (Var. Hist. IV. 4.) das εἰς τὸ
χεῖρον nicht von dem Häßlichen, sondern bloß
von der Ueberschreitung dieses Gesetzes, vom
Andershandeln, zu verstehen sey. In der N.
Biblioth. d. sch. W. B. *VII*, S. 47, wird hingegen die Lessingische Deutung dieses Gesetzes,
und der Worte Aelian's gerechtfertigt, weil
das εἰς τὸ χεῖρον offenbar dem εἰς τὸ κρεῖττον
entgegengesetzt sey. Und freilich findet sich von
dem sehr flachen Sinne, den Riedel dieser
Stelle gab, keine Spur, so bald man die ganze
Verbindung der Worte genauer ansieht. Schef-
fer bemerkt bei dieser Stelle, daß Vossius
(de Graphice, §. 17.) sie von der Anständigkeit
oder Unanständigkeit des Inhalts verstehe; er
selbst aber nimmt sie von der Kunst, und deren
größern oder geringern Vollkommenheit. Kühn
glaubt, es liege beides darin; und führt zur
Erläuterung die Stelle des jüngern Plinius
an: (L. V. ep. X.) Ut pictores pulchram abso-
lutamque faciem raro, *nisi in pejus*, effingunt,
ita ego ab hoc archetypo labor et decido. Dieß
in pejus kommt mit dem εἰς τὸ χεῖρον völlig

J 2

überein; und in eben dem Sinne braucht es
Horaz, L. II. Ep. 1. v. 263:

— — ac neque ficto

In pejus vultu proponi cereus usquam,

Nec prave factis decorari verfibus opto.

Beide Stellen kommen auch der Lessingischen
Erklärung sehr zu Statten.

d) Die Erklärung, welche L. von der Stelle
beim Plinius giebt, scheint mir die natür=
lichste und wahrscheinlichste zu seyn; denn daß
die Mahlerei auf Leinewand lange vorher bekannt
und üblich gewesen sey, leidet wohl keinen Zwei=
fel. Dr. Ernesti nahm in s. Archäologie die
Worte: incognitum ad hoc tempus, nur bloß
von den Römern; und so auch Hr. Rambach
in s. Gesch. d. Mahlerei unter den Griechen,
(S. s. Versuch e. Lit. Hist. S. 86.) der eine
ähnliche Stelle des Plinius anführt, wobei
man gleichfalls nicht an die erste Erfindung, son=
dern nur an die erste Einführung unter den Rö=
mern denken müsse: (L. XXXV. c. 1.) Coepi-
mus et lapidem pingere; hoc Claudii principatu
inventum. Indeß ist hier nicht sowohl von der
Färbung der Steine überhaupt, sondern von der
Nachahmung der natürlichen Farben des Mar=

mors durch die Kunst die Rede, worauf man
vielleicht ehedem noch nicht verfallen war.

e) Sollten nicht die Worte Petron's von
der hieroglyphischen Schrift der Aegypter, die
anfänglich noch bloß Mahlerei, nachher aber
Abkürzung derselben war, und zuletzt in Buch=
stabenschrift überging, zu verstehen seyn? Pe=
tron scheint mir nichts anders sagen zu wollen,
als: die Mahlerei, die anfänglich das einzige
Mittel war, Gegenstände dem Auge sinnlich und
erinnerlich zu machen, habe sehr durch Einfüh=
rung der Schriftzüge verloren, die ursprünglich
nichts, als abgekürzte Mahlerei waren. Gon=
salo de Salas meint hingegen, es sey von
einer leichtern Art, die Mahlerei zu lehren, die
Rede. Diese hätte aber doch wohl eher zur Auf=
nahme und Verbreitung, als zur Abnahme die=
ser Kunst beigetragen! — — Die Schrift des
Fonseca y Figueroa de Pictura veteri, die
de Gonsalas, als schon zum Druck vollendet,
anführt, muß doch wohl herausgekommen seyn,
weil Jöcher sie unter seinen Schriften aus des
Antonio Spanischer Bibliothek mit anführt;
auch steht sie in des Hrn. v. Murr Biblioth. de
Peint. p. 155, ohne daß jedoch Zeit und Ort
des Drucks nachgewiesen würden.

J 3.

Jac. Manilli. Er hat eine Beschreibung der Villa Borghese zu Rom 1650. 8. herausgegeben, wovon Sigb. Haverkamp eine lateinische Uebersetzung verfertigte, die P. Burmann dem vierten Theile des achten Bandes des *Thesauri Italiae* einverleibt hat. — So sorgfältig Manilli in dieser Beschreibung gewesen ist, so hat er doch drei sehr merkwürdige Antiken, die sich in dieser Sammlung befinden, nicht mit angeführt. S. Winkelmann, Gesch. d. K. Vorr. S. XIV.

Manilli war Bettmeister, oder Garderobeinspektor auf dieser Villa, wie er in der Zuschrift an Joh. Bapt. Borghese selbst sagt.

Die Beschreibung selbst ist ziemlich kurz und trocken; die alten und neuen Kunstwerke werten selten mehr als namhaft gemacht. Doch hat er die vornehmsten alten Inschriften mitgetheilt, worunter sich einige befinden, die beim Gruter nicht vorkommen. Dagegen aber führt auch M. andre verstümmelt an, die man dort vollständiger antrift, wie Haverkamp dieses bei seiner Uebersetzung fleißig angemerkt hat.

Mannichmal scheint dieser jedoch im Ueber=
setzen zweifelhaft gewesen zu seyn, in welchem
Falle er die italiänischen Worte mit beifügt;
manchmal behält er auch diese letztern bei, ohne
sie zu übersetzen. Z. E. S. 8. „Hortus secre-
tus, qui *de' Melangoli* dicitur." In der
Anmerkung setzt er zwar hinzu: Ita, credo,
adpellantur mala Medica et Citrea; allein
nicht ganz richtig; denn mala Medica oder
Citrea heissen Citronen; *Melangoli* aber Au-
rantia, Pomeranzen. Noch mehr irrt er sich
S. 12 mit dem Worte *rabbesco*, welches er
durch picturam hieroglyphicam übersetzt. Es
ist so viel als *arabesco*, groteskes, arabeskes
Laubwerk, in dergleichen dort beim Manilli
Gryphe geflochten waren. Es müßte denn
seyn, daß H. hier des Pignorius Meinung
im Sinne gehabt hätte, welcher die Arabesken
von der alten ägyptischen Mahlerei herleitet. —
Auch giebt er mehr als Einmal das Italiänische
risalto, ein vorspringender Theil an einem Ge=
bäude, durch excessus, da man es doch ge=
wöhnlich, obgleich nicht im bessern Latein, pro-
tractio nennt. — Was S. 60, granitus *dell'*

J 4

Elba für eine Art des Granits sey, weiß ich
eben so wenig, als Haverkamp.

S. auch oben unter B. Villa Borghese.

Das italiänische Original dieser Beschreibung hat den Titel: Villa Borghese, fuori di
Porta Pinciana, descritta da *Jacomo Manilli* Romano, Guardarobba di detta Villa. In Roma,
1650. 8. pp. 175. — Manilli bestimmte diese
Beschreibung, wie er in der Zueignungsschrift
sagt, zum Gebrauch der Fremden, und zugleich
zur Aufbewahrung des Andenkens der vielen
Merkwürdigkeiten der Kunst, an welchen diese
Villa so reich ist. Gegenwärtig möchte sie aber
freilich nicht mehr den Fremden zur Anleitung
dienen können, da Herr v. Rambohr, der
in seinem mehrmals angeführten schätzbaren
Werke, B. 1. S. 311 ff. eine geschmackvolle
Beschreibung dieser Villa giebt, selbst von der
Volkmannischen, im zweiten Bande der
Nachrichten von Italien, S. 861 ff. erinnert,
daß sie durch die neuern Einrichtungen beinahe
unbrauchbar geworden sey.

Die drei Antiken, welche Winkelmann
in diesem Buche vermißt, sind: die Ankunft der
Penthesilea beim Priamus; die abbittende Hebe;

und ein schöner Altar, an dem Jupiter auf einem
Centaur reitet.

Die zuletzt berührte Stelle steht im Original
S. 162: Sopra due finestre, che stan da i lati
della porta, son poste sù piedestalli quadri di
pietra, due Guglie piccole *di granito dell' Elba.*
Wahrscheinlich von der Insel Elba.

Marbodus. Bischof zu Rennes in
Bretagne, in der ersten Hälfte des zwölften
Jahrhunderts. Seine Werke hat Beaugen-
dre mit den Werken seines Zeitgenossen, des
Erzbischofs von Tours, Hildebertus, zu Pa-
ris 1708 in Folio herausgegeben. Er erhält eine
Stelle in meiner Litteratur bloß wegen seines
Liber Lapidum, eines Gedichts in lateinischen
Hexametern, worin er sechzig Edelsteine nach
ihren Eigenschaften und Kräften beschreibt. Es
ist zuerst unter verschiedenen andern Werken des
Marbodus 1524 zu Rennes, *Redonis,* apud
Joannem Maçé, Bibliopolam, juſſu Yvo-
nis Redonenſis Epiſcopi, gedruckt worden;
und das einzige Exemplar, welches Beaugendre von dieser Ausgabe noch auftreiben konnte,

J 5

ift in der Bibliothek des Mazarinifchen Kollegii zu Paris. Hierauf ift es Friburgi, 1531, cum fcholiis *Pictorii Willigenfis* herausgekom= men; und wiederum 1539, cum commenta= riis *Alardi Amftelodamenfis.* Endlich fügte es Gorläus im J. 1695 feiner Daktyliothek bei. Die Ausgabe des Beaugendre ift aus der Vergleichung verfchiedner Handfchriften ent= ftanden, und hat einige noch ungedruckte Zufätze gleichen Inhalts, auch eine alte franzöfifche Ueberfetzung in Verfen, welche B. aus einer Handfchrift *S. Victoris* genommen, der er ein Alter von 600 Jahren zuerkennt, und die alfo mit dem Verfaffer gleichzeitig, oder doch faft gleichzeitig feyn würde.

Gesner fagt in feiner Bibliothek, daß diefes Gedicht vom Vincentius, vom Al= bertus, und andern dergleichen Schriftftel= lern, unter dem Namen eines *Liliarii* oder *La= pidarii* angeführt werde; auch wohl unter dem Namen des Evax; nicht zwar, als ob Mar= bodus den Zunamen Evax geführt hätte, wie Baläus und Pitfäus vorgeben, fon= dern weil es anfängt: Evax rex Arabum etc. (S. oben den Art. Evax.)

Marbodus sagt selbst, daß sein Gedicht
nur ein Auszug aus dem größern Werke des
Evar sey:

> Hoc opus excipiens dignum componere duxi
> Aptum gestanti forma breviore libellum,
> Qui mihi praecipue paucisque pateret amicis.

Warum soll man ihm nicht glauben, daß ein
altes Werk unter dem Namen des Evar vor=
handen gewesen sey? Warum soll er allein die=
sen ganzen Betrug geschmiedet haben?

Unter den übrigen Gedichten des Mar=
bodus hat Beaugendre vieles mit unterlau=
fen lassen, welches Marbodus eben so wenig
gemacht hat, als ich; z. E. das Epigramm auf
einen Neidischen, welches sich anfängt:

> Rumpitur invidia quidam, carissime Juli,
> Quod me Roma legit, rumpitur invidia. *etc.*

Dieß ist ganz aus dem Martial; (L. IX.
ep. 99.) nur daß die Zeilen, in welchem Mar=
tial von dem jure trium liberorum spricht,
welches ihm Titus und Domitian geschenkt
hatte, weggelassen sind, die sich freilich auf
einen Bischof nicht recht paßten,

Die Schriftſteller, welche vom Marbo=
bus Nachricht ertheilen, findet man in *Saxii*
Onomaſt. Lit. T. II. p. 201 ſ. nachgewieſen, wozu
man noch die Hiſt. Lit. de la France, T. X. p.
343, hinzu ſetzen kann. Er wird bald Marbo=
bus, bald Marbodeus, bald auch, aber am
unrichtigſten, Merobaubes, genannt. Die=
ſer letztere war ein andrer, und einer der ſpani=
ſchen Scholaſtiker. Unſer Marbodus wurde
ums J. 1035 geboren, und ſtarb im J. 1123.
Die zu Rennes beſorgte erſte Ausgabe ſeiner
Werke ſoll einige Gedichte, auch das von den
Edelſteinen, und ſechs Briefe enthalten. Die
Ausgabe des Gedichts vom Piktorius, die
noch in eben dem Jahre zu Paris nachgedruckt
wurde, hat als Anhang ein kurzes Gedicht des
Piktorius ſelbſt, unter dem Titel: Querela,
quod inter lapides pretioſos molaris lapis tace-
tur. In den Anmerkungen iſt viel Gutes, be=
ſonders zur Spracherläuterung. Eine zweite
Ausgabe von Piktorius hat den Titel: Da-
ctyliotheca, und auſſer jenem Anhange noch ein
Gedicht de cote; Baſil. 1555. 8. und dieſe iſt zu
Braunſchweig, 1740. 8. wieder abgedruckt wor=
den. Auch findet man dieß Gedicht bei des
Cornarius Ausgabe des Macer de Materia

Medica; Francof. 1540. 8. Denn einige haben
es dem Macer beigelegt, und es für dessen
fünftes Buch gehalten. — Die Ausgabe des
Beaugendre von dem Gedichte des Marbodus weicht von der des Piktorius auch
darin ab, daß dieser die ein und sechszig Ab-
schnitte, in welche das Ganze getheilt ist, anders, nämlich alphabetisch, ordnete, oder
sie vielleicht so geordnet vorfand, und daß in
dieser letztern das Gedicht den Titel: *Enchiri-
dion*, hat. Aus der sehr alten, vom Beaugendre beigefügten, französischen Ueberseßung,
oder vielmehr Umschreibung, will ich doch den
Anfang zur Probe mittheilen:

> *Evax fut un multe riches Reis.*
> *Lu regne tint des Arabais.*
> *Mult fut de plusiurs choses fages.*
> *Mult aprist de plusiurs langages.*
> *Les sept arts fut, si en fut maistre.*
> *Mult fut poischant et de bon estre.*
> *Grans tresors ot d'or e d'argent,*
> *E fut larges a tuite gent.* etc.

Mathematik. Ich habe verschiedne
Beispiele angemerkt, in welche lächerliche Fehler

witzige Köpfe verfallen, wenn sie ganz und gar nichts von der Mathematik wissen. Eins davon kommt im Gil Blas vor, (L. II. ch. 4.) wo Gil Blas bei dem Doktor Sangrado ist, und unter ihm praktisirt. Sangrado schickte ihn zu den Kranken, die er selbst nicht besuchen wollte, unter der Bedingung, ihm drei Viertheile abzugeben. Gil Blas thut das auch, und sagt: J'avois lieu d'être content de mon partage, puisqu'ayant dessein de retenir toujours le quart de ce que je recevois en ville, et touchant encore le quart du reste, c'étoit, si l'Arithmétique est une science certaine, la moitié du tout, qui en révénoit. Die Arithmetik wäre eine sehr ungewisse Wissenschaft, wenn das wahr wäre. Es war gar nicht möglich, daß Gil Blas auf diese Weise die Hälfte von dem ganzen Verdienste bekommen konnte.

Johannes Matthäus. Man hat von ihm ein kleines Buch: *De Rerum Inventoribus;* und er lebte zu Anfange des sechzehnten

Jahrhunderts. Seine Schrift war der bloße
Grundriß zu einem größern Werke; und *Augu-*
stus Justinianus, Epiſcopus Nebienſis, gab
es zuerſt zu Paris im J. 1520 heraus. Zu
Hamburg iſt es 1613 mit dem Gedichte des
Antonius Sabellikus de rerum et artium inventoribus in Oktav wieder aufgelegt
worden. Matthäus war aus dem Gebiete
von Luna gebürtig. Von dieſem ſeinem Ge-
burtslande ſagt Juſtinian in der Vorrede:
Luna Hetruriae urbs eſt, olim et portus
nobilitate, et ſe ipſa celebrata, nunc vero
ruinarum tantum magnitudine conſpicua,
in quibus quotidie effodiuntur marmorea
complurima monumenta, quae facile te-
ſtentur, quanta alias fuerit. Portus autem, qui natura, non etiam arte poſitus
eſt, ſua in dignitate usque ad hunc diem
perſeverat, Lunae ſolum nomine in Veneris, aut in Sancti Venerii, ut quibusdam placet, commutato. — Matthäus
hatte auch ein Werk *de Mulieribus claris* hinterlaſſen, welches Giuſtiniani gleichfalls herausgeben wollte. Ich weiß aber nicht, daß es

geschehen wäre. Im Jöcher finde ich dafür seine Gedichte angeführt, die Joh. Auratus 1576 zu Paris soll herausgegeben haben.

Das Gedächtniß des Matthäus verdient in meiner Litteratur erhalten zu werden, weil ich ihm verschiedne Nachrichten von Erfindungen zu danken habe. Auch ist er älter, als Polydorus Bergillus und Sardus, welche über eben diesen Gegenstand geschrieben haben. Diese haben sich auch nur, so viel ich mich erinnere, auf die Erfindungen der Alten eingeschränkt, da hingegen Matthäus auch verschiedne Erfindungen der Neuern mit beibringt, die ich an ihrem Orte ausgezogen habe. (S. z. B. Blaserohr, Ballon, Mühlen, Lichter, *Auripelles*, und mehrere Artikel.) — Es wäre zu wünschen, daß er überall seine Währmänner angegeben hätte. Manches ist mir daher bei ihm sehr zweifelhaft; und bei manchen Dingen hat er sich in den Namen geirrt, oder sie sind fälsch gedruckt.

Die Schrift des Matthäus de Rerum Inventoribus ist unvollendet, wie Giustiniani in der Zuschrift sagt, die Paris, 1520, datirt ist.

ist. Sie ist auch durchgehends nur mehr entworfen, als ausgeführt, und besteht aus 24 kurzen
Kapiteln, denen in der Hamburger Ausgabe
noch zwei Kapitel aus *Wimphelingii* Epitoma
German. über die Erfindung der Schießgewehre
und der Buchdruckerei beigefügt sind. — Bei
dieser Gelegenheit will ich nur noch *Theod. Janf-
fonii ab Almeloveen* Rerum Inventarum Onoma-
sticon, Amst. 1684. 8. in Erinnerung bringen,
welches nicht nur viel vollständiger ist, als die
Sammlung des Matthäus, sondern auch dadurch brauchbarer und vorzüglicher, daß es bei
den Angaben der Erfindungen die Quellen besser
nachweist.

***

Medaillen. Daß auch die Alten
Medaillen oder Schaumünzen gehabt haben,
welche nicht im Umlauf waren, sondern als
Kunstwerke und Denkmäler von den Liebhabern
aufbewahrt wurden, beweist L. 28 ff. de usufr.
Numismatum aureorum vel argenteorum
veterum, quibus pro gemmis uti solent.
Aber ganz falsch ist es, alle kupferne Münzen
mit den Bildnissen der Kaiser, wie Erizzo

(Discorso sopra le Medagl. degli antichi)
will, zu solchen Medaillen zu machen.

Ob die *sigillaria*, oder *munera sigillaritia*,
indeß in solchen Medaillen bestanden haben,
möchte ich nicht so geradezu mit Rinken (S.
17) und Savot (Disc. sur les Med. ant.)
behaupten; und eben so wenig, daß die Imagines Imperatorum, welche an den signis
cohortium hingen, solche Schaumünzen gewesen sind.

In dem Kabinet des Königs von Frankreich
ist ein goldner Posthumius, der zwölf Dukaten wiegt; und in dem kaiserlichen zu Wien
ein goldner Gratianus, der funfzig Dukaten schwer ist, wie Rink ebendas. anführt. —
Die kupfernen Schaustücke aber sind ungleich
häufiger; doch ist auch von ihnen keine ganze
Kaiserfolge zu machen. Die seltensten darunter
sind die vom August, und die häufigsten die
vom Hadrian.

Es ist wohl ausgemacht genug, daß die alten Griechen und Römer außer den gangbaren
Münzen auch Medaillons, oder Schaumünzen gehabt haben, wenn sichs gleich nicht mit

Zuverläſſigkeit beſtimmen läßt, ob, und in wie
fern auch dieſe letztern ehedem in Umlauf gebracht ſind. Man ſehe darüber die Reflexions
ſur le Caractère & ſur l'Uſage des Médaillons
antiques, par Mr. *Mahudel*, in der Hiſt. de
l'Acad. des Inſcr. éd. d'Amſt. T. IV. p. 414 ſſ.
Ihre nächſte Beſtimmung war vielleicht, Probe-
münzen (teſtimonia probatae monetae) zu ſeyn,
oder Geſchenke bei feierlichen Gelegenheiten abzugeben; und die *miſſilia*, welche die römiſchen
Kaiſer bei den öffentlichen Spielen unter das
Volk warfen, ſcheinen wohl allerdings dergleichen Schaumünzen geweſen zu ſeyn; die *ſigillaria*
hingegen waren vielmehr Geſchenke von kleinen
Bildern und Statuen. Die an den Fahnen der
römiſchen Cohorten befindlichen kleinen Schilde
(clypei ſignorum; auch pilae, nach dem Iſi-
dor;) auf welchen anfänglich die Bildniſſe der
Götter, und nachher ſeit dem Auguſt die Bildniſſe der Kaiſer ſtanden, waren wohl freilich
ihrer erſten Beſtimmung nach keine Münzen;
doch ſcheinen ihrer einige in die neuern Münz-
ſammlungen mit gekommen zu ſeyn. — Das vor-
nehmſte Abzeichen der Schaumünzen iſt wohl in
der über das gewöhnliche hinaus gehenden

K 2

Größe, Schwere und Kunst des Gepräges zu
suchen; denn das von manchen angegebne Kennzeichen, die Weglassung der Buchstaben S. C.
auf den römischen Schaustücken, ist nicht durchaus zutreffend. — Die kupfernen Denkmünzen
sind gewöhnlich am größten, und am schönsten
gearbeitet. Zuweilen sind sie von zweierlei Metall; der innere Theil Kupfer, und der Ring,
oder die Einfassung Bronze; oft auch umgekehrt. Vor dem Hadrian finden sich ihrer
nicht viele; mehrere aber von diesem Kaiser bis
auf den Posthumius; und wieder nach diesem
letztern sehr wenige. — Uebrigens giebt es wenige römische Medaillons, deren Gepräge man
nicht auf den kleinern, gangbaren Münzen wiederholt fände, welches bei den griechischen der
Fall nicht ist. Auch sind jene ungleich dicker,
als diese. — Selbst in den reichsten Münzsamm-
lungen findet man immer nur wenige eigentliche
Medaillons; nur die Königin Christina von
Schweden war so glücklich, ihrer dreihundert
zu besitzen; und in der so reichen, und in ihrer
Art einzigen Münzsammlung des Königs von
Frankreich sollen sich jetzt sogar an die zwölfhun-
dert befinden. — Die kupfernen Schaustücke
vom August sind allerdings sehr selten, und

werden in England mit 10 Pf. Sterl. bezahlt. — Vergl. Essay on Medals, p. 96. 293.

***

Mediceische Venus. Ein franzö-
sischer Schriftsteller, den Winkelmann anführt, hat sie mit einer Habichtsnase gebildet
finden wollen. S. von der Nachahmung
Griech. Werke, S. 124; wo aber die Anführung des *Journal des Savans* unrichtig ist.

Winkelmann führt dieß Urtheil aus einem
Buche an, das den Titel hat: Nouvelle Divi-
sion de la Terre par les differentes espèces
d'hommes; und bezieht sich dabei auf das Journal des Sav. l'an 1604, Avr. p. 152. Freilich
aber war im J. 1604 noch an kein Journ. des Sav.
gedacht. Aber es verlohnt sich der Mühe nicht,
die es kosten würde, diese Nachweisung zu
berichtigen.

***

Meilenzeiger. *C. Gracchus* primus
instituit, ut miliaria lapidibus signarentur.
Dieses finde ich beim **Matthäus** (de rer.

invent. p. 21.); aber auf weſſen Zeugniß
ſagt er es?

Es iſt **Plutarch**, der in dem Leben des
Cajus Gracchus (Vit. Parallel. ed. *Bryan.*
Vol. IV. p. 389.) dieſer Veranſtaltung mit fol‑
genden Worten gedenkt: Πϱος δε τυτοις διαμε‑
τϱησας κατα μιλιον οδον πασαν (το δε μιλιον
οκτω σαδιων ολιγον αποδει) κιονας λιθινυς ση‑
μεια τυ μετϱυ κατεϛησεν. αλλυς δε λιθυς ελατ‑
τον απεχοντας αλληλων εκατεϱωθεν της οδυ διε‑
θηκεν, ως ειη ϱαδιως τοις ιππυς εχυσιν επιβαι‑
νειν επ᾽ αυτων, αναβολεως μη δεομενοις. d. i.
„Er ließ auſſerdem auch die ganze Landſtraße
„nach Meilen ausmeſſen, davon jede beinahe
„acht Stadien enthält, und ſetzte, zur Bezeich‑
„nung des Maaßes, ſteinerne Säulen. Auch
„ließ er andre Steine hier und da in kleinern
„Zwiſchenräumen an den Landſtraßen errichten,
„auf welchen die Reitenden, die keine Bediente
„bei ſich hatten, um ihnen aufzuhelfen, deſto
„bequemer zu Pferde ſteigen konnten.“ — Daß
der Kaiſer **Auguſt** auf dem römiſchen Markte
einen Hauptmeilenzeiger errichten ließ, iſt be‑
kannt. Auch giebt es noch verſchiedne Ueberreſte
von ſolchen, gewöhnlich mit Inſchriften verſehe‑

nen, columnis milliaribus. S. z. B. die Explication d'une Colonne milliaire trouvée près
de Soiffons, in der Hift. de l'Acad. des Infcr.
éd. d'Amft. T. II. p. 379; und die Erklärungen
von zwei andern, ebendaf. S. 383, und T. V.
p. 217.

_____

MENISCI. De *Menifcis*, feu cir-
culis Chrifti et fanctorum capitibus apponi
folitis, v. *Ciampinus*, Vett. Monumentt.
Cap. XIV. quorum originem accerfit cum
Pignorio et *Kirchero* a gentilibus, qui Cae-
faribus, Heroibusque aliis hac ipfa nota
divinitatem adfcripfere; rejecta *Salmuthi*
fententia, menifcos erroribus pictorum
tribuente, qui tegumenta ad avium fter-
cora fubmovenda ftatuis fuperimpofita in
pictis etiam imaginibus adhibuerint.

Woher die obige Stelle genommen ift, weiß
ich nicht fogleich anzugeben. Die hieher gehörigen Worte des Ciampini aber find am angef.
Orte folgende: Quod vero antiqua Chriftiana
pietas Sanctorum capita hujusmodi radiantibus

lineis inſignire ſtuduerit, ſive in ſtatuis, ſive in
picturis, opinantur nonnulli, non ex eo ortum
eſſe, quod veteres doctrinam, vitae excellen-
tiam, et gloriae typum, in ſaxis tabulisque po-
ſteritati conſignare voluerint; ſed antiquarum
potius ſtatuarum exemplo, quibus opificum
ſtudio addebantur *lunulae* quaedam ſeu patellae,
ob longe alienam cauſſam, nempe ut ſupra capita aptatae, contra avium ſordes et ſtercora
pro tegumento inſervirent. Aperte id innuit
Ariſtophanes in *Avibus:*

'Ην δε πε διιπηντι, πρηγορεωτας ὑμιν πιμ-
ψομιν.

'Ην δε μη κριηντι, χαλκευισθε μηνισκες φορειν,
'Ωσπερ ἀνδριαντες.

In der Folge beruft ſich Ciampini auf den
Pignorius, Kircher, u. a. m.; auch auf
alte Münzen und andre Kunſtwerke, wo dergleichen Glorien und Strahlenkronen vorkommen.
Kircher nämlich (T. II. *Oedip. Aegypt.* Cl. 7.
p. 87 f.) leitet den Gebrauch eines ſolchen Zir-
kels, zur Andeutung der Gottheit und größern
Heiligkeit, von den Aegyptern her.

Metaſtaſio. In ſeiner Jugend hieß
er Trapaſſi. — Mir hat Finazzi erzählt,

daß die *Didone Abbandonata*, die 1725 zuerſt
zu Venedig aufgeführt wurde, gewiſſermaßen
die eigne Geſchichte des Metaſtaſio geweſen
ſey, die er mit der Romanina, der berühmteſten damaligen Sängerin in Italien, gehabt
hatte. Die Romanina hatte ſich in ihn verliebt, und als M. nach Wien berufen wurde,
wollte ſie ihm, einige Zeit darauf, dahin folgen.
Metaſtaſio aber beſorgte, daß ſie ihm unan-
genehme Händel in Wien machen, und dort ſeinem Rufe nachtheilig werden möchte, indem ſie
mit einem gewiſſen Poëten und Muſikus, Bulgarelli, verheirathet war, und wirkte bei Hofe
einen Befehl aus, der ihr unterwegs entgegen
geſchickt wurde, und ihr verbot, das kaiſerliche
Gebiet zu betreten. Die Romanina wurde
darüber raſend, und wollte ſich in der erſten
Wuth das Leben nehmen, verwundete ſich auch
die Bruſt mit einem Federmeſſer. Die Wunde
war zwar nicht tödtlich; ſie ſtarb aber doch nicht
lange darauf aus Gram und Verzweifelung.
Dem ungeachtet vermachte ſie dem Metaſtaſio die Hälfte ihres anſehnlichen Vermögens, und die andre Hälfte ihrem Manne.

K 5

Aber M. weigerte ſich, das Vermächtniß anzu‍nehmen, und machte dem Manne ein Geſchenk damit.

Die erſte Oper, von Metaſtaſio gear‍beitet, ſagte mir Finazzi, ſey die alte Oper *Siface* geweſen, von der er die Worte umge‍ſchmolzen habe. Sie iſt aber nie unter ſeinen Werken gedruckt worden. Auch habe ihm Bul‍garelli bei ſeinen erſten Opern viel geholfen. Das Subjekt des *Siface* iſt ungefähr das näm‍liche mit dem Eſſex.

Dieſer große, und in ſeiner Art einzige Operndichter ſtarb zu Wien, d. 12. April, 1782. Von ſeinen Lebensumſtänden lieferte Herr von Retzer eine Skizze, die einzeln in eben dem Jahre, und auch im Deutſchen Muſeum, 1783 Febr. S. 118 ff. gedruckt wurde. S. auch J. A. Hiller, über Metaſtaſio und ſeine Werke; Leipz. 1786. gr. 8.; und am ausführ‍lichſten die Vita dell' Abate *Pietro Metaſtaſio*, ſcritta dall' Avvocato *Carlo Criſtini*, die zuerſt im erſten Bande der zu Nizza beſorgten Aus‍gabe ſeiner Werke, und hernach auch in dem 1787 erſchienenen vierzehnten Bande der be‍

kannten Turiner Edition abgedruckt ist. Gravina, der ihn als Knaben zu sich nahm und
erzog, veranlaßte die Vertauschung seines Ge-
schlechtsnamens Trapassi mit dem gleichbe-
deutenden Griechischen, Metastasio. In seiner Jugend war er einer der fertigsten Impro-
visatoren. Cristini führt das Trauerspiel
Giustino als die erste dramatische Arbeit an,
welche M. unter Gravina's Aufsicht schon in
seinem 15ten Jahre verfertigte. Die *Didone
Abbandonata* aber wurde erst im J. 1724, nach
der Musik des Domenico Sarri zu Neapel,
nicht zu Venedig, zuerst aufgeführt, und eben
daselbst in dem nämlichen Jahre zuerst gedruckt;
und die Romanina selbst sang darin die Rolle
der Elisa mit dem größten Beifall. Die
obige Anekdote ist also dahin zu berichtigen, daß
diese Sängerin, wie auch Mattei in seiner
Lobschrift auf Jomelli sagt, dem Dichter die
schönsten Situationen in dieser Oper an die Hand
gab, z. B. die der Eifersucht in der 14ten und
15ten Scene des zweiten Akts. Mattei beruft
sich dabei auf das Zeugniß der Prinzessin di
Belmonte, unter deren Schutz und durch deren Beförderung diese Oper entstand. Erst im
folgenden Jahre, 1725, wurde sie zu Venedig

gegeben, wohin man die **Bulgarelli** als erste
Sängerin berufen hatte, wohin ihr auch **Metastasio** folgte, und wo er das schöne Sonett an
die Damen von Venedig schrieb, um ihr Mit-
leid gegen die arme Elisa aufzufodern. Man
findet es in der Turiner Ausgabe, T. VI. p. 433;
und es schließt sich mit dem Terzet:

> Mi basta sol, che in riveder divisa
> Dal Frigio pellegrin la Tiria figlia,
> Dica alcuna di voi: povera Elisa!

Erst im folgenden Jahre, 1726, wurde die alte
Oper *Siface*, auf Bitte des Kapellmeisters **Por-
pora** zu Venedig, vom **M.** umgearbeitet, so,
daß sie fast völlig seine Arbeit wurde, und **Qua-
drio** sie ihm schlechthin beilegte. Man hat sie
jetzt im 13ten Bande der Turiner Ausgabe,
S. 1 ff. mit abdrucken lassen. Bald darauf
ging **Metastasio** mit der **Bulgarelli** und
ihrem Manne nach Rom, wo sie mit den Angehörigen des **M.** nur Eine Haushaltung führten.
Im J. 1729 erhielt er den Ruf nach Wien, da
ihn sein Vorgänger, **Apostolo Zeno** selbst,
dem Kaiser vorgeschlagen hatte, mit einem Jahrgehalt von 3000 Gulden. Es kostete dem **M.**
sehr viel Kampf, sich so ganz von seinen bisheri-

gen angenehmen Verhältnissen loszureissen. Die Romanina foderte ihn indeß selbst auf, den Autrag anzunehmen; aber erst im J. 1730 ging er nach Wien. Cristini gedenkt mit keinem Worte des Vorhabens jener Sängerin, ihm dahin zu folgen, noch der geheimen Veranstaltungen des M., dieß zu verhindern, noch ihrer darauf erfolgten Verzweifelung. Vielmehr giebt er aus den Briefen des Dichters Beweise von seiner Untröstlichkeit über ihren Tod, und erzählt gleichfalls, daß sie ihm die Hälfte ihres ansehnlichen Vermögens vermacht habe, welche aber M. mit der rühmlichsten Großmuth ausschlug, und mit der andern Hälfte ihrem Manne abtrat.

Finazzi, der diese nur halb wahren Anekdoten dem sel. L. erzählte, war ein Kastrat und Komponist, der sich in und um Hamburg aufhielt. Man hat von ihm Fünf Italiänische Oden (von Metastasio) mit Melodien; Hamb. 1754. kl. fol. — Hagedorn hat seinen Namen in seinem Schwätzer aufbehalten, den er unter andern sagen läßt:

„Finazzi singet gut; doch ich kann besser
singen.‟

Agoſtino Metelli. Ein Bologneſer, und einer der berühmteſten Freſcomahler. Er ſtarb zu Madrit 1660. — „Fù egli, ſagt **Malvaſia** von ihm, (Felſina Pittrice, T. II. p. 414.) il primo inventore di quelle Perſpettive, che per non voler regolare con tanta ſtitichezza d'un ſolo punto, volle chiamare *Vedute*, che poi ſono ſtate ſeguite dal *Santi*, dall' *Alboreſci*, e più, e con maggior applicazione, e fortuna dal *Monticelli*, tutti ſuoi allievi.

Auch am ſpaniſchen Hofe hat Metelli, nach dem Berichte des Malvaſia, vieles al Freſco gemahlt, wohin er mit dem Angelo Michele Colonna berufen wurde. Vorzüg= liche Stärke beſaß er in der ſogenannten Orna= ment= oder Verzierungs=Perſpektiv, und in Architekturgemählden. In dieſer Art hat man auch einige radirte Blätter von ihm; auch hat ſein Sohn, Giuſeppe Maria, und Fran= ceſco Curti verſchiedne ſeiner Zeichnungen geätzt, von dem man viele radirte Blätter hat, über welche Baſan in ſ. *Dictionn. des Graveurs* nachzuſehen iſt.

Miniatur=Mahlerei. Il dipingere a pinto di penello piccole imagini
ſopra la carta pecorina. So erklärt ſie Lana;
er hat aber Unrecht, wenn er ſagt, daß in die=
ſer Art von Mahlerei: non ci ſerviamo di
biacca, mà facciamo, che l'iſteſſo candore
delle carte ſenza toccarlo ſerva di biacca.
Wenigſtens thun das die Miniaturmahler jetzt
nicht mehr; weil die Weiſſe des Elfenbeins oder
des Pergaments mit der Zeit gelb wird, und
die meiſten Oerter niedrig bleiben würden gegen
das Uebrige, wo die Farbe aufliegt.

Einer von den berühmteſten ältern Meiſtern
in dieſer Kunſt iſt Giulio Clovio, welcher
1578 ſtarb. Sein vornehmſtes Werk iſt ein
Breviarium in der königlichen Kunſtkammer
zu Neapel. — Zu Lana's Zeiten war auch der
Padre Giov.=Battiſta *della Religion de'*
Servi ſehr berühmt, von dem L. ſagt, er habe
den Clovio noch übertroffen. Dieſen finde
ich beim Füeßlin nicht.

Don Giulio Clovio, genannt Macedo,
von dem Vaſari (T. III. p. 849.) und aus ihm
Füeßlin Nachricht giebt, wurde im J. 1498

zu Grisone in Slavonien geboren, und war ein
Schüler des Giulio Romano. Das oben
gedachte Brevier mahlte er im J. 1546 für den
Kardinal Alessandro Farnese; und Va=
sari lobt es ungemein, besonders wegen eini=
ger Figuren in Michel Angelo's Manier, und
wegen der schicklich gewählten Einfassungen mit
Grotesken. Albert Dürer stach nach seinen
Arbeiten. Er starb zu Rom in dem oben ange=
führten Jahre. — Von dem P. Giov. Bat=
tista, dessen Zuname nicht angegeben wird,
kann ich keine weitere Nachweisung geben.

Misogyn. Ich habe dieses Stück ver=
fertigt, als ich die Fragmente Menander's
studirte, und fand, daß er diesen Charakter in
einem Stücke behandelt habe, welches Phry=
nichus την κάλλιϛην των κωμῳδιων τε
έαυτ8 nennt. Menander's Misogyn aber
scheint ein noch verheiratheter Mann gewesen zu
seyn, den alles ärgert, was seine Frau thut,
und der weder an ihr, noch an irgend einer
Frau in der Welt etwas Gutes wahrnehmen
kann. Besonders ärgerte ihn ihr Aufwand,

selbst

selbst der, den sie in Opfern und gottesdienstli-
chen Handlungen machte. Einem solchen Manne
eine fromme, andächtige Frau zu geben, war
ein Meisterzug von Menander. Er hatte ihm
den Namen Simylos gegeben, wie aus den
Fragmenten beim Stobäus erhellt. Aus einem
derselben scheint mir noch zu erhellen, daß Simylos seine fromme Frau aufs Aeußerste gebracht habe, so, daß sie ihn zu verklagen schwört,
wenn man nämlich die Worte beim Priscian:

— — — ʼΟμινμι.

Σοι τον ηλιον, η μην ποιησειν γραφην
Σοι κακωσεως,

„Ich schwöre dir beim Sonnengott, daß ich
„dich Injurien belangen will!‟ der Frau in
den Mund legen kann, wie man es denn mit
aller Wahrscheinlichkeit darf. Denn κακωσεως
δικη oder γραφη heißt eigentlich actio uxo-
rum in viros, parentum in liberos; pu-
pillarumque in curatores pro injuria accepta. Ja zu dieser Klage scheint es sogar
wirklich gekommen zu seyn, nach einem Fragmente im Suidas in dem Worte Πα-
ρασασις:

Ελκει δε γραμματιδιον εκει σι διθυρον
Και παραστασις.

„trahit te illuc diploma et drachma de-
pofiti." Jenes γραμματιδιον διθυρον,
quod duas plagulas habet, scheint die schrift-
liche Vorladung gewesen zu seyn; und παραστασις bedeutet die depofitionem drachmae
ab iis, qui de re privata inter se difcep-
tarent.

Die wenigen Fragmente, die uns noch aus
Menanders Mifogyn übrig sind, den ich
in *Fabricii* Biblioth. Gr. L. II. c. XXI. unter den
verloren gegangenen Lustspielen dieses Dichters
nicht mit angeführt finde, stehen in den von le
Clerc (Amst. 1709. gr. 8.) herausgegebenen
Menandri et *Philemonis* Reliquiis, p. 122 ff.
Phrynichus (in Ecl. Attic.) sagt davon:
Τι και τετω Μενανδρος την καλλιστην των Κω-
μωδιων των εαυτε κατεχηλιδωσιν, ειπων, τι
etc. Le Clerc bemerkt bei dieser Stelle: *Menander* multo melius sciebat, quae et ubi ufur-
pandae essent voces, quam fexcenti Atticistae,
qualis *Phrynichus* et alii. — Die längste und
vornehmste Stelle, die den mißvergnügten Simylos charakterifirt, findet sich beim Sto-

báus, Tit. LXIX. Hier wird zwar der Name
des Stücks nicht genannt; aber bei eben diefem
Schriftsteller, Tit. CVIII. werden vier Verfe
aus diefer Stelle wiederholt, und dem Μισο-
γυνης beigelegt.

———

Tabulae MITHRIACAE. Auffer
den dreien, welche Gronov den Gemmen des
Agostino beigefügt hat, und die auch Tho.
Hyde feiner Hiftoriae Religionis veterum
Perfarum einverleibt hat, findet man noch
drei andre in des Philipp a Turre Monu-
mentis Veteris Antii (Romae, 1700. 4.),
wovon die eine, welche auch die Acta Erudi-
torum (a. 1701. p. 264.) daraus mittheilen,
nicht lange vorher bei Anzo ist gefunden worden.

Von dem Dienfte des Mithras, und deffelben Aehnlichkeit mit dem *Taurobulio*, ift
van Dalen in f. Abhandlung von diefem
Opfer nachzufehen. (Differtt. Amft. 1702. 4.)

Ich habe des a Turre Monumenta Veteris
Antii felbst vor mir, worin er mit der darin er-
läuterten Infkription des M. Aquilius die

L 2

tabulam Solis Mithrae verbindet, und im zweiten Theile, S. 157 ff. ausführlich de Mithra,
ejusque tabulis symbolicis, handelt. (Man
vergleiche damit *Bergeri* Spicilegium Antiquitatis, p. 97 ff. und *Jo. Vignolii* Diff. de Columna
Antonini, p. 174 f.) Von mehrern ähnlichen
Tafeln f. ebendaf. S. 159. Phil. a Turre
fand ihrer acht, alle an andern Orten, als sie
von den dort angeführten Schriftstellern nachgewiesen wurden. Er giebt sich viele Mühe, die
darauf befindlichen symbolischen Vorstellungen
einzeln zu erklären, und sie alle auf die Hervorbringung und Erhaltung der Welt hinzudeuten.
Auch sucht er zu zeigen, daß man den Mithras
ehedem in der Gegend von Antium oder Spe-
läum gottesdienstlich verehrt habe. Eben da,
wo die Bruchstücke der von ihm vorzüglich be-
schriebenen und erklärten Tafel gefunden wurden, trift man noch verschiedne Höhlen an; und
Porphyrius (p. 263) bemerkt: ubicunque
Mithram agnoverunt gentiles, eidem deo fpe-
ubus facra faciebaut. Die dabei üblichen Opfer-
gebräuche werden von ihm Kap. *V.* erläutert,
und im folgenden Kapitel handelt er von den
diesem Gotte gewidmeten Festen. Zuletzt zeigt
er die Verbreitung dieses Dienstes in den römi-

ſchen Provinzen. — Das Uebrige in dem Werke des a Turre betrift den Belenus, und andre aquilejiſche Gottheiten, und die *coloniam Forojulienſem*. (Er ſelbſt war aus Friaul gebürtig.) Noch ſind einige damals bei Rom entdeckte Fragmente von Inſchriften der *fratrum ambarvalium* beigefügt.

Ueber das Taurobolium, einem der Cybele geweihten Opfer, ſ. auch umſtändlich die Explication d'une Inſcription antique, où ſont décrites les particularités des Sacrifices appellés *Taurobolies*, par Mr. *de Boʒe*, in den Mem. de l'Acad. des Inſcr. éd. d'Amſt. T. IV. p. 111 ſſ.

Modiſten. So hießen vor Alters, beſonders zu Nürnberg, diejenigen, die ſich einer zierlichen Handſchrift befliſſen, und darin Unterricht ertheilten, dergleichen in der erſten Hälfte des ſechszehnten Jahrhunderts Johann Neudörffer war, aus deſſen Schule ganz Deutſchland mit Schönſchreibern verſorgt wurde. S. Doppelmayr, S. 201.

Friſch, in ſeinem Wörterbuche, erklärt das Wort Modiſten durch Muſikanten und

Sänger, und führt dazu Merkel's Bericht
von der Magdeb. Belagerung an, wo die Stelle
vorkommt: „Nach der Abſolution ſind zu dem
„Magdeburgiſchen Geſandten der Kaiſerl. Maj.
„Cantores und Modiſten in die Herberge ge-
„kommen, und ſich fröhlich erzeigt." Eben
dieſe Bedeutung giebt auch, nach Friſch, Hr.
Oberlin im Scherzeriſchen Gloſſarium
davon an. Herr Adelung hat dieß Wort gar
nicht aufgenommen, vermuthlich, weil er es nicht
für hochdeutſch erkannte. Denn es ſcheint
freilich mehr ein oberdeutſcher Provinzialaus-
druck, oder auch ſelbſt nur ein Modewort in
der Umgangsſprache geweſen zu ſeyn. Sehr alt
wäre es auch wohl nicht, wenn es von dem
Worte Mode herkäme, das ſelbſt im Deutſchen erſt ſpätern Urſprungs iſt; obgleich Modiſten zunächſt von dem Lateiniſchen *modus* ab-
gelenkt zu ſeyn ſcheint. Doppelmayr erklärt
es am angef. O. ſo: „Die Modiſten wurden
„zu den vorigen Zeiten diejenigen benennet,
„welche ſich, um die Handſchriften zu verbeſ-
„ſern, und ſolche zierlicher darzugeben, bemü-
„het." Der von ihm dort, ſeinen Lebensumſtänden nach, angeführte Johann Neudörffer, der ältere, machte ſich durch ſeine

Schönschreiberei in Nürnberg um das J. 1538 berühmt, und ließ im J. 1544 eine kurze Anweisung zur Schreibekunst in Quart, und im Jahr 1549 eine größere in Folio, in sieben Gesprächen, drucken. Sein Enkel, Anton Neudörffer, gab beide wieder in seiner Schreibekunst, Nürnberg, 1601. 4. heraus. Seine Methode war durch Albrecht Dürer's regelrechte Verbesserung der Versalbuchstaben veranlaßt worden, wovon gleichfalls Doppelmayr, Th. I. S. 153 f. nachzusehen ist. Neudörffer genoß in der Folge von den Kaisern Karl *V.* und Ferdinand *I.* viel Gnade, und erhielt die Würde eines Comes Palatinus. Die Namen seiner vornehmsten, fast durch ganz Deutschland zerstreuten, Schüler nennt Doppelmayr in der Note (*s.*) S. 201 seiner Histor. Nachricht von den Nürnbergischen Mathematicis und Künstlern; Nürnb. 1730. fol.

———

Monier. Der Verfasser einer Geschichte der Kunst, die ich noch nicht kenne, die aber das nicht leistet, was sie verspricht. (S. Winkelmann's Gesch. d. K. Vorr. S. X.)

L 4

. Dieß, freilich ziemlich dürftige und wenig befriedigende Buch ist zu Paris 1698. 8. unter folgendem Titel herausgekommen: Histoire des Arts qui ont raport au Deſſein, diviſée en trois Livres — — par *P. Monier*, Peintre du Roi et Profeſſeur à l'Académie Roiale de Peinture et Sculpture. Es wird darin, ſehr ſummariſch, vom Urſprunge der Zeichnenkuuſt, Mahlerei, Bild- hauerei, Baukunſt und Kupferſtecherkunſt, von ihrem Fortgange und Verfall, und ihrer Wie- derherſtellung gehandelt. Es entſtand dieſe Schrift aus den von **Monier** in den monatli- chen Verſammlungen der Pariſer Kunſtakademie gehaltenen Vorleſungen, unter welchen er dieſe hiſtoriſchen Abhandlungen von den theoretiſchen über die Umriſſe, die Perſpektiv, die Anatomie, und die Bewegungen der Muskeln, ausſon- derte. — **Jöcher** gedenkt dieſes **Monier** nicht; auch b'**Argensville** hat ihn in ſeinen Lebensbeſchreibungen der Mahler (Th. IV. der deutſchen Ueberſ. S. 128) nur im Vorbeigehen als einen Schüler des **Sebaſtian Bourdon** genannt. Umſtändlicher aber wird ſeiner beim **Felibien** (T. IV. p. 404.) erwähnt, woraus auch **Füeßli** ſeine Lebensumſtände im Artikel **Moſnier** genommen hat. Er war der Sohn

eines gleichfalls geschickten Mahlers Jean
Mofnier, und starb zu Paris im J. 1703.
Unter andern zeichnete er nach den Gemählden
des Nik. Poussin vier historische Landschaf-
ten, die von St. Baudet gestochen sind.

Edward Moore. Er ist Verfasser des
englischen Trauerspiels, *The Gamester*, der
Spieler. Ich kann zeigen, daß dieses Stück
aus Hill's *Fatal Extravagance*, und beide aus
der *Yorkshire-Tragedy* genommen sind; und
gleichwohl finde ich, daß zu der Zeit, da Moore's Spieler (im J. 1753) zu London herauskam, ebendaselbst eine kleine Schrift erschien:
The Gamester, a true Story, on which the
new Tragedy of that name is founded;
translated from the Italian. 8. Und die
Verfasser des *Monthly Review* eben dieses
Jahrs, S. 146, sagen gleichfalls, daß Moore
den ganzen Plan, und fast alle Charaktere aus
gedachter Geschichte genommen habe. Ist es
möglich, daß die Engländer ihre eignen Werke
so wenig kennen?

L 5

Man weiß, daß die *Yorkshire - Tragedy* eins
von den sieben Schauspielen ist, welche Shakspeare'n nur zweifelhaft beigelegt werden, obgleich keines darunter wohl so viel Anschein der
Aechtheit hat, als dieses. Ich habe darüber
im dreizehnten Bande meines Deutschen
Shakspeare, S. 431 ff. umständlicher gehandelt, und ebendas. S. 436, bemerkt, daß
Moore höchst wahrscheinlich die erste Idee zu
seinem Spieler daraus entlehnt habe. Auch
findet man dort, und so auch im *Companion to
the Playhouse*, angemerkt, daß Hill eben dieß
vermeintlich Shakspearische Stück zur
Grundlage seines Trauerspiels: *The Fatal Extravagance*, gemacht habe, welches im J. 1720
zuerst unter dem vorgeblichen Namen Joseph
Mitchell's erschien, dem sein edelmüthiger
Freund, Aaron Hill, durch den Vortheil der
dritten Vorstellung aus einer dringenden Geld-
noth half. Es wurde hernach unter Hill's dramatischen Werken mit abgedruckt. — Bei dem
allen könnte doch wohl die in dem oben gedachten Pamphlet ins Englische übersetzte italiänische
Novelle, wenn sie alt genug dazu ist, die ursprüngliche Quelle beider Schauspiele, des von
Shakspeare und Moore, gewesen seyn.

Der letzte ist übrigens durch seine, auch ins
Deutsche übersetzte Fables for the female sex
bekannt; auch hat er noch zwei, mit nicht son-
derlichem Beifall aufgenommene Lustspiele, *The
Foundling*, und *Gil Blas*, geschrieben.

———

Mühlen. *Mola aquaria* inventum
est recens. Sed *mola ventaria*, ut arbitror,
recentior esse creditur. Nam antiqui, ni
fallor, molis asinariis et manuariis tantum
utebantur. *Matthaeus, de rer. invent.* p. 38.
Da also ein Italiäner des sechszehnten
Jahrhunderts schon ausdrücklich der Windmühlen gedenkt, ist es da wohl glaublich, daß man
zur Zeit des Tasso noch keine Windmühlen in
Italien sollte gehabt haben? Gleichwohl sagt
Tasso in einem Briefe, in welchem er eine
Vergleichung zwischen Frankreich und Italien
anstellt, es ausdrücklich. In dem Briefe nämlich, der in dem *Journal Encyclopédique*, Oct.
1768 zuerst, und zwar nur in einer französischen
Uebersetzung, erschienen ist, unter der Aufschrift:
L'Italie comparée à la France, par *le*

Taſſe, Auteur de la *Jeruſalem Delivrée;*
morceau recemment decouvert et traduit.
Die Stelle ſelbſt iſt dieſe: Je ne dois pas
omettre un avantage, que la France ſait
tirer des vents par les moulins, qu'ils
font agir; avantage, dont eſt privée l'Italie, qui n'a que des moulins à eau. — —
Doch, dieſer ganze Brief ſcheint mir eine Er-
dichtung, und das Werk eines Franzoſen zu
ſeyn. Denn ſonſt hätte ſichs wohl der Mühe
verlohnt, ihn in der italiäniſchen Sprache ſelbſt
mitzutheilen.

Wenn folgende Stelle beim Dante in ſ.
Amoroſo Convivio: (Vineg. 1531. 8.) fol. 45. b.
„eſſo Sole gira il mondo intorno giù alla terra,
overo al mare, *come una mola,* della quale non
paia più che mezzo lo corpo ſuo;" von einer
Windmühle zu verſtehen iſt; ſo bewieſe ſie,
daß man dergleichen in Italien ſchon im dreizehnten oder wenigſtens im vierzehnten Jahrhunderte gekannt habe.

Mufit. 1. Herr Bach, welcher hier
in Hamburg Telemann's Stelle erhalten hat,
ist beständig ein besondrer Freund von diesem
gewesen; doch habe ich ihn gleichwohl sehr un-
partheiisch, in Vergleichung mit Graun, von
ihm urtheilen hören. Telemann, sagt er,
ist ein großer Mahler, wovon er besonders in
einem seiner Jahrgänge, welcher hier der Zel-
lische heißt, ganz ausnehmende Beweise gegeben hat. Unter andern führte er mir eine
gewisse Arie an, worin er das Erstaunen und
Schrecken über die Erscheinung eines Geistes
ganz unnachahmlich ausgedrückt habe, so, daß
man auch ohne die Worte, welche höchst elend
sind, gleich hören könne, was die Musik wolle.
Aber Telemann übertrieb auch nicht selten
seine Nachahmung in das Abgeschmackte, indem
er Dinge mahlte, welche die Musik gar nicht
mahlen sollte. Graun hingegen hatte einen
viel zu zärtlichen Geschmack, um in diesen Fehler
zu fallen; aber die Hut, auf der er desfalls beständig stand, machte auch, daß er selten oder
gar nicht mahlte, und sich meistentheils mit
einer lieblichen Melodie begnügte.

2.

Jeſus Heriloneus, Tharbini filius, poëta et muſicus, primus de muſica librum ſcripſit; ſchreibt 𝔍 o 𝔥. 𝔐 a t t 𝔥 ä u 𝔰 de rer. invent. p. 29. — Dieſes ſoll heiſſen: *Laſus Hermionenſis*, welcher ein Zeitverwandter des 𝔛 e ; n o p 𝔥 a n e 𝔰 war, wie man aus dem 𝔓 l u t a r 𝔠𝔥 *de vitioſo pudore* ſieht, und des 𝔖 i m o n i d e 𝔰, wie 𝔄 r i ſt o p 𝔥 a n e 𝔰 in den 𝔚 e ſ p e n anzeigt.

3.

𝔅 a 𝔠𝔥 klagt über den jetzigen Verfall der 𝔐uſik. Er ſchreibt ihn der komiſchen 𝔐uſik zu, und ſagte mir, daß 𝔊 a l u p p i ſelbſt, der einer von den erſten komiſchen 𝔎omponiſten iſt, und ſich jetzt in 𝔓etersburg befindet, von wo er aber zurück erwartet wird, weil er alt und reich genug iſt, daß ihm, ſage ich, 𝔊 a l u p p i ſelbſt verſichert habe, der 𝔊eſchmack an der komiſchen 𝔐uſik verdränge ſogar die alte gute 𝔐uſik aus den 𝔎irchen in 𝔍talien. Er ſelbſt habe eine von ſeinen komiſchen 𝔖ymphonien *) in einer 𝔎irche zu 𝔐om gehört, der man einen geiſtlichen 𝔗ext untergelegt hatte. Eine weſentliche Eigenſchaft

*) Vermuthlich eine von ſeinen komiſchen 𝔄rien.

der komischen Musik ist es, daß sie fast nichts
als Allegro's hat, und die Adagio's gänzlich verbannt; kaum daß sie noch dann und
wann ein Andante erlaubt.

4.

Perrault in seiner Abhandlung *de la
Musique des Anciens* (Par. 1680. 12.) ist
ohne Zweifel der erste, welcher den Alten die
vielstimmige Harmonie (harmonie composée
de plusieurs parties,) abspricht, und zu zeigen sucht, daß alles, was sie von der Symphonie sagen, von dem Gesange *à l'unison
ou à l'octave* zu verstehen sey. Doch weiß ich
nicht, ob sich nicht Stellen bei den Alten finden
sollten, welche dieser Meinung zu widersprechen
scheinen. Eine solche glaube ich z. B. beim Plutarch περι πολυφιλιας gefunden zu haben:
Ἡ μεν γαρ περι ψαλμυς και φορμιγγας
ἁρμονια δι' ἀντιφωνων ἐχει το συμφωνον,
ὀξυτησι και βαρυτησιν ἀμωσγεπως ὁμοιο-
τητος ἐγγινομενης. „Nam concentus quidem ille, qui numeris musicis et citharis
efficitur, sonorum consensum ex iis, quae
dissona sunt, habet, quod acutis et gra-

vibus ſimilitudo quaedam interveniet.ʒ
Man merke hier auf das δι᾽ ἀντιφωνων ἐχει
το συμφωνον. Ich weiß nicht, ob man das
von Stimmen ſagen könnte, die nur in der
Höhe und Tiefe von einander unterſchieden wären. Aber das Folgende ſagt noch mehr, wo
Plutarch die Harmonie der Freundſchaft dieſer muſikaliſchen Harmonie entgegen ſetzt: της
δε φιλικης συμφωνιας ταυτης και ἁρμο-
νιας ꙅδεν ἀνομοιον ꙅδε ἀνωμαλον, ꙅδε
ἀδολον ἐιναι μερος, ἀλλ᾽ ἐξ ἁπαντων
ὁμοιως ἐχοντων, ὁμολογειν και ὁμοδοξειν
και ὁμοβꙅλειν και συνομοπαθειν, ὡσπερ
μιας ψυχης ἐν πλειꙅσι διῃρημενης σωμασι.
„At vero hic amicitiae concentus atque
haec conſonantia nullam partem diſſimi-
lem aut inaequalem aut diſcrepantem habere vult, ſed ex pari omnino habitu in
ſermonibus, in opinionibus, in conſiliis,
in effectibus conſentiri; perinde ac ſi
unus animus in plura corpora eſſet divi-
ſus." — Das ἀδολον kann hier nicht Statt
haben, wie auch Stephanus anmerkt, welcher ἀπῳδον dafür lieſt, von ἀπᾳδειν, in

cantu

cantu discurrere. — Nun frage ich: wenn
alle die verschiedenen Stimmen nur oktavenweise
verschieden gewesen wären; würde diese musikalische Harmonie nicht eben so vollkommen gewesen seyn, als Plutarch die Harmonie der
Freundschaft zu seyn verlangt? Nach dem Ge-
gensatz aber, welchen er zwischen beiden macht,
muß das ἀνόμοιον, ἀνώμαλον und ἀπῳδὸν
μερος, welches bei der Harmonie der Freundschaft nicht Statt finde, bei der Harmonie der
Musik Statt gefunden haben; und es ist mir
schwer zu begreifen, wie das Musik all' unisono
könne gewesen seyn.

I.

Hr. Prof. Engel hat in seiner vortrefli-
chen Abhandlung über die musikalische
Mahlerei (Berl. 1780. 8.) die Fragen überaus gründlich und scharfsinnig beantwortet: was
in der Musik Mahlen heiße? was für Mittel
diese Kunst dazu in ihrer Gewalt habe? was sie
durch diese Mittel zu mahlen im Stande sey?
und was sie mahlen, und nicht mahlen solle?
Vornehmlich zeigt er sehr schön, daß es die
Pflicht des Tonkünstlers, und dem Hauptzwecke

der Tonkunst gemäß sey, nicht sowohl den Gegenstand selbst, der die Empfindung erregt, als
vielmehr die dadurch erregte Empfindung und
Leidenschaft selbst, zu schildern und nachzuahmen. Allerdings überließ sich Telemann,
dieser in seiner Art immer höchst verehrungswür-
dige und ungemein fruchtbare Kirchenkomponist,
oft der musikalischen Mahlerei der Gegenstände
allzusehr; und nicht bloß hörbarer Gegenstände,
sondern zuweilen auch solcher, wo der Ausdruck
durch Töne die Aehnlichkeit des sinnlichen Eindrucks nur sehr schwach, nur durch entfernte
Ideenverknüpfung, und gemeiniglich nur auf
eine zu gekünstelte und gespielte Art, erreichen
kann. Sogar auf geistige und übersinnliche Begriffe dehnte er manchmal diese Nachahmung
aus. So erinnere ich mich z. B. daß er mehrmals die Falschheit der Gesinnungen durch fal-
sche Quinten oder durch Dissonanzen auszudrücken gesucht hat. Aber dieß war bei ihm eine
fast unzertrennliche Folge von der bis zum Uep-
pigen großen und ergiebigen Fruchtbarkeit seiner
Erfindungskraft; und er scheint mir unter den
Tonkünstlern fast eben das geworden zu seyn,
was Ovid unter den Dichtern war.

2.

Vom Laſus, aus Hermione, einer Stadt im Peloponnes im Königreiche Argos, der um die 58ſte Olympiade, ungefähr 548 J. v. Chr. G. berühmt war, ſehe man *Dr. Burney's* Hiſtory of Muſic, Vol. I. p. 447; und Hrn. Forckel's Allg. Geſch. d. Muſik, B. I. S. 358. Vergl. *Fabricii* Bibl. Gr. Vol. I. p. 102, wo in der Note mehrere von ihm handelnde Schriftſteller nachgewieſen werden. — Laſus wird faſt allgemein für den erſten gehalten, der über die muſikaliſche Theorie ſchrieb; er war aber auch ausübender Tonkünſtler. Von ſeinen Schriften iſt nichts mehr übrig; und von denen griechiſchen Schriftſtellern über die Muſik, wovon wir noch etwas beſitzen, iſt Ariſtoxenus der älteſte.

3.

Bach's Klage über den Nachtheil, welchen der überhand genommene Geſchmack an der komiſchen Muſik der Aufnahme der ernſthaften geſchaft hat, iſt nur allzu gegründet. Beſonders iſt der Geſchmack an der komiſchen Oper, auch an unſern deutſchen Höfen, dem Geſchmack an der ernſthaften ſehr nachtheilig geworden; ob es gleich mehrere Urſachen des Verfalls der letztern giebt, welche man von Arteaga in ſei-

nem ſehr leſenswürdigen Werke, Le Revolu-
zioni del Teatro Muſical Italiano, T. II. III.
Cap. 12—15, zergliedert und beredt beſchrieben findet.

4.

Man findet die Gründe für und wider die
Meinung, daß die Alten ſchon den Kontra-
punkt gekannt, und folglich vielſtimmige Muſik
gehabt haben, vom Dr. Burney in ſeiner
von mir (Leipz. 1781. 4.) überſetzten Abhandlung von der Muſik der Alten, Abſchn.
VIII, S. 130 ff. am kürzeſten und überſehbarſten
gegen einander geſtellt. Vergl. Hrn. Forkel's
Allgem. Geſch. b. Muſik, B. I. S. 389 ff. —
Perrault war jedoch nicht der erſte, welcher
der alten Muſik die Harmonie abſprach; ſondern das thaten ſchon vor ihm Glariani,
Salinas, Bottrigari, Artuſi, Cero-
ne, Kepler, Merſenne, und Kircher *).

---

*) Hr. Forkel erinnert S. 392, daß ſchon am Ende des
funfzehnten, und zu Anfange des ſechzehnten Jahrhunderts die muſikaliſchen Schriftſteller auf dieſe Sache
aufmerkſam geweſen, und daß Franchinus Gafor
der erſte ſey, welcher derſelben in ſeiner zu Mailand
1496 gedruckten Practica Muſicae utriusque cantus
gedenkt.

Nur war die Folgerung, welche ſie daraus zogen,
nicht immer ſo nachtheilig für die Muſik der
Alten, als die Folgerungen Perrault's, der
ſie beim Mangel vielſtimmiger Harmonie, und
mit Recht, für weit unvollkommener hielt, als
die Muſik der Neuern. Manche, z. B. Merſenne, und ſelbſt Rouſſeau, haben vielmehr
zum Nachtheil der vielſtimmigen Harmonie aus
dieſem Mangel, mehr ſcheinbare, als treffende
Gründe hergeleitet. S. Dict. de Muſique, art.
Harmonie, wo er, aus jenem Grunde, geradehin behauptet: que toute notre harmonie n'eſt
qu'une invention gothique & barbare, dont
nous ne nous fuſſions jamais aviſés, ſi nous
euſſions été plus ſenſibles aux véritables beautés
de l'Art, & à la Muſique vraiment naturelle.
Unſtreitig eins der auffallendſten muſikaliſchen
Paradoxen, deren überhaupt in Rouſſeau's
Wörterbuche nicht wenige vorkommen. Wenn-
gleich übrigens die Streitfrage über die Viel-
ſtimmigkeit der alten Muſik nicht mit völlig ein-
leuchtender Gewißheit zu entſcheiden ſteht, ſo iſt
doch wohl unſtreitig die größte Wahrſcheinlichkeit auf der Seite derer, die ſie leugnen; und
es kommt hauptſächlich darauf an, die Wörter:
ςυμφωνος, ὁμοφωνος, ἀντιφωνος, u. ſ. f. wenn

M 3

ſie von ben Tönen gebraucht werben, richtig zu
verſtehen, unb ſo, wie ſie die alten Muſiker
ſelbſt, z. B. Gaudentius, erklären. (S.
Dr. Burney's angef. Abh. S. 153 ff.) Auch
das Wort Harmonie ſelbſt bebeutete bei ben
Griechen nicht, wie bei den Neuern, Zuſammenſtimmung, ſonbern Folge mehrerer Töne, und
alſo bas, was wir jetzt Melobie nennen, da
dieß letztre Wort hingegen bas Rhythmiſche in
der Tonfolge bezeichnete. Die Töne, welche
bei ben Griechen ἀντιφωνοι hießen, waren, wie
ſich aus jenen Erklärungen unb mehrern Stellen
deutlich genug ergiebt, gleichartige Töne in der
Oktave; und ſelbſt die erſte Stelle, welche L.
aus dem Plutarch anführt, iſt davon ein neuer
Beweis; denn es iſt da von den zuſammenſtim-
menben höhern und tiefern Tönen dieſer Art die
Rede, wo aus den ἀντιφωνοις bas ſυμφωνον
entſteht, da, wie es ſcheint, die höhern Töne
der Zither, und die tiefern der Menſchenſtimme
beigelegt werden. Und wenn man in der zweiten
Stelle auch die Leſeart des Stephanus annimmt; ſo iſt ſie boch wohl eben ſo zu erklären;
und Plutarch ſchreibt der Freundſchaft eine
noch innigere Harmonie, eine noch nähere
Zuſammenſtimmung und völligere Gleichheit zu,

als in der Muſik ſelbſt diejenigen Töne mit einander haben, die zwar an ſich die nämlichen,
aber doch durch die Verſchiedenheit der Oktaven
in einer gewiſſen Unähnlichkeit und Entfernung
von einander ſind.

N.

Natter. Sein Syſtem iſt: das
Schlechteſte für das Aelteſte zu halten; wel-
ches aus dem, was er über die dritte und ſechste
Kupfertafel vorbringt, zu erweiſen iſt. (Win-
kelmann, von der Fähigkeit der Empfind. des
Schönen, S. 7.)

„Eben ſo falſch, fährt Winkelmann
„fort, iſt deſſen Urtheil über das vermeintlich
„hohe Alter der Steine auf der achten bis zur
„zwölften Platte. Er geht hier nach der Ge-
„ſchichte, und glaubt, eine ſehr alte Begeben-
„heit, wie der Tod des Othryades iſt, müſſe
„auch einen ſehr alten Künſtler vorausſetzen.“

Daß Natter in ſeinem Werke die Feder
nicht ſelbſt führen können, iſt ohne Zweifel die
Urſache, daß verſchiedne Stellen ziemlich dunkel ſind. Aber warum konnte er ſie nicht ſelbſt

führen? Warum schrieb er nicht in seiner Mut-
tersprache?

Herr Deschamps, der sie führte, hat
nicht einmal immer als ein Gelehrter gut geschrieben, geschweige als ein Kunstverständiger.
Wie nachläßig er in seinen Anführungen ist,
habe ich an der Stelle des Plinius in den
Antiquarischen Briefen gezeigt. Nicht
weit davon sagt er: Dans la suite les Grecs,
ayant porté la *Lithographie* en Italie. Lithographie für Steinschneidekunst habe
ich nirgend gefunden; das Wort kann auch das
nicht heissen.

Ich weiß, daß man auch eine englische
Uebersetzung von diesem Werke hat. Diese
müßte ich zu Rathe ziehen, um aus verschiednen
Stellen klug zu werden, die mir im Französischen ganz unverständlich sind; z. E. *Préf.* p.
XXXV: Il est vrai que ces fortes de ciseaux &c.

Natter, sage ich in den Antiquarischen Briefen, war überzeugt, daß die Alten ihre Geheimnisse gehabt haben. Er bemerkte
z. B. an einer alten Paste (die er lange für

einen Onyx gehalten), deren Oberfläche bläu-
lich, und deren Grund schwarz war, daß das
Tiefe in dem Schnitte schwarz schien, obschon
die blaue Lage noch viel tiefer ging, und das
Instrument also nicht bis auf die schwarze Lage
gereicht hatte. Er schloß also daraus: que l'un
de ces Artistes avoit quelque sécret pour
noircir sa gravure en pâte, que l'autre
n'avoit pas. (*Préf.* p. XXXVIII.) — Desgleichen glaubte er, daß alte Künstler das Geheimniß gehabt hätten, die Karneole und Onyxe
klar und rein zu machen. (*ibid.*) Je suis aussi
dans l'opinion, que quelques graveurs
anciens possedoient le sécret, de *rafiner*
& de *clarifier* les Cornalines & les Onyx,
vû la quantité prodigieuse de cornalines
fines & mal-gravées, que les Anciens
nous ont transmises; tandis qu'à présent
à peine en trouve-t-on une entre mille,
qui ait le même feu. Il y a encore d'autres raisons plus fortes & plus convain-
cantes en faveur de cette conjecture;
mais je laisse aux Curieux à les déviner,

M 5

en attendant que je trouve une autre oc⸗
cafion de les leurs communiquer.

Es ist wahr, die ganze Absicht seines Werks
ging dahin, zu zeigen, daß die alten Künstler
sich ungefähr eben der Methode müssen bedient
haben, als die neuern. Dem ungeachtet er⸗
kannte er auf alten Steinen Spuren von diesen
ganz unbekannten Instrumenten. (*Préf.* p.
XXVIII.) Un graveur entendu & exer-
cé y découvrira mille traits, mille beau⸗
tés de détail imperceptibles pour tout
autre que pour lui. Il appercevra la mar-
che & l'effêt de tous les outils que l'on
y aura emploiés, non feulement de ceux
qui nous font connus, mais même de
ceux dont on ignore aujourd'hui la con-
ftruction & la forme, mais dont l'opéra-
tion ne laiffe pas d'être fenfible à un
homme de métier. — Natter hatte das
Instrument, womit die Wappenschneider Pa⸗
rallellinien schneiden, darunter bemerkt, und
sagt, Hr. Guay, den er dieses Instrument
lehrte, ob er es gleich nicht mit hat stechen laf⸗
sen, würde es leicht auch darin entdeckt haben,

wenn er sich die Mühe gegeben hätte, die Haare
eines alten guten Kopfes zu kopiren, ohne daß
er nöthig gehabt hätte, ein neues dazu zu erfin-
den. Wäre es also sehr unwahrscheinlich, wenn
man annähme, daß Natter mehr solche In-
strumente, deren Spuren er auf alten Steinen
gefunden, wieder erfunden und gebraucht hätte?

Wie weit die Figur in den Stein mit dem
bloßen Rade zu fertigen sey, sieht man Tab. II.
fig. 2. Nämlich bloß nach den gröbsten Ver-
tiefungen, die schlechterdings noch keinen Glie-
dern ähnlich sehen: après quoi l'on y em-
ploie des outils plus petits & plus taillans,
pour l'achever selon la capacité de l'Ar-
tiste. Was also gerade bei dieser Kunst die
Hauptsache ist, kann mit dem Rade nicht vollendet werden, sondern erfodert kleinere schneidende
Werkzeuge, in deren Gebrauch allein die wahre
Geschicklichkeit des Artisten beruhet.

Natter giebt auf der dritten Kupfertafel
seines Traité de la Méthode antique de graver
en pierres fines, etc. (Lond. 1754. fol.) drei
ägyptische Gemmen, deren Arbeit von keiner
sonderlichen Schönheit ist, bei denen er aber

doch, so wie bei der Gemme Taf. VI, auf das frühere Alter ihrer Verfertigung nicht sowohl aus der schlechten Zeichnung der Figuren, als vielmehr aus dem noch sehr Unbehülflichen in dem Mechanischen des Schnitts, zu schließen scheint. Denn auf diesen letztern Umstand nahm er durchgehends am meisten Rücksicht.

In dem, was er über die achte bis zur zwölften Kupfertafel, und besonders bei der eilfsten und zwölften Gemme sagt, die beide den Tod des Othryades vorstellen, finde ich gleichfalls nichts, was den ihm von W. gemachsten Vorwurf verdient hätte.

Lithographie könnte, der Etymologie nach, freilich wohl so viel heissen als Steinsschneidekunst, in so fern γϱαφειν, wie besannt, ursprünglich nicht vom Schreiben sowohl, als vom Zeichnen, Mahlen, und jeder Art bildslicher Darstellung gebraucht wurde. Auch kommt das Französische *graver* vielleicht von jenem grieschischen Worte her. Aber der Sprachgebrauch will es nun einmal, und es ist auch unstreitig der Analogie gemäßer, daß man unter Lithosgraphie nichts anders versteht, als Kenntniß und Beschreibung der Steine, bloß in Rücksicht auf ihr Materielles.

Der englische Text von Natter's Werke
hat sich sehr selten gemacht, weil er kein englisches Exemplar unter zwei Guineen verkaufen
wollte, und, als er dazu nicht Liebhaber genug
fand, alle noch vorräthige Abbrücke verbrannte.

In der Stelle der Vorrede, S. XXXV, erscheinen freilich die ciseaux auf einmal, ohne
daß ihrer vorher erwähnt wäre; und man erräth
erst aus der Folge, daß sie es waren, die Herr
Siries aus einer Komposition, woraus er ein
Geheimniß machte, verfertigt hatte.

Von den letztern Bemerkungen hat Lessing
schon verschiedenes in s. Antiquar. Briefen
benutzt. S. vornehmlich Th. I. Br. 27 und 34.

Ueber Natter's Lebensumstände und Künst-
lerverdienste haben wir, so viel ich weiß, noch
nichts ausführlichers, als was in Hrn. Bü-
sching's Gelehrten Abhandlungen aus und von
Rußland, St. I. S. 207—220, und in eben
desselben Gesch. und Grundf. d. sch. K. und W.
St. II. S. 48. 49. gesammelt ist. Denn was
Klotz, der einmal seine Lebensbeschreibung ankündigte, in den Actis Literariis, Vol. I. p. 228,
über ihn gesagt hat, ist sehr unbedeutend, obgleich Füeßlin u. a. darauf verweisen.

Nero. Zu meiner Tragödie von ihm könnten das Lemma seyn, die nämlichen Worte, welche einer von den Umstehenden ihm zurief:

Usque adeone mori miſerum eſt!

Seines Vorſatzes, den Tod des Nero als Trauerſpiel zu bearbeiten, deſſen auch in der Vorrede zum zweiten Bande ſeines Theatral. Nachlaſſes, S. XXIX, gedacht wird, erwähnte L. zum öftern gegen mich; und, ſo viel ich mich erinnere, hatte ihn Nath. Lee's wildes, obgleich nichts weniger als verwerfliches Stück, *Nero Emperor of Rome*, zuerſt auf dieſen Stoff geleitet.

————

Daniel Neuberger. Célèbre Potier d'Augsbourg, qui avoit trouvé l'invention de donner à la cire la dureté du fer, auſſi bien que la couleur. (v. *Journ. des Savans*, a. 1684, p. 47; und Sandrart in ſ. Mahlerakademie.

Im Journ. des Sav. wird Neuberger aus dem Sandrart angeführt, der in ſeiner Teutſchen Akademie der edlen Bau-Bildhauer-und

Mahlerei-Künste (Nürnb. 1675. fol.), 1ster
Hauptth. Th. II. B. III. S. 350, von ihm sagt:
„Es wollte die edle Sculptura uns auch in
„Teutschland einige, und zwar sonderlich den
„Daniel Neuberger, erwecken, deſſen Va-
„ter auch wohl in Wachs boſſiren, desgleichen
„zierliche Bilder und Hiſtorien machen, und
„alſo ſeinem Sohn einen guten Grund und An-
„fang zeigen können, damit ſein ſchöner Geiſt
„ferners zu mehrerer Erfahrenheit durch einigen
„Fleiß kommen und ſteigen möchte. Seine
„Wiſſenſchaft aber beſtand erſtlich darin, in zu-
„gerichtetem Wachs alle denkwürdige Figuren
„aufs allergeiſtreichſte mit vielen Hiſtorien,
„Feldſchlachten, darinnen oft etliche hundert
„Bilder ganz nett und vollkommen, alſo vorzu-
„ſtellen, daß vorhin niemals dergleichen Ueber-
„fluß und Fertigkeit in Wachs geſehen worden.
„Neben dem erfand er auch die Art, ſein Wachs
„auf allerlei Weiſe, wie es die Natur erfoderte,
„zu koloriren, daß es dem abgebildeten Men-
„ſchen ganz und gar in allem ähnlich war; auch
„ſogar die Metalle und Edelgeſteine mit ihrer
„Farbe, Schein und Glanz repräſentirte, daß
„man es oft für wahrhafte Steine ſelbſt gehal-
„ten, wie denn viele Potentaten und Künſtler

„folche für wahrhafte angefehen, ja fogar in
„eben dem Gewichte befunden." — Sans
drart führt hierauf verfchiedne Arbeiten diefes
Künftlers, befonders für Kaifer Ferdinand
III. an, z. B. eine äußerft natürliche Abbildung
diefes Kaifers, mit einem darin angebrachten
Uhrwerke. Auch wird die Neuberger'n eigen=
thümliche Verfahrungsart beim Boffiren von S.
befchrieben. — — In des jüngern Herrn von
Stetten mufterhafter Kunft= Gewerb= und
Handwerksgefchichte der Reichsftadt Augsburg
(Augsb. 1779. 8.) wird S. 439 diefer Künftler
gleichfalls fehr rühmlich erwähnt. Er war aus
Augsburg gebürtig, und lebte dafelbft, bis ihn
die Zeiten des dreißigjährigen Krieges vertrie=
ben; und nun ging er nach Wien, wo er ftarb.
Hr. v. St. führt eine merkwürdige Arbeit von
ihm aus dem Stammbuche des Optikers Cuno
an, nämlich einen Mofes, in Wachsfarben ge=
mahlt, und, nach 125 Jahren, noch frifch und
wohl erhalten, hinter welchem die Worte ftehen:
von Wachs, ohne Pinfelftrich gemalt
von Daniel Neuberger dem jüngern.
1654. — Ein Beweis, daß er fchon Verfuche
gemacht habe, die enkauftifche Mahlerei wieder
herauszubringen. Auch feine Tochter, Anna
Felicitas,

Felicitas, trieb eben diese Kunst sehr weit, und lebte, nach ihres Vaters Tode, in Regensburg. Man sehe von ihr Sandrart, Hauptth. II, S. 80; Keyßler's Reisen, Br. 94; und Füeßlin's Allgem. Künstlerlexikon, wo auch Daniel's Bruder, Ferdinand Neuberger, erwähnt wird.

Nicolaus. Der berühmte Wassertaucher, von dem ich, in meiner Sammlung über das Heldenbuch verschiednes angemerkt habe. Joh. Matthäus (de Rer. Invent. p. 40.) gedenkt seiner auch. Er redet von der Zeit der sicilianischen Vesper, und der Entstehung des Ordens der Flagellanten, und setzt hinzu: Hoc etiam tempore in Sicilia vir fuit Nicolaus piscis, Meſſanenſis, qui vitam in mari duxit, nec diu extra aquas eſſe poterat. Hic multa de maris ſecretis patefecit hominibus, poſt matris execrationem hanc inhumanam vitam ſortitus.

Leſſing hatte, als er in Berlin lebte, zu einem Kommentar über das Heldenbuch schon eine Menge Materialien gesammelt. Unglückl-

cherweife nahm fie fein Bedienter für unnüße
Papiere, und verbrauchte fie eine Zeitlang in
der Stille zu Haarwickeln für feinen Herrn. Als
diefer es entdeckte, war der größte Theil fchon
unwiederbringlich verloren; und, fo viel ich
weiß, ift wenig, oder vielleicht nichts mehr davon, unter feinem Nachlaß befindlich. — Zu
welcher Stelle des Heldenbuchs ꝛc. jene Anmerkungen über den Waffertaucher Nicolo oder
Colas angebracht habe, weiß ich nicht anzugeben. Man nannte ihn gewöhnlich *le Poiffon
Colas*, weil er faft mehr unter als über dem
Waffer lebte. S. Journ. des Sav. a. 1677, p.
116, bei der Anzeige von *Jo. Pecklini* de Aëris
et Alimenti Defectu et Vita fub Aquis. Kilon.
1676. 8.

Niellum. Eine Art von Gravüre,
oder, wenn man will, von Email, von der ich
noch keinen rechten Begrif habe, ob ich fchon
Werke davon gefehen; z. E. bei Hrn. Bale-
mann in Hamburg das Portrait eines kaiferli-
chen Generals, aus dem dreiffigjährigen Kriege,
in einem gehöhlten Thaler. — Die Italiäner

nennen diese Arbeit lavoro di Niello, und die Franzosen Nellure. Vigenere in seinen Anmerkungen über die Bilder des Philostratus, soll die Art, wie dabei verfahren wird, beschreiben, wie ich aus einem Artikel des Caseneuve in dem französischen Wörterbuche des Menage sehe. Jener muthmaßt daselbst, ohne Zweifel sehr richtig, daß das Wort von *niger, nigellus,* herkomme, und *nellure* gleichsam so viel sey, als *nigellatura,* und *neller* so viel als *nigellare.* Aber er geht zu weit, wenn er darum in dem Testamente des Abts Leodebodus, der unterm Klothar, dem Vater des alten Dagobert, lebte, und welches Testament Helgaud, ein Mönch des Klosters Fleury, in seiner Geschichte des Königs Robert anführt, anstatt: scutellas deauratas, quae habent in medio cruces *niellatas,* will gelesen wissen: *nigellatas.* Das Wort ward nun einmal so gesprochen und geschrieben, auch wenn man Lateinisch sprach und schrieb. Hieraus sieht man auch, daß *croix nillée,* als ein Kunstwort der Heraldik (beim Menage unter dem Art. *nillée,*) weder so viel heißt, als annillée,

gleichſam annihilée, in der Bedeutung von
klein, zart; noch auch von *nille*, le fer de
moulin, qui ſoutient la meule ſuperieure,
herkommt, ſondern wirklich ein Kreuz, nach
gedachter Art gearbeitet, bedeuten muß.

Zu Anfang des ſechszehnten Jahrhunderts
war Franceſco Francia, ein Goldſchmied
und Mahler von Bologna, in dieſer Art von
Arbeit ſehr berühmt, deſſen auch Camillo
Leonardi gedenkt. (S. ſ. Artikel.) — Ob
aber das wahr ſeyn mag, was Leonardi daſelbſt ſagt, daß dieſe Kunſt zu nielliren eine neue
Erfindung ſey, und bei den Alten ſich keine
Spur davon finde?

Ich habe eine Ahnung, daß es vielleicht
die Enkauſtik der Alten iſt! — Wenn ich die
Sache näher unterſuche, muß ich Bulenger
de Pictura et Statuaria Veterum, L. II.
Cap. V. VI. zu Rathe ziehen, wo die Stellen
aus dem Vigenere lateiniſch überſetzt ſind.

War, wie oben angeführt, zur Zeit des
Leodebodus, der, wenn er unterm Klo-
thar lebte, in der erſten Hälfte des ſiebenten
Jahrhunderts gelebt haben muß, das Nielliren

schon bekannt; so ist es sehr wahrscheinlich, daß diese Kunst sich von frühern Zeiten herschreibt. Sie wird keine Erfindung dieser dunkeln und barbarischen Zeiten gewesen, sondern von Griechen und Römern abgekommen seyn.

In *Bulengeri* de Pictura, Plastice, Statuaria, Libris II. (Lugd. 1627. 8.) Cap. V. VI. p. 113 ff. wird de Smalto, seu Encausto (von der Email-Mahlerei) gehandelt; und aus dem Kommentar des Vignère über seine französische Uebersetzung der Philostrate das hieher Gehörige lateinisch übersetzt. Vom Nielliren wird daselbst, S. 121 f. folgende Beschreibung mitgetheilt: ,, *Nellura* quae vulgo dicitur, hoc modo fit: sume tibi unciam unam argenti, duas aeris purgatissimi, tres plumbi. Liquato argentum et aes in eodem vase, ut confundantur; tum plumbum addito, et carbone moveto, ut plumbum spuma liberetur, et tria illa metalla in unum corpus transeant. Vas terreum pugni magnitudine sulphure vivo semiplenum, quod in pulverem triveris, habeto, et in id metalla illa mixta fusaque injicito, et os vasis obturato argilla, et linteolo; et omnia commoveto, manibus usus, donec refrigescat, ut omnia in

unam maffam tranfeant. Vafe fracto maffam
illam funde, et liqua in calice aurariae fufurae
injecto borace, et fufionem iterato, donec
maffa fracta tibi placeat. Haec eft *nellura*, quae
auro et argento tantum adhibetur, quam e verbis Gallicis *Vigineri* latinam tibi dedi." —
Boulenger sucht, nach dem **Vignère**, in
dem angeführten sechsten Kapitel zu zeigen, daß
das Emailliren den Alten schon bekannt gewesen,
und ihr *encauftum* gewesen sey. Er beruft sich
deswegen auf eine Stelle beim **Philoftratus**
(L. I. Icon.), und auf eine andre beim **Plinius**, L. XXXIV. c. 17: ,,Plumbum album in-
coquitur aeris operibus Galliarum invento, ita,
ut vix difcerni queat ab argento, eaque *incoctilia*
vocant." — **Bei dem allen** scheint doch das
neuere **Nielliren** nichts anders zu seyn, als ein
auf Silber aufgetragnes Email. Ob und in wie
fern die Alten sich schon auf diese Kunst verstanden haben, und ob und in wie fern sie mit ihrem
encauftum einerlei sey, verdiente allerdings eine
nähere Untersuchung.

Du Fresne in s. Gloffar. Latin. med.
aevi, erklärt das **Wort** *nigellum* durch Encauftum Nigrum, vel fubnigrum, ex argento et
plumbo confectum, quo cavitas fculpturae re-

pletur, und beruft sich dabei auf den Vasari,
Kap. 33. Er setzt hinzu: Italis *Niello*; Gloss.
Vett. *Nigellum*, μελανον; und führt verschiedne
Beispiele aus Schriftstellern des Mittelalters
an. Auch hat er die Wörter, nigellatus und
niellatus, die er durch nigello distinctus erklärt.
Bei diesem letztern führt er gleichfalls die Stelle
aus dem Leodebodus an, und fügt hinzu:
Idem videtur quod *Noellé* nostratibus, wozu er
vier Beispiele aus alten französischen Ritter=
romanen giebt.

Vermuthlich hatte Lessing, als er den
obigen Artikel niederschrieb, die Wolfenbüttel=
sche Handschrift des Theophilus Presby=
ter, aus welcher er das frühere Zeitalter der
Oehlmahlerei entdeckte, und die er im sechsten
Beitrage z. Gesch. u. Litt. abdrucken ließ, noch
nicht aufgefunden, oder doch noch nicht genau
durchgesehen. Denn sonst würde er darin auf
das 27ste, 28ste und 31ste Kapitel des dritten
Buchs gerathen seyn, welche den ganzen Prozeß
des Niellirens beschreiben, und de nigello, und
de imponendo nigello handeln. Die Beschrei=
bung davon ist noch umständlicher, als die von
Vignere, und stimmt in der Hauptsache da=
mit überein. Hier würde er auch gefunden ha=

N 4

ben, daß *nigellare* mit *denigrare*, der Ableitung und Bedeutung nach, einerlei ist, und daß Theophilus dieß letztre Wort von dem Zwecke der Arbeit mehr als Einmal braucht. Hr. Prof. Leiste sagt in der Vorrede des angef. Beitrages, S. 13, es sey ihm nicht bekannt, ob noch irgendwo ein solches schwarzes Email (nigillum) aus ⅔ Silber und ⅓ Kupfer, ⅙ Blei und Schwefel, gemacht werde, auch kenne er das Gummi Barabas nicht, womit es, nach dem 28sten Kap. auf die Gefäße gebracht wird, die schwarz emaillirt werden sollen. Ist es vielleicht der Borax, dessen Vignere gedenkt?

NOMOΣ. Als ein musikalisches Kunstwort, heißt νομος nicht bloß ein Stück auf der Zither, zu welchem gesungen werden kann; so, wie es beim Suidas erklärt wird: νομοι καλυνται οἱ μυσικοι τροποι, καϑ᾽ ὑςινας ἀδομεν· und weiter hin: νομος, ὁ κιϑαρωδικος τροπος της μελωδιας. Sondern es wird eben sowohl von Stücken auf andern Instrumenten gebraucht, zu welchen nicht gesungen wird; z. E. von der Trompete, beim Polyd

nus, L. V. c. 16. 4. wo es vom Prammo-
nes heißt: χρησαμενος τῳ νομῳ της σαλ-
πιγγος ὑπεναντιον, indem er dasjenige
Stück, mit welchem sonst zum Angriffe gebla-
sen worden, seinen Soldaten zum Zeichen des
Rückzuges, und umgekehrt, machte. Jenes heißt
νομος ἐπικελευσικος, und dieses ἀνακλη-
τικος,

Voſſius sagt in ſ. Inſtitut. Poët. L. III.
c. 13. S. 4: „Νομος vocatur velut norma quaedam, et lex canendi.” Und diese allgemeine
Bedeutung scheint dieß Wort auch wirklich gehabt zu haben, wenn man es als muſikaliſches
Kunstwort brauchte; so, daß es auch in der muſikaliſchen Poeſie, wie am Ende alle Poeſie der
Griechen war, vorzüglich in der lyriſchen, eine
Strophe, einen Abſatz bedeutete, welchen man
auch ehedem ſelbſt im Deutſchen ein Geſetz
nannte. Die Einkleidung der Geſetze in Poeſie
und Geſang, welche bei den älteſten Griechen
gewöhnlich war, ſcheint freilich wohl zu der
erſten Anwendung dieſes Wortes Gelegenheit gegeben zu haben, wie ſelbſt Ariſtoteles, Pro-
blemat. ſ. 19. bemerkt; obgleich Plutarch die
Geſetzlichkeit und Unveränderlichkeit derer Lie-

der, bie *νόμοι* hieſſen, als den Grund dieſer
Benennung angiebt. Und eben dieſe feſtgeſetzte
Melodie ſcheint hernach immer der Nebenbegrif
bei derſelben geblieben zu ſeyn. Nach der Verſchiedenheit der Veranlaſſungen, und der beglei-
tenden Inſtrumente, erhielten ſie hernach verſchiedne Namen. — Burette hat in ſeinen
Reflexions ſur la Symphonie des Anciens, und
in ſeinen Remarques ſur le Dialogue de *Plu-
tarque* ſur la Muſique, im XIten, XIIIten und
XIVten Bande der Mémoires de l'Acad. des
Inſcr. (éd. d'Amſt.) dieſe Materie umſtändlich
abgehandelt. Vergl. Forkel's Allgem. Geſch,
d. Muſik, B. I. S. 212 ff.

Nothhembe. Indumentum quod-
dam lineum, factum in induſii formam,
quod germanice vocant Nothhembe,
h. e. *induſium neceſſitatis.* Eo quicumque
amictus eſſet, invulnerabilis reddebatur,
neque illi obeſſe poterat, vel ferrum,
vel gladius, aliudve telum, vel glans
plumbea tormentis emiſſa. Neque ſolum prodeſſe militibus credebatur, ſed

parturientium utero applicatum dolores
fedabat et partum facilem procurabat. Id
nebatur, texebatur et confuebatur a vir-
ginibus impollutis *nocte natalis Chrifti*, hoc
modo: *etc.* — — Es verdrießt mich, das
Uebrige abzuschreiben, nämlich aus dem Boif-
farb, de Divinatione, p. 55. Das Lä-
cherlichste ist, daß diese unbefleckten Jungfrauen
bei ihrer Arbeit den Teufel zu Hülfe rufen mußten. Wenn der Teufel dem Hembe die Kraft
verleihen sollte, so, dächte ich, könnten es auch
wohl befleckte Jungfern weben und nähen.

Frisch giebt von diesem Worte folgende
Erklärung: „Noth-Hemb, indufium magi-
cum, war vor Alters ein zauberisches Hemb,
das die abergläubischen Kriegsleute anlegten,
weil keine Kugel oder Stoß durchgehen sollte;
auch legten die Gebährenden dergleichen Hembe
an.“ Und Hr. Adelung: „ein ehedem sehr
übliches abergläubisches Hemb, welches nicht
nur fest machen, sondern auch in Kindesnöthen
liegenden Weibern die Geburt erleichtern sollte.“

Nymphäum. Nymphen. Das alte von Holstein beschriebne Gemählde, Nymphäum, ist, nach Winkelmann's Vorrede zur Gesch. d. Kunst, S. XXII, durch Nachläßigkeit, wie man vorgiebt, verdorben, und wird nicht mehr gezeigt.

Nymphae braucht Ovid (Ep. Heroid. I. v. 27.) auch von verheiratheten Frauens-personen:

Grata ferunt Nymphae pro falvis dona maritis;

wenn anders die Stelle so von ihm ist, und nicht vielmehr, wie Heinsius vermuthet, *nuptae* gelesen werden muß.

Der Commentariolus in veterem picturam Nymphaeum referentem ist mit drei andern Abhandlungen des Lukas Holstenius zuerst zu Rom, 1676, fol. dann als Anhang zu seinen Notis et Castigationibus posthumis in *Stephani Byzantini* Εθνικα, f. de Urbibus, L. B. 1684, fol. und zuletzt in *Graevii* Thef. Antiqq. Rom. T. IV. p. 1800 f. mit dem dazu gehörigen Kupfer abgedruckt, wo diese kleine Abhandlung nur zwei Seiten füllt. Jenes alte Gemählde fand sich beim Aufgraben zum Bau des Palla-

ſtes Barberini, und war, als Holſten es
beſchrieb, noch in der dortigen Sammlung von
Antiken. Alex. Donatus glaubte, es ſey
auf dieſem Platze das alte Kapitol von Numa
erbaut worden, und hielt das Gemählde für eine
Anſpielung auf Jupiter's und Numa's Geſchichte.
H. aber macht es ſehr wahrſcheinlich, daß es
ein Nymphäum, oder eine den Nymphen ge-
weihte Grotte, vorſtelle.

Die vom Heinſius glücklich genug ver-
muthete Leſeart wird wenigſtens nicht durch die
Wolfenbüttelischen Handſchriften der Heroiden
Ovid's beſtätigt, deren Vergleichung der ſel.
Heuſinger im dritten Leſſingiſchen Bei-
trage zur Geſchichte und Literatur mittheilte.

O.

Obſidianiſches Glas. Hr. Klotz
ſagt, daß die Alten die Zuſammenſetzung (oder
den Glasfluß, in welchen ſie die geſchnittenen
Steine abgegoſſen,) *vitrum obſidianum* genannt
hätten. (Von geſchn. Steinen, S. 58.) —
Welche Unwiſſenheit! Nicht jeden, ſondern nur
den, welcher ad ſimilitudinem lapidis, quem
in Aethiopia invenit Obſidius, nigerrimi

coloris, aliquando et translucidi, (*Plin.* XXXVI, 67.) zubereitet war. Nicht jede alte Glaspaſte iſt aus vitro obſidiano, ſondern nur die ſchwarzen ſind vielleicht davon.

„Eine Sache, fährt er fort, die zu vielen Unterſuchungen, Widerſprüchen und Irrthümern Gelegenheit gegeben hat.“ — Falſch! Nicht das vitrum obſidianum, ſondern der lapis obſidianus, die gemma obſidiana, hat dazu Gelegenheit gegeben. Was dieſe letzte eigentlich ſey, darüber wird geſtritten; nicht aber, was jenes, welches eine ſchwarzgefärbte Glasart war, zur Nachahmung des obſidianiſchen Steins. Klotz kann alſo auch nicht einmal die Abhandlung des Caylus, die er ſo ſehr rühmt, vom obſidianiſchen Steine, geleſen haben.

Unter den von Hrn. Meuſel überſetzten Abhandlungen des Grafen Caylus zur Geſchichte und zur Kunſt, B. I. (Altenb. 1768. 4.) iſt gleich die zweite, S. 14—57, deren Original im 30ſten Bande der Mem. de l'Acad. des Inſcr. befindlich iſt, eine Unterſuchung einer Stelle des Plinius, die von dem obſidianiſchen Steine

handelt. Dieß iſt die oben angeführte Stelle.
Der Graf Caylus vergleicht die verſchiednen
Meinungen der Ausleger darüber, beſonders
des Salmaſius, der den Stein ὄψανος, woraus die Griechen Spiegel verfertigten, darunter
verſteht. Dieſe Meinung widerlegt der Graf,
und ſucht zu erweiſen, daß der obſidianiſche
Stein vollkommen mit einer Glasart überein-
geſtimmt habe, welche ſehr ſchwarz, bisweilen
durchſichtig iſt, aus den feuerſpeienden Bergen
hervorkommt, und zu Peru unter dem Namen
des gallinaziſchen Steins bekannt iſt. Wegen
ſeiner Aehnlichkeit mit einer Gattung von metal-
liſcher Verglaſung könnte man ihn auch Eiſen-
ſchlacke von feuerſpeienden Bergen nennen.
C. führt zugleich die von einem geſchickten Chemiker, Roux, gemachten Verſuche an, dem
mit Schwefel gekochten Glaſe die Härte eines
Steins zu verſchaffen.

ODIUM THEOLOGICUM. Die-
ſen Ausdruck, glaub' ich, hat Menage zuerſt
gebraucht, und den Haß der Gelehrſamkeit darunter verſtanden. (S. *Menagiana*, T. I. p.
320, édit. de Paris, 1694.) „J'avois dit

avant l'Auteur de la Critique de l'Hiſtoire du Calvinisme, que la haine d'érudition eſt implacable. Je l'appelle *Odium theologicum*. — Ob Mosheim in ſeiner Rede *De Odio Theologico* dieſen Umſtand bemerkt?

Es ſcheint doch, daß der Ausdruck, *odium theologicum*, für unauslöſchlichen, unverſöhnlichen Haß, ſchon vorher üblich geweſen war, und daß Menage ihn nur auf den Haß der Gelehrſamkeit anwandte, ohne dieſen überhaupt ſo benennen zu wollen. Er ſetzt hinzu: Les Italiens diſent que celui qui offenſe, ne pardonne jamais: *Chi offende, non perdona mai*. Tacite en rapporte la raiſon: C'eſt, dit-il, que les cauſes de la haine ſont d'autant plus violentes, qu'elles ſont injuſtes: *Odii cauſſae acriores, quia iniquae*, u. ſ. f. — In Mosheim's Programm, De Odio Theologico, (Goetting. 1747. 4.) wird jener Stelle des Menage nicht gedacht, und überall der Urſprung dieſes Ausdrucks nicht unterſucht. Zwar führt er folgende Stelle aus dem Briefe an, womit der fromme, ſanfte Melanchthon ſich ſelbſt, wenig Tage vor ſeinem Ende, über den ihm bevorſtehenden Ausgang aus dieſer Welt zu beruhigen ſuchte: „Diſcedes

a pec-

a peccatis, liberaberis ab aerumnis *et a rabie Theologorum.*" Aber hier ist doch jener sprich=
wörtlich gewordne Ausdruck wenigstens nicht
buchstäblich gebraucht, den Mosheim übri=
gens gerade so, wie Menage, erklärt: „Intel-
ligunt, ut arbitror, vehementem inprimis, in-
satiabilem, et modi omnis finisque nesciam libi-
dinem illis nocendi, qui vel modice ab opinionibus, in quas juravimus, abeunt, vel fortunis,
honoribus et commodis nostris insidiantur, aut
abire et insidiari videntur."

Ohrbergen. So könnte man, glaub'
ich, nicht unfüglich das Griechische ἀμφωτίδες,
die sich die Athleten umbanden, um ihre Ohren
vor den Schlägen zu bergen, übersetzen, nach
der Analogie von Halsberge, dem Theile der
alten Rüstung, welcher den Hals in Sicher=
heit setzte.

Dergleichen Ohrbergen rieth Xeno=
krates, nach dem Plutarch, (*de Audit.*
p. 38. Ed. Xylandr.) lieber den Kindern, als
den Athleten umzumachen, um sie vor übeln
Reden zu bewahren, wodurch ihre Sitten ver=

dorben würden, anstatt, daß die Schläge bei
diesen nur die Ohren verletzten. — Ich schließe
hieraus, daß die ἀμφωτιδες, wie natürlich,
auch das Gehör müssen benommen haben; und
darin bestand vielleicht der zweite Nutzen für die
Athleten, um sich durch das Geschrei, welches
die Zuschauer um sie her machten, nicht zer=
streuen zu lassen.

Spuren von diesen Ohrbergen scheint man
in dem, nicht zu finden, was Winkelmann
von den zerschlagenen und zerquetschten Ohren
der Pankratiasten, in der Vorrede zu s. Ver=
such einer Allegorie, anmerkt. Entweder
diese Ohrbergen müssen also spät seyn erfunden
worden, oder die Pankratiasten müssen sich
ihrer nicht bedient haben, sondern nur die
Athleten.

Die ἀμφωτιδες, welche auch ἀντωτιδες und
περιωτιδες hießen, welches Lessing überaus
glücklich durch Ohrbergen übersetzt, waren
nur bei der πυγμικη, oder dem Faustkampf,
üblich; vielleicht auch nur bei der Vorübung
auf denselben in den Gymnasien, welche, wegen
der Kugeln oder Bälle, die man dabei in der

Hand hatte, σφαιρομαχια hieß. — Winkel
mann in der Vorrede zum Verſuch einer
Allegorie, S. VII, nimmt ſelbſt an, daß
man bergleichen ἀμφωτιδες, die, wie er hinzu
ſetzt, von Erz waren, erſt in ſpätern Zeiten ein
geführt habe. — Mit dem, was Winkel
mann ebendaf. über die gequetſchten und ge
ſchwollenen Ohren der Pankratiaſten ſagt, ver
gleiche man die Erinnerungen des Hrn. Hofr.
Heyne in ſ. zweiten Samml. Antiquar. Auf
ſätze, S. 253.

Oper, die Hamburgiſche. Die
erſte Hamburgiſche Oper iſt von 1678, (ſ. Gott
ſched's Vorrath zur Geſch. d. dramat. Dichtk.
S. 238;) und heißt: Der erſchaffene, ge
fallene, und aufgerichtete Menſch.
Verſchiedne Jahre vorher waren ſchon zu Dres
den, zu Halle, zu Würtemberg, zu Wien,
Opern aufgeführt worden, ja gar auch zu Kop
penhagen eine deutſche ſchon 1663, betitelt:
Die Waldluſt. (Ebendaf. S. 216.)

Die allegoriſchen deutſchen Singſpiele, wel
che durchaus in einem gleichen Sylbenmaße ab

gefaßt ſind, und weder Recitative noch Arien
haben, ſchreiben ſich gar nicht von der italiäniſchen Oper her; wie z. E. Harlekin's Hochzeit, und andre ſolche Singeſtücke in Ayrer's
Opere Theatrico.

Von den erſten Unternehmern und Spielern der Hamburgiſchen Opern habe ich noch zur
Zeit nichts erfahren können; auſſer daß mich
der Rektor Müller verſichert, ein gewiſſer
Rathsherr allhier habe die Entrepriſe davon gehabt, und ſie wären an eben dem Orte, wo
jetzt das neue Theater auf dem Gänſemarkte
ſteht, aufgeführt worden.

Hiernächſt unterzogen ſich der Direktion
derſelben der Herr von Ahldefeld, ein Hol-
ſteiniſcher von Abel, deſſen Güter in der Nähe
von Hamburg lagen, und der meiſtens in der
Stadt lebte, nebſt dem engliſchen Reſidenten
Wich. In dem Patrioten ſoll eine Satire
auf dieſe Herren und ihre Theaterverwaltung
ſtehen, unter dem Namen Haskarl, eines
damaligen elenden deutſchen Komödianten.
Dieſe ſoll die Schweſter von Wich, eine Frau
des damaligen hieſigen engliſchen Predigers

Thomas, welcher nachher Erzbifchof (von
Canterbury, denk' ich,) geworden, weil fie mit
ihrem Bruder unzufrieden gewefen, gefchrieben,
Herr Weichmann aber ins Deutfche überfetzt
haben. Auf diefe Satire wollte die Entreprife
durch ein Vorfpiel, genannt die Baßgeige,
antworten laffen, in welchem fie Brockes,
Telemann und Weichmann, die fie für
die Urheber jener Satire hielt, fehr anzüglich
mitnahm; befonders Telemann, wegen
feiner Frau, die ihm nicht Farbe hielt, fondern
einen fchwedifchen Offizier liebte. Allein es kam
zu früh aus, und die Aufführung wurde vom
Rathe unterfagt. Diefe Baßgeige hatte
Prätorius gemacht, welcher damals als
Poet für das Hamburgifche Theater arbeitete.
Diefer Johann Philipp Prätorius ift
hernach Profeffor Juris zu Trier gewefen, und
hat verfchiedne juriftifche Werke gefchrieben.

Die Hamburgifche Oper muß im J. 1736
in den elendeften Umftänden gewefen feyn, wie
ich aus dem Schreiben eines Schwaben
an einen deutfchen Freund in Petersburg, von dem gegenwärtigen Zu-

O 3

stande der Oper in Hamburg (1 Bo
gen 4.) sehe. Lamprecht steht als Name
des Verfassers auf meinem Exemplar beigeschrie
ben; und sonach müßte es Dreyer wohl in
seine Sammlung der Lamprechtischen Werke
gebracht haben. Damals war die Oper gänz
lich unter italiänischer Direktion, obgleich die
Madam Kaiser noch dabei, und wirklich auch
noch die vorzüglichste Sängerin war. Verzie
rungen und Tänze waren abscheulich; und die
übrigen Sängerinnen waren Madam Monza
und ihre Tochter; beide höchst elend, und die
letzte noch dazu fürchterlich häßlich, obgleich sehr
verliebt. Die Bühne war aber auch höchst leer,
und das ganze Theater bestand aus drei bis vier
deutschen Italiänern.

Die Hamburgischen Opern, die ich
gedruckt selbst durchblättert habe, sind nach der
Zeitordnung folgende. Ich will daraus anmer
ken, was zur Geschichte derselben gehört:

1698. Der aus Hyperboreen nach
Cimbrien überbrachte güldene
Apfel. Ein allegorisches Stück auf die
Vermählung des Herzogs zu Holstein,

Friedrich, mit der ſchwediſchen Prin-
zeſſin, Hedwig Sophie. Eine gelehrte
Vorrede zeigt, nach dem Rudbeck ſowohl,
als mit eignen Gründen und Zeugniſſen,
daß man Hyperboreen, Hesperien, den
Atlas, und was zu dieſer Fabel mehr gehört, nirgend anders als in Schweden
ſuchen müſſe, und macht die Anwendung
dieſer alten Fabel auf den feierlichen Fall.
Dieſe Vorrede iſt völlig nach Chriſt.
Heinr. Poſtel's Geſchmack; und alſo
wird auch das Stück von ihm ſeyn. Die
Vorreden, pflegte er zu ſagen, ſchreibe er
zu ſeinem, und die Singſpiele zu andrer
ihrem Vergnügen. Auch finde ich dieſes
Stück in dem Verzeichniß der Poſteli-
ſchen Opern und Werke, welches Weichmann in der Vorrede zum Wittekind
giebt, ihm wirklich zugeeignet. Dieſer Poſtel hatte ſchon 1688 für das Hamburgiſche Theater Opern zu machen angefangen;
und ſein erſtes Stück war die heil. Eu-
genia, oder die Bekehrung der Stadt
Alexandria zum Chriſtenthum.

1699. Die Verbindung des Herkules
mit der Hebe; bei der Vermählungs-
feier des damals römischen Königes Joseph mit der Braunschweigischen Prinzessin Wilhelmine Amalie. Auch dieses Stück hat eine gelehrte Vorrede über
die Fabel vom Herkules und der Hebe, und
verräth also Postel als Verfasser.

— — Noch ein Stück in eben dem Jahre
auf eben dieses Fest: Die Wiederkehr
der güldnen Zeit.

1700. *La Forza della Virtù,* oder: Die
Macht der Tugend; aus dem Italiänischen übersetzt.

1701. Störtebecker und Jödge Mi-
chaels, erster und zweiter Theil. Gottsched hat diese beiden Stücke erst unter
dem Jahre 1707; sie sind aber bereits 1701
gedruckt und aufgeführt worden. Beide auf
dem Titel genannte waren Seeräuber, die
ehedem bei einem Grafen von Friesland in
Diensten gestanden, und von den Hambur-
gern endlich ertappt und hingerichtet wurden. Aus dieser Oper hat man hernach ein

Stück gemacht, welches sich noch lange auf
dem Theater erhielt.' Der Hamburgische
Bürgermeister, unter dem sie hingerichtet
wurden, hieß Simon, und der Syndikus, Uetrecht. Es muß lustig ausgesehen
haben, wenn beiden unterm Schalle der
Pfeifen und Trommeln die Köpfe abgeschla-
gen, und vorne auf zwei Pfähle gesteckt
wurden.

1702. Der königliche Prinz *Regnerus.*
Aus der dänischen Geschichte entlehnt.
Seine Stiefmutter verfolgte ihn so, daß
er Kuhhirte werden mußte; eine schwedi-
sche Prinzeßin, der das Orakel geweissagt
hatte, daß sie ihren Gemahl im Walde suchen solle, nimmt sich seiner an, und erhebt
ihn auf den Thron.

— — *Berenice.*

— — Penelope, oder Ulysses, andrer Theil. Der erste ist, nach Gottsched's Angabe, gleichfalls in diesem Jahre
aufgeführt worden.

1704. Der gestürzte und wieder er-
höhte Nebukadnezar. Es muß vor-

O 5

treflich gewesen seyn, den Nebukadnezar, in ein wildes Thier verwandelt, mit
Adlersfedern und Klauen bewachsen, unter
vielen andern Thieren zu sehen, und brummen zu hören.

1705. Die römische Unruhe, oder, die
edelmüthige Oktavia. Diese Oper ist
von Barthold Feind. Aus der Vorrede sieht man, daß Postel kurz vorher
gestorben war; daß Hunold den Nebukadnezar gemacht habe, so wie vorher
schon eine Oper, Salomo; daß eben um
diese Zeit auch Bressand gestorben ist,
der für das Braunschweigische Theater gearbeitet hatte; daß der Kapellmeister Kaiser ein Werk über die Opern und Kantaten
schreiben wollen, und daß die Komposition
der gegenwärtigen Oper vom ihm gewesen
ist. „Dieses ist nunmehro, sagt Feind,
„das 31ste Singspiel von seiner Arbeit;
„worüber ich mich desto mehr wundre,
„weil die Italiäner von ihrem Palarolt
„in Venedig als ein unerhörtes Mirakel
„ausrufen, daß er bereits 18 Opern kom-

„ponirt; worauf jedoch sein Brunnen auch
„dermaßen erschöpft worden, daß er nun-
„mehr nichts als Kirchenstücke setzt.“

1706. *La Fedeltà Coronata*, oder, die ge-
krönte Treue. Die Geschichte des Ab-
dolonimus, welcher, aus einem Gärt-
ner, König in Sidon wurde. Die Musik
von Kaiser. Es war seine 33ste Oper.

— — Der Durchlauchtige *Secretarius*,
oder, Almira, Königin in Castilien, gleichfalls von Kaiser in Musik
gesetzt. Almira muß früher aufgeführt
seyn, als das vorige Stück, und sonach
die 32ste Oper dieses Komponisten seyn.

1707. Der angenehme Betrug, oder,
der Carneval von Venedig. In
diesem Stück kommt auch eine Trientje,
ein niedersächsisches Dienstmädchen, vor,
welches in diesem Dialekte verschiedne Scenen hat, und Lieder singt.

Ein Verzeichniß deutscher Opern,
aus Gottsched's nöthigem Vorrathe zur
Gesch. der deutschen dramatischen Dichtkunst gezogen, findet man in Hrn. Marpurg's histor.

krit. Beiträgen zur Aufnahme der Mufik, B. III.
S. 277 ff. S. 462 ff. und B. IV. S. 4;9 ff.
Ihr Anfang gehört ohne Zweifel fchon ins fechs-
zehnte Jahrhundert; und noch in diefem wurden
die meiften Singfpiele verfertigt, welche Jakob
Ayrer's *Opus Theatricum* enthält, das zu Nürnberg, 1618. fol. herauskam. Gottfched fetzt
die Verfertigung derfelben zwifchen 1570 und
1589. Diefe Stücke wurden indeß durchgehends
nach einerlei Melodie abgefungen. Als die erfte
förmliche deutfche Oper fieht man gewöhnlich die
im J. 1627 zuerft am Dresdner Hofe aufgeführte
Schäferoper, Daphne, an, deren Verfaffer,
wie bekannt, Martin Opitz ift, der auch acht
Jahre hernach fein Singfpiel, Judith, bekannt machte. Das Stück, die Waldluft,
mehr Maskerade als Oper, wurde im J. 1663.
aus dem Dänifchen überfetzt.

Von den Hamburgifchen Opern findet
man das vollftändigfte Verzeichniß in Matthefon's Wochenfchrift, der Mufikalifche Pa-
triot, die zu Hamburg 1728. 4. herauskam,
St. XXII—XXIV; und Herr Marpurg hat
daraus in feinem Verzeichniffe die dahin gehörigen Nachrichten entlehnt. Ich felbft befitze eine
von dem ehemaligen verdienftvollen Syndikus

Klefecker in Hamburg gemachte Sammlung
Hamburgischer Opern, in acht starken Quart-
bänden, die vielleicht eine der vollständigsten in
ihrer Art ist, und vom J. 1678 bis 1748 geht.
Das erste Stück darin ist die von allen für die
erste in Hamburg aufgeführt gehaltne Oper:
Der Erschaffene, Gefallene, und Auff-
gerichtete Mensch. Das Jahr 1678, in
welchem sie gespielt seyn soll, ist dabei nicht ausdrücklich bemerkt. Der Text soll von einem
Richter, und die Musik von Theil gewesen
seyn. Die Oper, Orontes, welche Dr. Burney in s. Musikalischen Reise als die erste Hamburgische Oper angiebt, ist die zweite, und ihre
Worte waren von eben dem Richter, und dem
nachherigen Hamburgischen Prediger Elmen-
horst, der im J. 1688, da er schon Prediger
war, einen Bericht von Operspielen, zu
ihrer Vertheidigung herausgab. Ich finde jedoch
in demselben nichts, wodurch sich die Geschichte
der ersten Entstehung und Einrichtung der Hamburgischen Oper aufklären ließe; ausser, daß E.
in seiner Zuschrift an den Hamburgischen Senat
und das Oberalten-Kollegium sagt: „Als vor
„wenig Jahren E. Hochedler Rath dieser guten
„Stadt zuläßig befunden, daß, wie sonsthin in

„Profa die Komödien — — gespielet, also zu
„gemeiner Anständigkeit und billiger Gemüths-
„erquickung musikalische oder Singespiele auf
„dem Theatro würden vorgestellet, welches
„nachmals das löbl. Collegium der Herren
„Oberalten, auf erlangte Notifikation, ihm
„wohlgefallen lassen; folgbar Einem Wohlehrw.
„Ministerio solches angezeiget, u. s. f." — Es
möchte also wohl auffer denen Nachrichten, die
sich in Matthefon's Mufikalischem Patrioten,
in den drei angeführten Blättern finden, über die
erste Beschaffenheit des Hamburgischen Opern-
theaters, und deffen Unternehmer, wohl wenig
aufzutreiben seyn. Der Hamburgische Rathsherr,
deffen der Rektor (Joh. Sam.) Müller gegen Leffing als des ersten Unternehmers gedachte, war ohne Zweifel Gerhard Schott,
der als vornehmster Stifter des Hamb. Opern-
theaters anzusehen ist, und auf deffen Tod eine
besondre Oper: Der Tod des großen Pans,
im J. 1702 verfertigt wurde. — Manches dahin
gehörige findet sich auch in Matthefon's
Grundlage einer Ehrenpforte, in den Lebensbeschreibungen derer, die für jene ältere Oper
komponirten. — Das Schreiben an den Patrioten, welches im 38sten Stücke deffelben

steht, ist nicht in Haskarl's Namen abgefaßt,
sondern von einem Hexameter unterzeichnet,
der sich für einen Schauspieler von der Truppe
jenes Direktors ausgiebt, dem seine Frau mit
einem Theile seiner Habseligkeiten entlaufen sey,
und dadurch Zwist und Trennung der nun in
Schulden steckenden Mitglieder veranlaßt habe.
Der Brief enthält den Entwurf eines auf Prä-
numeration zu druckenden Heldengedichts, die
Baßgeige, in der Manier von Boileau's
Lutrin, in vier Gesängen, wovon der ganze Plan
mitgetheilt wird. Haskarl und seine Frau
sollen die Hauptpersonen seyn, und die Haupt-
handlung ihr Zank über eine Baßgeige, welche
die letztre für ihren Liebhaber gekauft, und ihr
eifersüchtiger Mann an einen seiner Freunde ver-
schenkt hatte. Wie viel in diesem Plan satirische
Anspielung sey, läßt sich jetzt nicht mehr beurtheilen. Sonst findet man im Patrioten ein
ganzes Blatt, nämlich das 25ste, zum Lobe der
Oper.

Vom Jahre 1736 finde ich in meiner Sammlung nur eine einzige Oper: Die rachbegie-
rige Liebe, oder, Orasia; mehrere aber
vom Jahr 1737, in welchem die Hamburgische
Opernbühne einen neuen Direktor erhielt, der

den Schauplaß mit einem Prolog der Muſ
ſen eröfnete. Die nachherigen Opern ſind faſt
alle italiäniſch, meiſtens von Metaſtaſio,
mit gegenüber gedruckter deutſcher Ueberſetzung.
— Unter der Zuſchrift der im J. 1740 aufge=
führten *Ipermneſtra* hat ſich Angelo Mingotti
als Direktor unterzeichnet, und ſo noch bei ihrer
Wiederholung im J. 1746. — Den Namen der
Kaiſer und ihrer Tochter, als Sängerinnen,
finde ich noch unter den Perſonen eines Prolog's
von 1743.

Die Lücken in Leſſing's obigem Verzeich=
niſſe auszufüllen, und es auf ähnliche Art wei=
ter fortzuſetzen, würde mich hier zu weit führen,
obgleich dieſe unſre ältern Singſpiele, beſonders
von Seiten der Subjekte, mehr Aufmerkſamkeit
verdienen, als man bisher darauf verwandt hat.
Selbſt das, was Hr. Wieland in ſ. Briefen
über die Alceſte (T. Merkur, v. J. 1773.)
hierüber ſagte, ſcheint dieſe Aufmerkſamkeit nicht
ſehr angeregt zu haben. Hier alſo nur noch ein
paar kleine Bemerkungen.

Zu der Oper, der gülbne Apfel, war
die Poeſie allerdings von Poſtel, und die
Muſik von Kaiſer. Von jenem iſt auch der
Text zum Herkules und Hebe. Die Wie=
derkeh

derkehr der güldnen Zeit ist von Breffand, der vornehmlich für die Wolfenbüttel-
sche Oper schrieb. (S. Adelung's Zuf. zum
Jöcher.) Eben dieser übersetzte die *Forza della
Virtù*, welche mit einer neuern Oper, Ana-
gilda, gleichen Inhalts ist. — Die Oper vom
Störtebecker soll einen gewissen Hotter
zum Verfasser gehabt haben. Der Bürgermeister, unter dem die Hinrichtung geschah, hieß
Simon Uetrecht; daraus machte der Verfasser
zwei Personen, welches er am Schluß des zweiten Theils entschuldigt. Im J. 1783 lieferte
Herr d'Arien eine neue Bearbeitung dieses
Subjekts in einem Trauerspiele, welches auch
in Hamburg aufs Theater gebracht wurde, aber
sich nicht lange erhielt. — Von der Penelope
hieß der erste Theil: Circe, oder, Ulyffes;
beide Theile sind von Breffand. — Im Nebukadnezar ist die Scene freilich possierlich
genug, wo ihn seine Geliebte, eine Medische
Prinzessin, unter den wilden Thieren antrift,
und er alle ihre Anreden nur mit seltsamen Ge-
behrden und viehischem Brummen beantwortet.
— Von Feind wurde noch in eben dem Jahre
1705 die Lukretia aufgeführt, die Kaiser
gleichfalls in Musik setzte, der wohl von allen

Komponiften die meiften Opern, nämlich über
hundert, fchrieb.

Scheibe, in feinem Kritifchen Mufi=
kus. St. 77, fetzt das Ende der eigentlichen
Hamburgifchen Opern ins Jahr 1737, und er=
zählt den Verfall derfelben umftändlich. Die
Kaifern und Monja, vorher ein Schneider,
hatten zuletzt die Direktion, die aber, weil fie
in Schulden geriethen, nur fehr kurz dauerte.
Hernach fpielte die Neuberifche Gefellfchaft
eine Zeitlang auf dem dortigen Operntheater,
ging aber bald darauf nach Petersburg; und
zuletzt wurden wieder italiänifche Opern unter
Mingotti's Direktion aufgeführt, die aber
im J. 1748 wieder fcheinen aufgehört zu haben.

Opiß. Daß die vortrefliche fchweizeri=
fche Ausgabe des Opitz durch die Dazwifchen=
kunft der elenden Trillerifchen ins Stecken
gerathen, ift ein wahrer Verluft für die deut=
fche Litteratur. Ihr größter Vorzug befteht
darin, daß ihre Beforger eine Menge den Sinn
völlig verftümmelnder Fehler, welche fich in die
letztern Ausgaben eingefchlichen hatten, durch

Gegeneinanderhaltung mit den erſten Original-
abdrücken verbeſſert haben. Wenn ſie nur immer die nämliche Aufmerkſamkeit angewandt
hätten! Eine Stelle, wo es nicht geſchehen iſt,
fällt mir eben jetzt in die Augen, da ich die
Schäferei von der Nymphe Hercynia
wieder durchlaufe. „An der Wand,‟ ſagt der
Dichter unter andern, bei Beſchreibung der
Grotte dieſer Nymphe, „waren unterſchiedne
„Hiſtorien mit Muſcheln und kleinen Steinen,
„und zwar ſo künſtlich, eingelegt, daß wir hin-
„zugingen, und es mehr für eines Apollens
„Werk, als für ſonſt etwas, anſahen.‟ —
Für eines Apollens? — Es muß unfehlbar
heiſſen Apellens. Denn der Dichter will ſagen, daß man dieſe eingelegten Kunſtſtücke eher
für ein feines Gemählde, als für ſonſt etwas,
hätte anſehen ſollen. Und ſo lieſt auch wirklich
die erſte Ausgabe von 1630 zu Brieg in Quart,
welche die Schweizer ſonſt zum Grunde gelegt
zu haben ſich rühmen.

Ich darf wohl nicht erſt bemerken, von welcher Ausgabe des Opitz hier die Rede ſey. Und
doch iſt ſie, bei aller ihrer Schätzbarkeit, da-

durch, daß sie unvollständig blieb, und nur der
erste Theil davon herauskam, fast so sehr in Vergessenheit gerathen, daß sie wohl einer besondern
Anzeige bedarf. Es ist nämlich die von Brei-
tinger und Bodmer, die sich nur mit den
Anfangsbuchstaben nannten, zu Zürich, 1745,
gr. 8. angefangne Ausgabe jenes so ehrwürdigen
Dichters; und das auf den Titel gesetzte Motto
aus dem Horaz:

Sic honor et nomen divinis vatibus atque
Carminibus venit,

würde noch mehr zugetroffen haben, wenn sie
wäre vollendet worden. Gottsched, und hernach Gebauer, gingen vorher schon mit der
Idee um, den Opiß herauszugeben; und als
das nicht geschah, kündigte Triller die seinige
an. Von dieser hoften die Schweizer in der
Vorrede, es würde bei ihrer Präexistenz im
Meßkatalog bleiben; allein sie erschien wirklich
im J. 1746, sogleich in vier Bänden, und hin-
derte, ihrer elenden Veranstaltung und Ver-
stümmelungen des Textes ungeachtet, den Absaß
und Fortgang der Zürcher Edition, die auch
durch die hinzugefügten, meistens sehr lehrrei-
chen, Anmerkungen schätzbar ist, und wohl einer
Vollendung würdig wäre, die ihr aber ihre

würdigen Urheber nun, leider! nicht mehr geben können. — Die beste vollständige Ausgabe vom Opitz ist nun immer noch die Amsterdammer, 1646, 12. Diese hat in obiger Stelle auch die Leseart: „Apollens."

***

Orkus. Bei den Lateinern heißt dieß Wort so viel als Pluto; im Griechischen aber bedeutet ὅϱϰος so viel als Eid; und in dieser Bedeutung ist es bisher von allen Gelehrten in der zweiten Zeile der Goldnen Sprüche des Pythagoras genommen worden. In dem Gentleman's Magazine vom Mai 1768 finde ich aber einen kleinen Brief, dessen Verfasser anderer Meinung ist, und glaubt, daß diese Zeile von keinem Ausleger bisher gehörig sey verstanden worden.

„Das sieht Jedermann, sagt er, daß die „fünf ersten Zeilen von den Pflichten gegen die „Götter und Menschen handeln; und zwar ge= „gen die Götter, Anfangs gegen die höhern, „und hernach gegen die geringern; in Ansehung „jener, erst gegen die himmlischen, und sodann

P 3

„gegen die unterirdiſchen Götter; welche Ord-
„nung auch in Anſehung der Götter vom ge-
„ringern Range iſt beobachtet worden."

„Alles dieſes iſt methodiſch, und des Ver-
„faſſers ſo edler Geſinnungen würdig. Und
„wenn das ſo iſt, ſo kann man ſich nicht genug
„wundern, wie der erſte Ueberſetzer den Eid
„mit unter die zu verehrenden Götter mengen
„konnte, indem er ὄρκος durch *juramentum*
„überſetzte, da er es durch *Plutonem* hätte
„überſetzen ſollen."

Um dieſe ziemlich unwahrſcheinliche Erklärung der Worte: και σιββ ὄρκον, beim Pythagoras, anzunehmen, müßte doch wohl erſt
erwieſen werden, daß dieß Wort auch bei irgend
einem andern griechiſchen Schriftſteller den
Pluto bedeute, wovon ich wenigſtens kein Beiſpiel finde. Es war auſſerdem noch zweifelhaft,
ob das lateiniſche Wort mit dem griechiſchen das
nämliche ſey. Orcum quem dicimus, ſagt Feſtus, ait *Verrius*, ab antiquis *Uragum*, quod
etiam *u* literae ſonum pro *o* efferebant, et pro
ϝ, *g* literae formam uſurpabant.

Orpheus. Unter den Schriften, welche unter dem Namen dieses Dichters noch vorhanden sind, ist auch ein Gedicht περι λιθων,
in welchem Theobamas, der Sohn des
Priamus, redend eingeführt wird, als den
Orpheus in den wunderbaren Kräften der
Steine unterrichtend. Dieser Orpheus kann
also auch der alte Orpheus, welcher, nach
dem Suidas, eilf Menschenalter vor dem
trojanischen Kriege lebte, gar nicht einmal seyn
sollen. Ja, Tzetzes giebt diesem Orpheus
auch eine ganz andre Mutter, Namens Me-
nipa, anstatt daß der alte Orpheus ein
Sohn des Oeagrus und der Kalliope war.
S. Gesner's Noten, S. 303.

Beim Stobäus wird dieses Gedicht vielmehr dem Onomakritus, als dem Orpheus, zugeschrieben; und auch Suidas
sagt, daß dem alten thrazischen Orpheus ein
Gedicht περι λιθων γραφης, das den Titel
Ὀγδοηκονταλιθος (de octoginta lapidibus
agens) gehabt, zugeschrieben worden, dessen
Verfasser aber Onomakritus gewesen sey.
Dieß Gedicht aber kann das nicht seyn, wel-

ches wir jetzt noch haben, weil es theils nicht
von der Skalptur der Steine handelt, und
dann auch lange nicht von achtzig, sondern
kaum von zwanzig Steinen.

Von einem neuern Dichter untergeschoben
ist es offenbar; weil zu den Zeiten des trojanischen Krieges die Edelsteine gewiß wenig oder
gar nicht bekannt waren, und ihrer Homer
sonst gewiß gedacht hätte, wenn er der damaligen Kostbarkeiten erwähnt.

Auch verräth es eine Philosophie, die für
diese Zeiten viel zu allgemein und systematisch ist.
Z. E. was dem Palamedes gegen Philok-
tet in den Mund gelegt wird (unter *Ophites*,
v. 61—75;): „daß die Erde den Menschen
gegen jedes Uebel ein Hülfsmittel gewähre:"

Ἀυτη γαια μελαινα πολυκλαυτοισι βροτοισι
Τικτει και κακοτηκα και αλγεος αλκαρ ικασε.

„daß die Erde die Erzeugerin aller Steine sey:"

Ἐκ γαιης δε λιθων παντων γενος, εν δ᾽αρα τοισι
Καρπος απειρισιον και ποικιλον — —

welches ganz in dem Sinne des Theophrast
gesagt zu seyn scheint, nach welchem die Mineralien aus dem Wasser, die Steine aber aus

der Erde erzeugt werden: ὑδατος μεν τα με-
ταλλυμενα· γης δε λιϑος τε και ὁσα
λιϑων περιττοτερα.   Ferner: „daß es eben
so viel Steine als Pflanzen gebe:"

— — ὁσαι βοτανοι, τοσσοι λιϑοι,

welches mit einer andern Hypothese der neuern
Naturalisten übereinkommt, nach welcher eine
jede Pflanze ihr eignes Insekt habe.

  Es ist so gut als völlig ausgemacht, daß
diejenigen Gedichte, die wir noch unter dem
Namen des Orpheus haben, gewiß nicht von
dem bekannten thrazischen Orpheus, obgleich
immer schätzbare Reste des frühern Alterthums
sind.   Die Schriften, worin darüber nähere
Untersuchungen angestellt sind, findet man vom
Hrn. Hofr. Harleß in s. Introd. in Hist. Lingu.
Gr. p. 15 nachgewiesen.   Das Gedicht von den
Steinen ist selbst seines Zeitalters wegen verdächtig, wegen der vielen darin vorkommenden
abergläubischen Ideen von der Zauberkraft der
Steine.   Auch findet sich darin eine Anspielung
auf eine Verordnung des Kaisers Konstanti-
nus, die, wenn sie nicht eingeschaltet ist, das
Gedicht erst in die zweite Hälfte des vierten
Jahrhunderts setzen würde.   S. vornehmlich die

P 5

einzelne Ausgabe dieses Gedichts: Περὶ λίθων,
de Lapidibus, Poëma Orpheo a quibusdam ad-
scriptum, gr. et lat. ex ed. *J. M. Gesneri*, re-
censuit notasque adjecit *Tho. Tyrwhitt*; Lond.
1781. 8.

Lorenzo Ottone. (S. unter Lorenzetto.) Er war ein Schüler des Ercole
Ferrata; und von ihm ist eine stehende heilige
Anna im Pantheon, die nebst der Madonna
des Lorenzetto eben daselbst, dem heil. An-
dreas von Flamingo, und der Religion von
le Gros, in der Kirche al Giesu, von
Winkelmann für die schönsten Figuren neuerer Bildhauerei erkannt werden. (Von Empf.
d. Sch. S. 12.)

Weder Venuti, noch Richardson, noch
Hr. v. Rambohr, gedenken der Statue der
heil. Anna von Lorenzo Ottone, oder vielmehr Ottoni, besonders. Füeßlin führt
von ihm an, daß er im J. 1691 ein Mitglied
der Akademie St. Lukas zu Rom gewesen sey,
und daß man in verschiednen römischen Kirchen
Arbeiten von ihm finde, unter andern die Statue

des Apostels Taddeus in der Kirche St. Johann von Lateran. Diese letzte erwähnt auch Hr. v. Ramdohr, Th. III, S. 281, unter den daselbst befindlichen zwölf Statuen aller Apostel, von welchen er aber sagt, daß sie auf der seligen Stufe der Mittelmäßigkeit stehen, die durch keine ausgezeichnete Vorzüge und Fehler das Auge besonders anzieht oder beleidigt. Uebrigens hatte auch dieser Ottoni mit einer Menge andrer Künstler, welche größtentheils von Füeßlin unter dem Artikel Alignini genannt werden, Antheil an den 140 steinernen Statuen, welche die berühmten beiden Säulengänge an der Peterskirche zu Rom zieren, und wozu Bernini die Zeichnungen verfertigte.

* * *

Orgel. Von wem, und wann sie erfunden, ist unbekannt. Der gewöhnlichen Meinung nach aber soll sie Papst Vitellianus ums J. 660 in die Kirchen eingeführt haben.

Worauf gründet sich also Navarrus, wenn er (de Orat. et horis canonicis, c. 16.) versichert, daß zur Zeit des Thomas von

Aquino, also um 1274, noch keine Orgel in der Kirche gewesen sey?

Er gründe sich aber worauf er wolle; so ist es doch gewiß, daß die Orgel schon früher eingeführt worden. Denn schon Theophilus lehrt Orgelpfeifen machen; und er lehrte nichts, was nicht damals schon dem Gebrauche der Kirche geheiligt war.

Freilich wohl mag die Orgel, welche Konstantinus VI. Kopronymus ums Jahr 742 dem Könige Pipin schickte, noch unförmlich genug gewesen seyn. Von ihr ist die Stelle beim Lambertus Schafnab. unter dem Jahre 758 nachzusehen, woraus Aventinus und Marianus Skotus ihre Nachrichten ohne Zweifel genommen haben.

Ueber die Erfindung der Orgeln, und ihre erste Einführung in die Kirchen hat man viele, und zum Theil mühsame, obgleich nicht ganz befriedigende Untersuchungen angestellt; und selbst das so allgemeine Wort, organum, welches ein jedes Instrument bedeuten kann, hat manche Mißdeutungen, und vermeinte frühere Auffindungen ihres Daseyns veranlaßt. Von

den Schriftſtellern, die theils hiſtoriſch, theils
theoretiſch, über die Orgeln geſchrieben haben,
findet man in J. Adelung's Anleitung zur
muſikal. Gelahrtheit, (Erf. 1758. 8.) S. 337 ff.
ein ziemlich vollſtändiges Verzeichniß; und in
den Hannöveriſchen Gelehrten Anzei-
gen v. J. 1754 ſteht St. 91 f. eine hiſtoriſche
Unterſuchung der Kirchenorgeln, worin ſich das
Meiſte hieher gehörige, obgleich ohne kritiſche
Würdigung, beiſammen findet. Hawkins
hat in ſeiner General Hiſtory of the Science and
Practice of Muſic, (Lond. 1776. 5 Voll. 4.)
Vol. I. p. 398 ff. und an mehrern Orten, die
das Regiſter des fünften Bandes nachweiſt, verſchiedne merkwürdige Alterthümer der Orgeln
geſammelt; und am neueſten hat Dr. Burney
in ſ. General Hiſtory of Muſic die davon noch
vorhandenen Nachrichten mitgetheilt. Aus ihm
will ich hier nur einige der vornehmſten Umſtände kurz berühren.

Die hydrauliſche, oder Waſſerorgel iſt, wie
bekannt, ſehr alt, und vom Vitruv (L. IX.
c. IX.) beſchrieben. Man ſehe darüber Dr.
Burney, Vol. I. p. 512. — Hier aber iſt nur
von unſern gewöhnlichen Windorgeln die Rede;
und von ihnen findet ſich die früheſte Spur in

einem Sinngedichte der griechischen Anthologie,
(L. I. c. 86. 8.) welches Dr. B. mittheilt, und
welches dem Kaiser Julian dem Abtrünnigen
beigelegt wird, der in der zweiten Hälfte des
vierten Jahrhunderts lebte. Die darin gegebne
Beschreibung kommt wirklich mit der Einrich=
tung unsrer Orgeln ziemlich überein. Zur Zeit
Kassiodor's, im Anfange des sechsten Jahr=
hunderts kamen die Wasserorgeln fast ganz ab,
und man führte Windorgeln mit Blasebälgen
ein, die mit der Hand niedergedrückt wurden.
Dem Papst Vitalianus, im siebenten Jahr=
hunderte, wird die erste Einführung der Orgeln
in die Kirchen zu Rom beigelegt; und nach
Frankreich soll die erste Orgel von Konstantino=
pel aus als ein Geschenk von dem Kaiser Kon=
stantinus Kopronymus im J. 757 an den
König Pipin gesandt seyn; so, daß man also
in Griechenland wohl gewiß die erste Erfindung
der Windorgel, wie der Wasserorgel, zu suchen
hat. In einem berühmten römischen Missal aus
dem zehnten oder eilften Jahrhundert, welches
unter den Barberinischen Handschriften Nro.
1854 befindlich ist, stehen die Worte: „Hic ca-
nere incipit clericus cum organis.” Und nach
Mabillon und Muratori wurden die Or=

geln sowohl in Italien, als in Frankreich, England und Deutschland, im zehnten Jahrhunderte
sehr gewöhnlich.

Lambertus Schafnaburgensis, der
um die Mitte des eilften Jahrhunderts lebte,
bemerkt in s. Hist. Germanor. (s. *Struvii* Scriptt.
Rer. Germ. T. I. p. 310.) beim Jahre 756:
„Organa primum missa sunt Pipino ex Graecia.''
— Marianus Skotus, der noch in eben
dem Jahrhunderte lebte, scheint doch den Lambert von Schaffenburg nicht abgeschrieben zu haben, ob er gleich in seiner Chronik
(s. *Struv.* T. I. p. 633.) nichts weiter hierüber
sagt, als bei dem J. 757: „Organum primitus
venit in Franciam, missum Pipino regi a Con-
stantino imperatore de Graecia.'' — Eben so
wenig möchte Aventinus diese Nachricht aus
jenen beiden genommen haben, die in s. Annal.
Boior. (Ingolst. 1554. fol.) p. 300, so lautet:
„Munera Imperatoris, quae a legatis defere-
bantur, erant instrumentum Musicae maximum,
res adhuc Germanis et Gallis incognita; Orga-
non adpellant. Cicutis ex albo plumbo com-
pactum est, simul et follibus inflatur, et ma-
nuum pedumque digitis pulsatur.'' Nur scheint
Aventinus in diese Erzählung die Beschrei-

bung der Orgeln, wie sie zu seiner Zeit waren,
willkührlich hinein gebracht zu haben. Im achten Jahrhundert hatten sie schwerlich schon diese
ganze Einrichtung; wenigstens ist die Erfindung
des Pedals gewiß viel neuer. Sie wird gemeiniglich erst ins Jahr 1480 gesetzt, und einem
Deutschen, Bernhard, beigelegt, der sich
lange zu Venedig aufhielt. S. M. Anton. Cocc.
Sabellici Rhapsod. Hist. Ennead. VIII. „Sixti V.
Pontificis tempore musicae artis virum, omnium,
qui unquam fuerunt, sine controversia praestan-
tissimum, plures annos Venetiae habuerunt,
cognomento Teutonem. Primus hic in Organis auxit numeros, ut et pedes quoque juvarent
concentum funiculorum attractu."

Der Theophilus, dessen Lessing oben
erwähnt, ist Theophilus Presbyter, in
dessen Diversarum Artium Schedula das letzte
Kapitel (L. III. c. 76.) de Organis handelt, und
zur Verfertigung der Orgelpfeifen Anleitung
giebt. S. die Lessing. Beiträge z. Gesch. u.
Litt. a. d. Wolfenb. Bibl. St. VI. S. 422 ff.

———————

P.

P.

Papirius. „Der vermeinte Papi-
„rius mit seiner Mutter, eine Gruppe in der
„Villa Ludovisi, stellt vielmehr die Phädra
„und den Hippolytus vor." Winkelmann, Gesch. d. K. Vorr. S. XII. — Hat
Winkelmann diese Entdeckung zuerst gemacht,
oder Webb?

Hingegen findet Havercamp, in der
Vorrede zum Manilli, den Papirius in
einer Statue, die M. für einen jungen Nero
ausgiebt: Puerum ipsum, Patricium, cujus
aetas maturo oris silentio nobilitata fuit,
dependente ad pectus bulla, expreſſit
Perrierius Tab. **XL.** *Neronis* puerilem ima-
ginem fruſtra cernis vocari a noſtro, p.
39. F.

Winkelmann iſt nicht der erſte, der
diese Gruppe für Phädra und Hippolytus nahm;
sondern schon Maffei war der erſte, der bei
der Abbildung derselben in ſ. Racc. n. 63. dieß
Subjekt darin muthmaßte. Nicht aber Webb,
sondern H. H. Füeßlin, in seinem vor Webb's

Unterſuchung des Schönen in der Mahlerei (Zü‐
rich, 1766. 8.) befindlichen Schreiben an den
Ueberſetzer, S. LXXI, trat dieſer Vermuthung
bei, und ſetzte hinzu, daß er ſich dieſelbe faſt
mit völliger Gewißheit zu behaupten getraue;
wovon er auch verſchiedne Gründe beifügt.
Winkelmann aber, der am angef. O. dieſe
Deutung gleichfalls annahm, änderte in der
Folge ſeine Meinung, und hielt dieſe Gruppe
für Oreſt und Elektra. Dieß könnte ſie
auch, wie Hr. v. Rambohr (Th. II. S. 205)
bemerkt, ſchon eher vorſtellen, weil nicht die
Zärtlichkeit zweier Liebenden, ſondern eher brü‐
derliche oder kindliche Zärtlichkeit in dem Aus‐
druck der Geſichtszüge ſichtbar iſt. Uebrigens
iſt hier die Deutung ſehr willkührlich, und ſie
iſt daher auch ſo verſchieden ausgefallen; ſogar
hat man oft beide Figuren für männliche gehal‐
ten. So nimmt z. B. Sandrart ſie für den
Aurel und Lucius Verus; und Perrier
ſchlechtweg für zwei ſich umarmende Brüder.
Uebrigens hat Hr. v. R. eine nähere Prüfung
angeſtellt, wie viel an dieſem Kunſtwerke wahr‐
ſcheinlich antik, und wie viel daran neu und er‐
gänzt ſey.

Der junge Römer in der Villa Borghese, mit der Bulla vor der Bruſt, wird noch immer ein junger Nero genannt, wie ich bei Hrn. v. Rambohr, Th. I. S. 317 ſehe; freilich wohl eben ſo willkührlich, als ihn Havercamp für einen jungen Papirius nahm. Beim Perrier heißt er doch nur *Puer Patricius*.

Pasquin. Bernini hat den Pasquin für die ſchönſte aller alten Statuen gehalten. Was Winkelmann hierüber ſagt, ſ. Geſch. d. Kunſt, Vorrede, S. XII.

Von dem Urſprunge dieſes Namens finde ich eine merkwürdige Stelle in *Greſſeri* Itinerario (Baſil. 1624. 8.) p. 229, worin zugleich die zuverläſſigſte Nachricht davon nachgewieſen wird: „Pasquillus ſartor Romanus, atque adeo pontificius, mira in reprehendendis aulicorum, Cardinalium, ipſorum quin etiam Pontificum, vitiis libertate et impunitate, occaſionem dedit aulicis literatis, ut ſcripta quaelibet famoſa, incerto auctore edita, in Pasquillum referrent.

Eo mortuo cum prope tabernam ejus in Parione ftatua marmorea gladiatorio habitu effoffa effet, et eodem loci in via publica erecta, populari joco Pasquillus appellari coepit, quod illic ob dicacitatem notiffimus magifter Pasquinus habitaffet. Vulgi ludum aulicorum confirmavit auctoritas, et qui viva voce hominum mores publice infectatus erat, mortuus fola memoria fua Epigrammatophori munus fubiit, cum ftatuae huic fcripta maledica omnis generis noctu affigerentur, quae a loco ipfo Pasquilli nomen fibi vindicarunt. Haec *Antonius Tibaldus* Ferrarienfis fenex honeftiffimus a fe Romae vifa teftatus eft; cujus narrationem *Ludovicus Caftelvetrus* Mutinenfis fuis in hymnum *Annibalis Cari* animadverfionibus inferuit, ut ex non vulgata hiftoria Pasquilli munus effe probet, politica tantum, non literaria; eaque non obfcura et levia, fed gravia et manifefta errata; non plebejorum, fed clariffimorum hominum; non erudita, fed populari lingua, inceffere: quod fartor

ille Pasquinus, in notiſſimis tantum ob
hominum ſplendorem et rerum atrocita-
tem factis, plebeja hac maledicentia fuerit uſus.''

Von der Statue, oder vielmehr dem Torſo
Pasquino, aus weiſſem Marmor, der zu Rom
an der Ecke des Pallaſtes Orſini ſteht, findet
man eine Abbildung in Sandrart's Akademie,
Th. I. lit. *i.* Sandrart ſagt, ſie werde für
das Bild eines Ringers, oder des Mars, oder
irgend eines Soldaten gehalten; andre haben
ſie ſogar für einen Alexander genommen.
Er führt von der Entſtehung des Namens die
bekannte Geſchichte an, die auch, der Haupt-
ſache nach, in der obigen lateiniſchen Stelle
enthalten iſt, nur daß hier Pasquin ein Schneider, und ſonſt gewöhnlich ein Schuhflicker heißt,
wenn anders ſartor nicht auch dieß letztere bedeuten kann. Venuti in ſ. Deſcr. Topogr.
delle Antichità di Roma, T. I. p. 81, bemerkt,
daß ſie auf der Stelle, wo jetzt der Pallaſt Orſini ſteht, ſey gefunden worden, und nennt ſie
il bel Torzo, detto volgarmente di *Pasquino,*
così celebre, e che veramente non rappreſenta,
che un ſoldato; e forſe ancora queſta Statua

Q 3

sarà stata un' ornamento del Circo. — Herr
v. Rambohr, Th III. S. 368, sagt über das
von Winkelmann gerügte Urtheil des Ber=
nini: „Wenn B., wie man behauptet, gesagt
hat, daß dieser Sturz das schönste Ueberbleibsel
des Alterthums sey, so ist dieß wahrscheinlich
auch nur ein witziger Einfall, im Geschmack des
Pasquins, auf die Vorliebe des Michel
Angelo zu dem berühmten Torso di Belvedere.
Inzwischen, Verdienst hat das Stück immer;
nur muß die Maaße nicht übertrieben werden.
Es ist zu sehr beschädigt, um mit Zuverlässigkeit
darüber zu urtheilen." Auch er hält die Haupt=
figur für einen Krieger, der seinen verwundeten
Kameraden aus der Schlacht wegbringt; und
Fea in s. italiän. Uebers. der Winkelmann.
Gesch. d. K. sagt, T. I. Pref. p. 26, der ver=
storbene Abbate Visconti habe darin den
Menelaus mit dem Leichname des Patro=
klus bestimmt wieder erkennen wollen.

Die Schrift des Castelvetro, in welcher
die Originalerzählung vom Pasquin vorkom=
men soll, habe ich nicht auftreiben können. Ohne
Zweifel ist es die: Ragione di alcune cose se-
gnate nella Canzone di Annibale Caro: *Venite
all' ombre de' gran Gigli d'oro;* die im J. 1560 in

Venedig gedruckt wurde. Die Streitigkeit,
welche durch Castelvetro's nicht einmal durch
den Druck bekannt gemachte, sondern nur einem
Freunde auf sein Verlangen schriftlich mitge=
theilte Kritik über eine Obe des Caro auf das
königl. Haus Frankreich, entstand, ist in der
poetischen Literargeschichte der Italiäner berühmt
genug. Caro und seine Freunde rächten sich
dafür an dem Castelvetro auf eine wahrhaf=
tig unmenschliche Art, spielten ihn der Inqui=
sition in die Hände, deren Verdammungsurtheil
ihn zur Flucht nöthigte, und seinen Tod beför=
derte. Man sehe über die darüber gewechselten
Schriften Muratori's Lebensbeschr. des Ca=
stelvetro vor seinen zu Bern (Venedig) 1627.
4. von Argelati herausgegebenen Opere Varie
Critiche, p. 24 ff. *Crescembeni* Storia della Vol-
ger Poesia, T. II, p. 431 ff.; und *Fontanini* Bi-
bliot. dell' Eloquenza Ital. ed. *d'Apost. Zeno,*
T. II. p. 71 ff. — Auch findet man das vor=
nehmste davon in Niceron's Leben des Ca=
stelvetro erzählt.

* * *

Pembrokisches Kabinet. Zu
Wilton in England. Die Statuen dieses Kabi=

nets hat **Carry Creed** auf vierzig Blättern
in gr. 4. aber ſchlecht, geätzet. Vier davon werden einem alten griechiſchen Meiſter, **Kleo-
menes**, beigelegt; über welches, und andre
betriegliche Vorgeben dabei, **Winkelmann**
ſpottet. Geſch. d. K. Vorrede, S. XIV.

Eine Beſchreibung von **Wilton**, und den
dortigen Sammlungen von Alterthümern und
Kunſtſachen, findet ſich in einem engliſchen Buche, das den Titel hat: Six Week's Tour.
(S. *London - Magazine*, April, 1768.) Von
der Statue der **Venus** in dem Vorhoſe heißt
es: it is the ſame as was ſet up before
the temple of *Venus Genetrix*, by *Julius
Caeſar*. Das glaube ſonſt einer!

Eine Abnehmung vom Kreuze von **Albrecht Dürer** daſelbſt wird ſehr gelobt: it
conſiſts of eleven figures of the moſt ca-
pital expreſſion. The bloody body of
Chriſt is wonderfully painted. — It is
by far the greateſt work I have ſeen of
this maſter's, and which ranks him with
the greateſt of painters.

Von der in ihrer Art äußerst schätzbaren
Gräfl. Pembrokischen Antiken- und Ge-
mähldensammlung, die an Menge und Schönheit außer Rom und Florenz schwerlich ihres
Gleichen hat, und zu Wiltonhouse in der Grafschaft Wiltshire befindlich ist, giebt es mehrere Beschreibungen. Die erste gab ein Italiäner, Gambarini von Lukka, zu London 1731.
8. heraus. In eben dem Jahre noch erschien
ein englisches Verzeichniß der dortigen Kunstwerke von Cowdry, die zu Florenz, 1754, 12.
ins Italiänische übersetzt wurde. Von den Münzen erschien 1746, fol. ein besondres Verzeichniß,
Numi Pembrokiani betitelt; und von den Statuen lieferte Carrey Creed 70 Blätter in 4.
in Perrier's Manier geätzt. Die bekannteste Beschreibung ist die von James Kennedy, die 1758. 8. zuerst gedruckt wurde, und
von der ich die im J. 1774 gelieferte sechste Ausgabe vor mir habe. In eben diesem Jahre
machte Kennedy auch eine größere Beschreibung in Quart unter eben dem Titel, wie jene
kleinere bekannt, die vor dieser nichts weiter
voraus hat, als 25 Kupfer von den merkwürdigsten Stücken, und eine vorangesetzte Nachricht
von dem ersten Sammler derselben, Thomas

Q 5

Grafen von Pembroke, der zu Anfange dieſes Jahrhunderts das Beſte aus den Sammlungen der Kardinäle Richelieu und Mazarin, des Prinzen Giuſtiniani, des Grafen Arundel und Valetta, zuſammen kaufte. Mit größerer Einſicht und Kritik aber, als Kennedy's Arbeit, iſt folgende Nachricht von dieſer Sammlung geſchrieben; die von allen die beſte iſt: *Aedes Pembrokianae*; or a Critical Account of the Statues, *etc.* — — of Wilton - Houſe, formed on the Plan of *Spence's* Polymetis — — By *Richardſon*; Lond. 1774. 8. — Auch in der von L. angeführten Six Week's Tour, p. 159 ff. in dem Buche, The Engliſh Connoiſſeur, Vol. II. p. 118, u. a. m. findet man Nachrichten von dieſer Kunſtſammlung. S. auch Dr. Volkmann's Neueſte Reiſen durch England, Th. I. S. 477 ff. Nach ſeiner Angabe beſteht die ganze Sammlung gegenwärtig aus 56 Statuen und Gruppen, 173 Büſten, einer Menge von Basreliefs, Altären, Vaſen, Sarkophagen, Gemählden, u. ſ. f. und füllt nicht weniger als achtzehn Zimmer.

Es iſt nicht bloß eine Statue der Venus, ſondern eine 13½ Fuß hohe Säule von ägyptiſchem weiſſen Granit, worauf eine Statue der

Venus befindlich ift. Alle oben angeführte
Befchreibungen, den einzigen Richardfon
ausgenommen, nennen dieß Kunftwerk als das
erfte und vornehmfte, und geben vor, die Säule
habe ehedem in Rom vor dem Tempel geftanden,
den Julius Cäfar der Venus Genetrix
weihte; die alte Statue fey zwar noch darauf
befindlich gewefen, aber fehr befchädigt, und
der Graf Arundel, der ehedem diefe Säule
befaß, habe die gegenwärtige Statue, nach den
Maaßen und Verhältniffen der alten geformt,
darauf fetzen laffen.

Richardfon, wie gefagt, ift der einzige
unter den Befchreibern diefer Sammlung, der
in feinem oben angezeigten Werke diefem Vorgeben widerfpricht. Evelyn, fagt er, der diefe
Säule zu Rom für den Grafen Arundel kaufte,
wurde mit jenem Vorgeben von den italiänifchen
Antiquaren hintergangen, die ihn verficherten,
Cäfar habe diefe Säule und Statue aus Aegypten mitgebracht, wo fie der morgenländifchen
Göttin Aftarte, die mit der griechifchen Venus einerlei gewefen, fey errichtet worden.
Dieß letztre zu beftätigen, berief man fich auf
eine an der Säule befindliche Infchrift, die man
beim Kennedy u. a. nachfehen kann. Ri-

charbfon erinnert dagegen: daß der Granit
nicht ägyptifch, nicht roth noch fchwarz, fondern
italifch, weißlich mit kleinen fchwärzlichen Fle=
cken fey; daß die Säule höchft wahrfcheinlich zu
einem kleinen römifchen Tempel gehört habe;
daß die Infchrift gewiß fey untergefchoben wor=
den, wie man aus den Schriftzügen fehe, und
daß fich daraus das Wort Aftarte nicht anders
als äußerft gezwungen herausbringen laffe. Hiezu
kommt noch, daß Aftarte bloß eine fyrifche,
nicht eine ägyptifche Göttin war. Bei dem allen
erkennt R. diefe Säule, ihrer vorzüglichen
Schönheit wegen, für ein fchätzbares Denkmal
der alten Baukunft. Die Bafe und das korin=
thifche Kapital find modern. Die Statue der
Venus ift von Blei; und fie hat eine niederge=
bogne, befcheidne Stellung. Auch dieß ftimmt
mit der antiken Vorftellungsart der Venus
Genetrix nicht überein, von welcher man
Larcher's Mémoire fur Venus (Par. 1775. 8.)
p. 227 ff. und Heynen's Antiquar. Auff. I.
S. 131 und 160, nachfehen kann.

Von Albrecht Dürer's Abnehmung vom
Kreuz f. Kennedy's Defcription, p. 99. Die
eilf darauf befindlichen Figuren find: Chriftus,
Maria, Jofeph von Arimathia, zwei Männer,

Johannes, Maria Magdalena, Maria des Kleo-
phas, Nikodemus, und noch zwei Mannsfigu-
ren. Die Größe des Gemähldes wird nicht angegeben.

Franz Perrier. Von seinen Sta-
tuen, die, so viel ich weiß, keine Erklärung bei
sich haben, unter denen er auch nicht angiebt,
wo die Originale zu finden sind, hat Havercamp in der Vorrede zum Manilli (*Burmann*. Thes. Ital. T. VIII. P. IV.) verschiedene nachgewiesen.

Die Sammlung besteht aus hundert Blättern in kl. fol. von ihm selbst gezeichnet und gestochen, und zu Rom 1638 herausgegeben. Auf
diesen hundert Blättern befinden sich die vorzüglichsten Werke der alten Bildhauerkunst in und
um Rom, deren verschiedene von mehr als Einer
Seite vorgestellt sind. Der einzige Moses von
Michel Angelo (Nr. 20.) ist von neuern
Werken darunter, als ein Stück, wie es im
Index heißt, vetuftatis miraculis annu-
merandum.

Unter den Blättern selbst steht keine Erklärung, sondern zum Schluſſe iſt ein Index beigefügt, welcher die nämlichen Namen der Statuen mit dem Orte, wo ſie ſich befinden, enthält. In demſelben aber ſteht manches, was ganz ohne Grund iſt. Z. E. von dem Centaur, auf welchem ein kleiner Amor reitet, in der Villa Borgheſe, heißt es: ejusdem opificis, cujus et Laocoon. Alſo des Ageſander, oder eines ſeiner Gehülfen. Aber woher weiß man das? Aus einer Unterſchrift des Centaurs? oder aus der Aehnlichkeit der Arbeit? — Nr. 13 ſoll der Kaiſer Kommodus ſeyn, als Fechter vorgeſtellt. Aber Gronov und Smid nennen ihn weit ſchicklicher einen Antäus. S. des letztern Scena Trojana.

Die Sammlung des Perrier hat keinen beſondern Titel, ſondern bloß ein geätztes Frontiſpiz, wo auf dem Fußgeſtelle des Wappens des Marquis von Montfort, eine Zuſchrift an dieſen in lateiniſchen Verſen, und darunter *Franciscus Perrier*, mit der Jahrzahl 1638 ſteht. Unmittelbar unter dieſer: Romae, ſuperiorum permiſſu; aber ganz unten: à Paris, chez la veufve de deffunct Perier, u. ſ. f. Die Blätter ſind von ihm ſelbſt gezeichnet und radirt; aber nur unter dem erſten, dem Laokoon, ſteht der ganze Name des Künſtlers; unter den folgenden das Monogramm F B, d. i. *Franciscus Perrier Burgundus*, wie es auch Chriſt S. 183 deutet. Man ſehe über ihn den Artikel beim Füeßlin, S. 492 der Folioausgabe. Beim Hrn. von Murr (Biblioth. de Peint. p. 214.) finde ich noch eine durch van Dalen und Peter Schenk, zu Amſterd. 1702, fol. beſorgte Ausgabe, und eine Römiſche, 1645, fol. angeführt; auch Figures antiques deſſinées à Rome, par *Fr. Perrier*, Paris, 8vo, 20 Blätter.

Perſpektiv. Eine Art von Proſpekten, in welchen die Perſpektiv nicht ſo genau beobachtet iſt, nennen die Italiäner Vedute; und Metelli war ihr Erfinder.

Lambert hatte den Anfang von dem geſehen, was ich im erſten Theile der Antiquariſchen Briefe von der Perſpektiv der Alten geſagt hatte, und ſchrieb an Hrn. Nicolai auf einem Zettel darüber: „Die Probebogen „sind ihres Verfassers und des Lesens würdig. „Die Untersuchung über die Perspektiv, ihren „ersten Erfinder, u. s. f. könnte lehrreich und „wichtig werden. Hr. L hat unstreitig Recht. „Euklid's optische Schriften würden damit „angefüllt seyn, wenn die Erfindung nicht viel „neuer wäre. Albrecht Dürer, ein Deut⸗ „scher, hat eigentlich das Eis gebrochen, un⸗ „geachtet vor ihm Piedro del Borgo etwas „darin versuchte. Roger, Baco und Porta „waren nahe dabei."

Agostino Metelli, geb. zu Bologna, 1609, war als Frescomahler berühmt, und starb zu Madrid im J. 1660. — Malvasia (Felsina Pittrice, T. II. p. 414.) sagt von ihm: „Fù egli primo inventore di quelle Prospettive, che per non voler regolare con tanta stitichezza d'un solo punto, volle chiamare *Vedute*, che poi sono state seguite dal *Santi*, dall' *Alboresi*, e più, e con maggior applicazione e fortuna dal *Monti⸗celli*, tutti suoi allievi." Uebrigens weiß man, daß jetzt die Italiäner das Wort *Vedute* eben so allgemein brauchen, als die Franzosen *Vues*.

und

und wir Aussichten oder Prospekte. Wie
es scheint, mahlte Metelli mehr auf den Effekt, als mit ängstlicher Anhänglichkeit an die
Regeln der Perspektiv, die beim Frescomahlen,
besonders an Plafonds, ihre eigne Anwendungsart haben, wobei Genie und Geschmack gewiß
eben so sehr, als Studium, wirken.

———————

Petron. Die Litteratoren sind uneinig,
wem die Anmerkungen über den Petron eigentlich zuzuschreiben sind, die sich in der Goldastischen Ausgabe zu Frankf. a. Mayn, 1610.
8. unter dem Namen Georg Erhard's befinden. Denn dieser Georg Erhard ist ein
Pseudonymus; und die Verfasser der Hist.
Litt. de la France (T. I. P. I. p. 204.)
drücken sich sehr falsch aus, wenn sie von gedachter Ausgabe sagen: Une autre à Francfort sur le Mein, avec les observations
de divers Savans. On l'attribue à *George
Erhard*; qui s'y est caché sous un nom
emprunté. Das heißt, G. Erhard habe
sich unter einem erborgten Namen versteckt.

Erhard ist vielmehr dieser erborgte Name
selbst; und sie haben sagen wollen, daß entweder M. Casp. Lundorp, oder Goldast darunter verborgen liege.

Jenes versichert Joh. Pet. Lotichius;
dieses aber war des Daumius Vermuthung,
die er in einem Briefe an den Placcius
äußerte. (S. des letztern Theatr. p. 256, de
Script. Pseudon.) Jenes haben Colome-
sius, Baillet, Fabricius, Jöcher, u. a.
nachgeschrieben, und es ist die allgemeine Meinung geworden; dem ungeachtet halte ich dieses
für gegründeter. Worauf sich Daumius selbst
gegründet habe, weiß ich nicht; genug, ich
gründe mich auf folgendes:

Erstlich heißt es in der Ueberschrift des
poetischen Kompliments, welches Joh. Ph.
Pareus der Ausgabe vorangesetzt hat: Ad
Goldaſtum, cum *Pet onii Arbitri* Satyricon
in lucem ederet, ſuis aliorumque notis
caſtigatum. — *Suis* notis; alſo ſollen doch
Goldaſtiſche Noten bei dieſer Ausgabe ſeyn.
Welche aber könnten es ſeyn, wenn es nicht die
Erhardiſchen wären? Es iſt wahr, Gol-

baft wird darin selbst verschiedentlich angezo=
gen, und hin und wieder nicht ohne Ruhm.
(Als, p. 527, eleganter *Goldastus*; p. 540.
601. 605. 629. u. s. w.) Aber dieses ohne
Zweifel nicht sowohl aus Eitelkeit, als vielmehr,
um desto leichter glauben zu machen, daß Er=
hard und Goldast zwei verschiedne Perso=
nen wären.

Zweitens zeigt sich in den Erhardi=
schen Noten eine große Belesenheit in den
Schriftstellern der mittlern Zeiten, und beson=
ders in den alten deutschen Dichtern des schwä=
bischen Jahrhunderts. Von wem aber ist diese
wohl eher zu vermuthen, als von Goldast?
Oder vielmehr, wer anders, als Goldast,
hatte den Gebrauch dieser damals so unbekann=
ten Schätze?

Es ist so gut als ausgemacht, daß die ange=
führte Ausgabe des Petron, und die dabei un=
ter dem Namen Geo. Erhard befindlichen No=
ten, von keinem andern, als von Goldast, sind.
Auch sagt Placcius am angef. Orte nur, daß
Lotich die vor dieser Edition befindlichen ὁμο-
λογουμενα s. Elogia, teſtimonia et judicia de.

Petronio dem **Lundorp** vindicirt habe. Auch
irrt **Leſſing** ſich, wenn er den **Fabricius**
unter diejenigen ſetzt, welche dieſe Ausgabe Petron's dem **Lundorp** beilegen. Er eignet ſie
vielmehr geradehin dem **Goldaſt** zu, und führt
als Beweiſe davon gleichfalls die vor der Ausgabe ſtehenden Glückwünſche des **Pareus** und
Althus an; auſſerdem aber noch einen, auch
von **Burmann** gebrauchten, und ohne Zweifel
noch bündigern Grund, daß nämlich in der
Stadtbibliothek zu Bremen unter den dort befindlichen Goldaſtiſchen Handſchriften eine
Menge von Anmerkungen über den **Petron**
aufbewahrt werden, unter welchen alle dieſe
unter dem Namen **Erhard's** jener Ausgabe
beigefügte, und noch weit mehrere, vorkommen.
S. *Fabricii* Biblioth. Lat. L. II. c. XI. — Uebrigens iſt dieſe Ausgabe in der Folge Lugd. 1618.
Francof. 1621 8. und Genevae, 1629. 4. wiederholt worden. **Fabricius** beſchreibt ihre
Einrichtung umſtändlich.

Oktavius Petrucius. Aus Foſ-
ſombrone; ſoll zuerſt den Druck muſikaliſcher
Noten erfunden haben. Ich lerne dieſes aus

einem Buche, wo man es schwerlich suchen sollte:
aus des *Thomae Actii* Forosempronienſis
de Ludo Scacchorum in legali methodo
tractatu, welcher zu Peſaro 1583 in 4. gedruckt,
und auch dem Oceano Juris mit einverleibt
iſt. Dieſer Actius lehrte die Rechte um dieſe
Zeit zu Peſaro; und ſein Werk beſchreibe ich an
einem andern Orte. (S. Schachſpiel.)
Da nun, wo er von der Erfindung jenes Spiels
handelt, (Quaeſt. III.) gedenkt er §. 8. der
Ehre, welche ehedem den Erfindern überhaupt
erwieſen worden, und ſagt: Unde invento-
res alicujus rei olim inter deos colloca-
bantur, ut tradit *Vincentius Caſtellanus,* do-
ctiſſimus praeceptor meus in humanioribus
bus literis, in ſuo opuſculo de nobilitate
civitatis Foroſempronii; quod ſervatur in
archivo civitatis praedictae, ubi refert,
Octavium Petrucium Foroſempronianum
adeo valuiſſe ingenio et uſu, ut primus
omnium excogitarit rationem ad impri-
mendas plumbo notas muſices; quae res
poſtea magnum mortalibus omnibus attu-
lit commodum. Von dem Drucke der muſi-

kalischen Noten ist doch wohl hier unstreitig die.
Rede. Denn obschon die Worte allenfalls auch
von der Art und Weise zu verstehen seyn könn=
ten, die Noten in zinnerne oder bleierne Tafeln
zu stechen, und so abzudrucken; so würde dieses
doch nur eine sehr kleine Erfindung des Pe=
trucci gewesen seyn, von der es sich schwerlich
der Mühe verlohnt hätte, so viel Aufhebens
zu machen.

Nun wäre zu untersuchen, wann dieser
Ottavio Petrucci gelebt habe, und wer er
gewesen sey. Ob ein Buchdrucker, oder sonst
ein Künstler oder Gelehrter. Auch ist, so viel
ich weiß, das Werk des Castellanus, de
Nobilitate civitatis Forosempronii, nie ge=
druckt worden. Bis ich also dieses erfahre, will
ich mir auf allen Fall die alten Drucke anmer=
ken, in welchen sich musikalische Noten finden.
Z. E. Flores Musice omnis cantus Grego-
riani. Impreſſum Argentinae per *Jo.
Pryſs*, 1488. 4. (W. B. 399. 7. Th. 4.) —
Musices non inutile Compendium. Impreſſum Venetiis, 1498. 4. per *Jo. Bapt.
Seſſam.* (69. Quodl. 4.)

Um den hier berührten Gegenstand, die Erfindung des Notendrucks, besser erörtern zu können, befragte ich den um die große Verbesserung
derselben so sehr verdienten, und in typographi-
schen Alterthümern so vorzüglich erfahrnen Hrn.
Breitkopf in Leipzig darüber, und theilte
ihm den von Lessing bemerkten litterarischen
Umstand mit. Ich erhielt von seiner Freundschaft folgende Antwort:

„Ich kenne das Buch nicht, welches Hrn.
Lessing den Ottavio Petrucci bekannt gemacht hatte; aber wohl den Mann, dem die
Erfindung der gegossenen Musiknoten darin
zugetheilt ward; doch aus einer andern Quelle,
aus *D. Giacinto Gimma* Idea della Storia dell'
Italia Letterata, wo T. II. c. 50. Art. 9. delle
Stamperie Italiane, p. 829, gesagt wird: „Le
Note di Musica s'intagliavano prima, e le file
delle righe nel legno in maniera, che, stampata
una righa, non valeva più nulla; vuole *Tomaso
Azzio* da Fossembrone, che *Ottavio Petrucci*
della sua patria sia stato il primo, che formò le
note di stagno con diverse misture, come lettere, atte a potersi mettere e distribuire sopra
e fra le righe, e dove bisogna." — Da ich dieß
Buch selbst nicht gesehen habe, das 1723 in zwei

Theilen in 4. in Venedig gedruckt ist, so kann
ich das Jahr nicht bestimmen, wann dieser Petrucci die Erfindung gemacht haben soll. Aus
der Angabe aber, daß seine Erfindung gleich auf
den Notendruck in Holzschnitt gefolgt seyn soll,
muß es in den Anfang des sechszehnten Jahrhunderts fallen, und eben die Art von Choral-
noten gewesen seyn, die noch in den Chören der
katholischen Kirchen gesungen werden, und vorher in Holz geschnitten worden waren. Vermuthlich aber ist es nur zu verstehen, daß er dergleichen Noten, die wie andre Schrift gegossen
waren, zuerst in Italien gebraucht habe;
denn dieß ist bei ähnlichen Fällen eben so auszu-
legen gewesen. Wenigstens wird in einem musikalischen Werke: Melopojae five Harmonia Te-
tracenticae &c., welches Erhard Oglin in
Augsburg 1507 gedruckt hat, in der Unterschrift
eben dieß zu seinem Lobe gesagt:

Inter Germanos noftros fuit Öglin Erhardus,
   Qui primus nitidas preffit in aere notas. *etc.*

Diese italiänischen Nachrichten sind überhaupt
schwankend. Eben der Gimma sagt an eben
dem Orte, etliche Zeilen nachher, daß ein Girolamo Lunardo versichere, ein Giamba-

tifta Raimonti, ein Cremoneſer, habe zur
Zeit des Papſtes Innozenz X. die Noten zu
drucken erfunden, die bei der Feier des Gottes-
dienſtes gebraucht würden; welches eben dieſel-
ben, doch von größerer Art, ſind; und dieß
fiele erſt in die Mitte des 17ten Jahrhunderts.
— Hingegen eignet Lanzilotti, in dem Trak-
tate, L'Oggidì, ovvero gl'Ingegni Moderni
non inferiori a i paſſati, der zu Venedig, 1624.
8. gedruckt worden, eben dieſe Erfindung des
Petrucci einem Franzoſen, Antoine Gar-
dane, zu, der in Venedig als Muſikus und
Buchhändler, um 1537 bis 50, lebte.''

„Fournier der Jüngere, ein gelehrter
Schriftgießer zu Paris, ſchrieb 1765 einen Traité
Hiſtorique ſur l'Origine de caractères de fonte
pour l'impreſſion de la Muſique, in 4. Er handelt aber darin nur von den franzöſiſchen Noten-
drücken.'' —

So weit Hr. Breitkopf. Ich bemerke
dabei nur noch, daß Gimma ſich auf eben den
Azzio oder Actius, in Anſehung der Nachricht vom Petrucci, als Erfinder des Notendrucks bezieht. Von dieſem letztern habe ich
bisher nichts weiter auftreiben können.

Mattheson bemerkt in seinem Vollkom-
menen Kapellmeister, S. 58, aus dem Vigneul
de Marville, es habe Sanlecque, der zu
Paris 1660 gestorben sey, die ersten Drucknoten
in Frankreich aufgebracht. Ich will die ganze
Stelle aus den Mélanges d'Hist. & de Litt. T. I.
p. 81. hieher setzen: „Durant la ligue *Jacques de
Sanlecque* cadet de plusieurs frères, âgé d'envi-
ron quatorze ans, vint à Paris, & porta les
armes, qu'il quitta sur la fin de la guerre. Par
hazard, aïant vû travailler à des caractères d'im-
primerie, il s'y appliqua, & devint très-habile
dans cet art. — C'est encore lui, qui a fondu
les premiers caractères de Musique, que nous
aïons eu en France, avec les Règles, à la solli-
citation d'un Maitre de la Musique du Roi, pour
qui il avoit beaucoup de considération." Hier
wird aber 1659 als sein Sterbejahr angeführt.

Fournier, in der von Hrn. Breitkopf
gedachten Schrift, nennt einen Pierre Hau-
tin, Kupferstecher, Schriftgießer und Drucker
in Paris, ums Jahr 1525, als denjenigen, der
die ersten Kegel zum Notendrucke dort verfertigt habe.

Hawkins in s. Hist. of Music, Vol. III,
p. 55, glaubt, daß sich die ersten Spuren vom

Notendruck in den zu Mailand gedruckten Werken des Franchini finden, nur daß diese Noten noch in ganzen Linien, nicht aus einzelnen
Schriftzeichen, gedruckt sind, welches in den
von Lessing angeführten Beispielen wohl ohne
Zweifel auch der Fall seyn wird. Den Deutschen hingegen legt Hawkins, ohne jedoch
Beweis zu führen, die Erfindung der beweglichen Notenschriften bei, und glaubt, sie sey
unter ihnen schon um das Jahr 1500 zu großer
Vollkommenheit gelangt. Der Angabe beim
Mattheson widerspricht er aber, weil die
musikalischen Werke des Claude le Jeune,
die 1603 und 1606 in Paris herauskamen, schon
so gedruckt wären, und durch ihre Eleganz schon
merkliche Fortschritte in diesem Drucke verrie-
then. In England ging es damit langsamer;
und H. beschreibt die ersten Versuche dieser Art,
und ihre allmähligen Verbesserungen.

Erhard Oeglin (Ocellus) wird auch
vom Hrn. von Stetten in s. Kunstgeschichte
von Augsburg, S. 38, als ein dortiger Buchdrucker erwähnt, welcher der erste gewesen, der
zu Augsburg 1514 mit hebräischen Buchstaben
gedruckt habe. Von seinem Notendruck aber
sagt Hr. v. St. nichts, ob er gleich S. 42 f.

auf denselben kommt, und verschiedne von den
erſten Holzſchnitten anführt Dagegen bemerkt
er, daß in den Salmingeriſchen Cantionen,
von welchen die erſten im J. 1539 bei Philipp
Ulharden herauskamen, manche mit gegoſſe=
nen, ordentlich zertheilten, und beweglichen No=
ten gedruckt ſind.

————————

Philoktet. Meine Vermuthung, daß
Philoktet unter dem claudicante beim Pli=
nius gemeint ſey, (ſ. Laokoon, S. 22,)
ſteht, wie Riedel in ſeinen Anmerkungen
ſagt, bereits beim Gronov über den Sta=
tius, S. 285, „aber nur mit zwei Worten
ganz verächtlich hingeworfen, nicht in dem ho=
hen kritiſchen Tone, wie im Laokoon.“

Ich ſoll Gronov's Statius noch zum
erſtenmal in die Hände nehmen, und bin mir
ſehr bewußt, daß ich meine Emendation Nie=
manden zu danken habe. Doch dem ungeachtet
könnte mir Gronov zuvorgekommen ſeyn;
und ich muß nachſehen.

In der Note (p) zu S. 22 des Laokoon
wird die Stelle des ältern Plinius, L. XXXIV,

sect. 19, angeführt, wo von dem Bildhauer Pythagoras Leontinus verschiedne vorzügliche Kunstwerke angeführt werden, und es unter andern heißt: Syracusis autem (fecit) *claudicantem*, cujus ulceris dolorem sentire etiam spectantes videntur. Lessing führt Gründe an, welche das *claudicantem* verdächtig machen, und ließt anstatt desselben *Philoctetem*, oder hält, wie er sagt, wenigstens dafür, daß das letztere durch das erstere gleichbedeutende Wort verdrängt worden, und man beides zusammen Philoctetem claudicantem lesen müsse. „Sophokles, „setzt er hinzu, läßt ihn ϛιβον κατ᾽ ἀναγκαν „ἔρπειν, und es mußte ein Hinken verursachen, „daß er auf den kranken Fuß weniger herzhaft „auftreten konnte.“ — Ich weiß nun zwar nicht, wo Riedel seine oben gedachte Erinnerung vorgebracht hat. In seiner Theorie d sch. W. finde ich sie nicht; vielleicht war es in den Jenaischen Gelehrten Zeitungen. Sie hat aber ihre Richtigkeit, obgleich L. hier, ohne es zu wissen, mit Gronov zusammentraf; denn sonst hätte er gewiß die Autorität solch eines Kunstrichters nicht unbenutzt gelassen. Gronov führt nämlich in seiner sehr selten gewordenen, und mir, nach vielem vergeblichen Aufsuchen, durch die Freundschaft des Hrn. Hofr. Wernsdorf in Helmstädt mitgetheilten Diatribe in P. Papinii Statii Silvarum Libros V. (Hag. Com. 1637. 8.) S 285, die Stelle des **Plinius** in einer andern Absicht an, und muthmaßt zwar nicht, wie es scheint, daß *Philoctetem* für *claudicantem* zu lesen, sondern nur, daß jener unter diesem zu verstehen sey. Denn er äußert seine Vermuthung bloß in einer Parenthese: Leontinus Syracusis fecit claudicantem (*an Philocteten?*) cujus ulceris, u. s. f.

———————

Philotas. In meinem kleinen Trauerspiel dieses Namens ist der Zug wegen des kurzen Schwertes nicht sowohl aus dem Lohenstein, im Arminius, als aus dem Plutarch: Lacaena dicenti filio, parvum gladium sibi esse, adde, inquit, gradum.

Solch ein junger Held, wie **Philotas,** war Archidamus, der Sohn des Zeuxidamus, welchem sein Vater, als er ihn zu wild auf die Athenienser einbrechen sah, zurief: ἢ τῇ δυνάμει προσθες, ἢ τȣ Φρονήματος ὕφες: entweder mehr Kräfte, oder weniger

Muth. (*Plutarch.* in Laconicis.) — Des=
gleichen der junge Lacedämonier, von dem Se=
neka in seinen Briefen meldet: Lacon quidam adhuc impubes captus clamabat: pu-
gnans quidem captus sum, servire tamen
nolo. Verum cum paullo post juberetur
servili fungi ministerio, illisum parieti caput rupit. (Ep. 77.)

Die Stelle ist im achten Auftritte des Phi=
lotas, wo ihm Strato statt seines ihm abge=
nommenen Schwertes ein andres bringt, und
Philotas sagt: „Ein wenig zu kurz scheint
es mir bei alle dem. Aber was zu kurz? Ein
Schritt näher auf den Feind, ersetzt, was ihm
an Eisen abgeht!" — Die erste ähnliche Stelle
beim Plutarch ist unter den Apophthegmen der
Lacedämonierinnen: (Opp. T. II. ed. Xyl. p. 241)
'Αλλη προς τον υιον λεγοντα, μικρον εχιν το
ξιφος, ειπε, και βημα προσθις. — Ich weiß
nicht, ob irgend ein Kunstrichter etwa geglaubt
haben mag, L. habe jenen schönen Zug in seinem
Philotas aus dem Lohenstein entlehnt;
oder ob, wie mirs fast wahrscheinlicher ist, L.
einen ähnlichen Gedanken im Arminius ge=

funden, und ihn dort angebracht, nachher aber
entdeckt habe, daß er mehr mit dem beim Plu=
tarch zuſammentreffe. — Lohenſtein ver=
dient freilich mehr Achtung und Aufmerkſamkeit,
als man ihm, ſeit Gottſched und andre ihn
verriefen, zu ſchenken pflegt; und in ſeinem
Arminius ſind wirklich einige ſchöne Stellen,
und einzelne trefliche Züge. Vergl. die Litte=
raturbriefe, Th. XXI. S. 139 ff. — Man
hat einen Arminius Enucleatus, d. i. des unver=
gleichlichen Dan. Caſp. v. Lohenſtein herr=
liche Realia, köſtliche Similia, u. ſ. f. von J. C.
Männling; Starg. und Leipz. 1708. 2 Theile,
8.; die Sammlung iſt aber zu groß; und man
muß manche Schale unter den Kernen fürlieb
nehmen.

———————

Phyſiognomie. *Jo. Val. Merbitzii*
de Varietate Faciei Humanae Diſcurſus
Phyſicus; Dresdae, 1676, 4. enthält man=
cherlei Gutes. Er nimmt nur acht Theile des
Geſichts, und zwölf Haupttheile an, aus wel=
chen er durch die Kombinationen eine erſtaun=
liche Menge von Varietäten herausbringt. Die
zwölf Hauptgeſichter ſind:

Fünf,

Fünf, in Ansehung der Linie, welche das Profil macht:

1. facies prona; | das schönste.

2. — declinans; / wo die Stirn vor-
ragt.

3. — reclinans; \ wo der Untertheil
des Gesichts vorliegt.

4. — procurva;) das schönste nächst
Nr. 1.

5. — recurva; (das häßlichste von
allen.

Und sieben in Ansehung der Eintheilung:

6. Facies in tres aequales partes distri-
buta; von den Haarwurzeln auf der Stirn
bis zu dem Zwischenraum der Augenbrau-
nen; von da bis zur Spitze der Nase; und
von hier bis ans Kinn.

7. 8. 9. wo das, was dem einen Theile abgeht, nur Einem Theile zugelegt worden;
entweder

7. der Stirn: welches nach Nr. 6. das beste
ist; oder

8. der Nase; oder

9. dem untern Theile: das häßlichste.

10. 11. 12. oder wo das, was dem einen
Theile abgeht, den andern beiden zugelegt
worden; entweder

10. der Stirn und der Naſe: erträglich, und
macht ein ſatiriſches Geſicht; oder

11. der Naſe und dem Untertheile: das ab-
ſcheulichſte von allen; oder

12. der Stirn und dem Untertheile: das
Mohrengeſicht.

Die acht Theile des Geſichts ſind ihm:
frons, oculus, tempora, naſus, malum,
(der ganze Untertheil;) bucca, labia, men-
tum. — **Plinius,** L. VII. c. 1. wo er
von der Verſchiedenheit der menſchlichen Ge-
ſichtsbildung handelt, leitet ſie aus zehn oder
mehr Stücken her, die er aber nicht namhaft
macht: „in facie multaque noſtra, cum
ſint decem vel plura membra.‟

Auch **Gualterus Rivinus** in ſeinem
**Eigentlichen Bericht der vornehmſten
der Architektur angehörigen mathe-
matiſchen und mechaniſchen Künſte;**
Nürnberg, 1547. fol. handelt unter andern von
der Phyſiognomie, und ſoll beſonders von den

Augen, wie **Merbitz,** S. 24, sagt, sehr gute
und scharfsinnige Anmerkungen machen. — Es
ist dieser **Rivinus** der Ueberseher des **Vitruv;** und dieses sein Werk ist gleichsam der
zweite Theil der Ueberseßung.

Joh. Baptista Porta hat nicht allein
eine lateinische Physiognomie in vier Büchern
geschrieben, deren Neapolitanische Ausgabe sehr
fehlerhaft, die zu Hanau 1593. 8. aber verbessert ist; sondern auch Phytognomonica, in
acht Büchern: quibus nova facillimaque
affertur methodus, qua plantarum, animalium, metallorum, rerum denique
omnium ex prima extimae faciei inspe-
ctione quivis abditas vires assequatur.
Francof. ap. Wechel. 1591. 8.

Auch gehört hieher: *Alex. Achillini* de
Subjecto Physiognomiae et Chiroman-
tiae; in Opp. fol. 148.

Schon früher, als die Forschung der Physiognomie, besonders durch die Lavateri-
schen Fragmente, so viel Sensation in Deutschland machte, hatte **Lessing** sie gelegentlich zu
seinem Studium gemacht; und schon seine Ueber-

ſetzung des **Huarte,** deſſen erſte Ausgabe im
J. 1752 herauskam, ſcheint ihn auf dieß Studium und manche damit verwandte Unterſuchungen, geleitet zu haben. Ueber die obigen
Materialien ließe ſich mancherlei bemerken; ich
ſchränke mich aber bloß auf das angeführte Werk
des **Rivinus** ein, welches noch immer einige
Aufmerkſamkeit verdient. Was davon hieher
gehört, ſteht Bl. XXIX bis XXXVI, und hat die
Ueberſchrift: Der ganzen **Phiſiognomia**
kurtzer außzug, ſovil den künſtlichen
Malern vnd Bildhawern, vnd allen
dergleichen künſtlichen arbeitern von
nöten, dardurch eyns yeden Menſchen
eygenſchaft vnd art, der ſitten vnd
gemüts, nit allein erlernet vnd ey-
gentlichen geurteilet werden mag,
ſondern ein yedes bild darnach, man-
cherley weiſe, von künſtreichen Bild-
haweren gebildet vnd formiret wer-
den ſol, nach erheiſchung yetlicher
bilder art vnd weiſe, natur vnd ey-
genſchafft. Von den Augen redet er am
umſtändlichſten, in Rückſicht auf ihren ſittlichen
Ausdruck, ſowohl überhaupt, als beſonders in
Anſehung der Augenſterne, Auglieder und Aug-

brauen, und zuletzt von ihrer Farbe. Dabei verweiſt er auf ein beſondres Büchlein von der Augen Arzney, worin er dieß alles noch umſtändlicher ausgeführt habe. Er ſelbſt aber geſteht, daß er meiſtens dem Ariſtoteles und dem Adamantius gefolgt ſey. Am Schluß dieſes Abſchnitts ſagt er: „Solchs aber ſey dieſes orts von der bildhawriſchen vnd maleriſchen Phiſiognomi gnug geſagt; welcher aber begerte weiter zu wiſſen, der mag hierüber vnſere große Phiſiognomi leſen.‟ Rivinus, der eigentlich Ryff hieß, und Arzt zu Straßburg war, muß alſo auch noch ein eignes Werk über die Phyſiognomie geſchrieben haben, obgleich weder Jöcher noch Keſtner es mit anführen. Er war überhaupt ein großer Vielſchreiber, aber auch einer der ärgſten Ausſchreiber ſeiner Zeit. Man ſehe *Thomaſ.* de Plagio Literario, §. 196 ſ.

---

de St. Pierre. Dieſer bekannte Abbé ſoll auch ein Buch ſur la Pureté de la Réligion hinterlaſſen haben, welches nie gedruckt worden, woraus aber Voltaire in ſeinen Queſtions ſur l'Encyclopédie unter dem

Artikel Symbole sein Glaubensbekenntniß an‐
führt; wenn dieß anders Voltaire nicht selbst
gemacht hat.

Man findet dieß Glaubensbekenntniß in der
Gothaischen Ausgabe von Voltaire's Werken,
B. XLIII, S. 266 f. — V. sagt zwar, er liefere
es, tel qu'il est écrit de sa main dans son livre
sur la pureté de la réligion, lequel n'a point
été imprimé, und versichert, er habe es sehr ge‐
treu abgeschrieben; indeß ist es höchst wahr‐
scheinlich von ihm selbst verfertigt. Am Ende
setzt er hinzu: Nous rapportons historiquement
ce symbole de l'Abbé de *St. Pierre*, sans l'ap‐
prouver. Nous ne le régardons que comme
une singularité curieuse; & nous nous en te‐
nons, avec la foi la plus respectueuse, au véri‐
table symbole de l'Eglise.

Planeten. Daß die Alten nur fünf
Planeten gezählt, indem sie Sonne und Mond
nicht mit darunter gerechnet haben, erhellt aus
dem Hygin, welcher das Kapitel im zweiten
Buche, wo er von den Planeten handelt, de
quinque stellis überschreibt, und deren auch in

dem Kapitel selbst nicht mehr anführt. — Dieses ist unter andern auch wegen alter Steine zu
merken, auf welchen fünf Sterne vorkommen,
die daher nicht unrecht für Planeten zu nehmen
sind. S. *Ficoroni* Gemmae Litteratae, p. 6.
Tab. I. 15. II. 9.

Es ist das 42ste Kapitel in Hygin's Poët.
Astron. welches de quinque stellis überschrieben
ist, und worin bloß vom Jupiter, Saturn,
Mars, von der Venus und vom Merkur, gehandelt wird. Dagegen aber ist beim ältern
Plinius L. II. c. 6. de *septem* Planetis überschrieben, und es heißt da gleich Anfangs: Inter
hanc (terram) coelumque eodem spiritu pen-
dent, certis discreta spatiis, *septem* sidera, quae
ab incessu vocamus *errantia*, quum errent nulla
minus illis. Dalechamp macht bei dieser
Stelle die Anmerkung, die siebenfache Zahl der
Planeten sey schon von den Chaldäern festgesetzt
worden; Ptolemäus hingegen und Theon
hätten Sonne und Mond nicht mit unter die
Planeten gezählt. Vergl. *Aristot.* de Mundo
c. 2, wo gleichfalls sieben angegeben werden.
Ueberhaupt gelangten die Griechen, wie Go-
guet, B. II. S. 101 der Uebers. zeigt, erst spät

S 4

zur Kenntniß der Planeten. Seneka sagt:
(Natural. Quaeſt. VII. 3.) Democritus, ſubti-
liſſimus antiquorum omnium, ſuſpicari ait ſe,
plures ſtellas eſſe quae currant: ſed nec nume-
rum illarum poſuit, nec nomina, nondum com-
prehenſis *quinque* ſiderum curſibus. Eudoxus
primus ab Aegypto hos motus in Graeciam
transtulit. Eudorus aber lebte ungefähr 400
Jahre vor Chr. Geb. —

Man kann aber wohl nicht behaupten, daß
die Alten durchgängig nur fünf Planeten angenommen hätten, sondern nur zuweilen; und
dieß wäre denn auch schon hinlänglich, die auf
einigen Gemmen vorkommenden fünf Sterne für
jene fünf Planeten zu nehmen, vornehmlich,
wenn sich dabei vermuthen oder voraussetzen
ließe, daß das Hauptsubjekt der Gemme, oder
die ganze Bestimmung derselben auf die Gottheiten der Sonne und des Mondes schon für sich
Beziehung hätten.

Hieher gehört: Theſaurus gemmarum antiquarum *aſtriferarum*, quae e·compluribus Da-
ctyliothecis ſelectae aen. tabb. CC inſculprae
obſſ. illuſtrantur — — interprete *J. B. Paſſerio,*
cura et ſtud. *A. F. Gorii.* Florent. 1750.
3 Voll. fol.

Plasma di Smeraldo. So nennen die Italiäner einen seltenen Stein, welcher die Mutter oder die äußere Rinde des Smaragds ist. (Winkelm. Anmerk. z. Gesch. d. K. S. 18.) — In der Dactylioth. Zanett. p. 17, finde ich ihn *Prasma* di Smeraldo geschrieben. — Die Alten schnitten tiefe und erhabene Figuren darauf; und es muß große Stücke davon geben, weil Winkelmann am angef. Orte sagt, daß man einige daraus zusammengesetzte Tischblätter im Pallaste Corsini finde.

Es ist ohne Zweifel eben der Stein, den Vogel, S. 145, Smaragdpras, Smaragdites, nennt, der nur halb durchsichtig ist, und farbige Punkte und Streifen hat. (S. Smaragd.) — In meinen Antiquarischen Briefen habe ich das Wort Prasma näher erklärt, (Br. XXV, Th. 1. S. 190.) und gezeigt, daß es nichts anders als der Prasius oder die gemma prasina der Alten sey.

Dingley sagt, man finde im Plasma die meisten alten geschnittenen Steine, nächst dem Beryll. Er erklärt das Plasma durch den schönsten Smaragd, und beschreibt ihn gleich-

S 5

wohl von der Farbe stehenden Wassers, manch=
mal mittelmäßig klar, aber meistens voll schwar=
zer und weisser Farben, und mehr undurchsichtig.
Was muß der Mann für einen Begriff vom
Smaragd gehabt haben? Den gewiß nicht, den
Plinius davon macht. In Prasiern mögen
wohl genug geschnittene Steine vorhanden ge=
wesen seyn; aber wahrlich nicht im Smaragd.
Die alten grünlichen geschnittenen Steine wer=
den wohl alle, oder meistens, Malachiten
seyn.

Herr Brückmann stimmt in der neuen
Ausg. s. Abhandl. von Edelsteinen, S. 182, der
Lessingischen Vermuthung bei, daß die Al=
ten unter den Prasern vielerlei grüne Steine
von schlechter Farbe verstanden haben, und das
prasma aus Vernachlässigung des Punkts über
dem *i* beim Abschreiben des Worts *prasina* (gem=
ma) entstanden sey. — Winkelmann's u. a.
Erklärung, daß es die Smaragdmutter sey, wi=
derlegt die Erfahrung, weil niemals Smaragde
darin sind gefunden worden. Es läßt sich aber,
wie Hr. Brückmann in s. Zusätzen S. 132
bemerkt, schwer bestimmen, was W. eigentlich
unter seinem Plasma di Smeraldo verstehe. Ein

Kenner hat, wie Hr. B in der Note erinnert,
die von W. angeführten Tischblätter genau un=
tersucht, und entdeckt, daß sie aus zwei zusam=
mengelegten durchsichtigen Platten von gipsarti=
gem Marienglas, oder seinem durchsichtigen
Alabaster bestehen, in deren Zwischenraum eine
grüne Masse oder Kütt gebracht ist. Die Rän=
der sind so wohl verwahrt und eingefaßt, daß
man den Betrug nicht leicht entdeckt.

———

Plautus. Es ist Zeit, daß ich den
Plautus einmal wieder lese. Ich fange heute
(den 23sten Jun. 1769) mit dem Epidikus
an; und hier will ich die mancherlei Anmerkun=
gen eintragen, die ich über die komische Kunst,
besonders, in so fern er sie selbst gelegentlich be=
rührt, und über die Alterthümer dabei machen
werde.

Es ist ungegründet, daß Plautus sich vor=
nehmlich auf dieß Lustspiel viel eingebildet habe.
Er läßt zwar in dem Stücke, Bacchides
(Akt II, Sc. 2, V. 85.) den Chrysalus
sagen:

Non herus, fed actor mihi cor odio fauciat.
Etiam *Epidicum*, quam ego fabulam aeque ac
me ipfe amo,
Nullam aeque invitus fpecto, fi agit Pellio.

Aber diefer **Chryfalus**, der das fagt, ift ein
Knecht, und ein eben fo fchelmifcher, als **Epidikus**. Diefes Lob eines Stücks, in welchem
ein fchelmifcher Knecht libertatem malitia invenit fua, ift alfo mehr ein charakteriftifcher
Zug des **Chryfalus**, als Eigenlob des Dichters; und muß für die Güte des Stücks, oder
für die Prädilektion des Verfaffers, auf keine
Weife angezogen werden.

Akt *I*, Sc. 1, V. 22. Mich dünkt, hier
hat **Plautus**, eines Einfalls wegen, das Ko-
ftume fehr bei Seite gefetzt, und die römifchen
und griechifchen Sitten gänzlich vermengt. Es
find die beiden Knechte, **Epidikus** und **The-
fprio**, die mit einander fprechen:

— — — *Ep.* Te volo
Percontari. Operam mihi da; opera reddi-
bitur tibi.

Th. Jus dicis. *Ep.* Me decet. *Th.* Jam tu
autem nobis praeturam geris.

Ep. Quem medicis digniorem esse hominem
hodie Athenis alterum?

Th. At enim unum a praetura tua, Epidice,
abest. *Ep.* Quidnam? *Th.* Scias,

Lictores duo, duo viminei fasces virgarum.

Er gedenkt ausdrücklich Athen's, und gleichwohl
auch der Steckenbündel, welche nur in Rom
den Gerichtspersonen vorgetragen wurden.

———————

Ebendaselbst, V. 33:

Mulciber, credo, arma fecit, quae habuit
Stratippocles.

Travolaverunt ad hostes.

Der Tadel, welchen Camerarius und Lambinus über diese Stelle gemacht haben, ist
ganz falsch; aber auch Taubmann's Recht-
fertigung taugt nichts. Denn das geht gar
nicht auf die Waffen Achill's, die Hektor
dem Patroklus abnahm; sondern auf die
Homerische Dichtung, daß Vulkan Dinge
zu schmieden verstanden habe, die sich freiwillig

bewegen können. Von dieser Art müssen auch die Waffen des Stratippokles gewesen seyn! will Epidikus sagen.

————

Ebendas. v. 50. Diese Stelle ist ein Beweis, wie viel die Alten durch bloße Zeichen auszudrücken verstanden haben, weil dergleichen Zeichen bei ihnen durchaus bekannt waren, welches sie bei uns nicht sind. Thesprio erzählt dem Epidikus, ihr Herr habe ein Mädchen aus den Gefangenen gekauft, und Epidikus will wissen, wie theuer?

Ep. Quot minis? *Th.* Tot. *Ep.* Quadra-
ginta minis!

Thesprio mußte ihm also mit den bloßen Fingern die Zahl 40 weisen können, und das Zeichen davon mußte allgemein bekannt seyn. Jetzt könnten unsre Schauspieler durch Aufhebung ihrer Finger keine höhere Zahl, die allen verständlich wäre, weisen, als bis auf zehn.

Plautus gehörte zu den Lieblingsschriftstellern des sel. L., und sein Lustspiel, der Schatz, war, wie bekannt, eine glückliche Nachahmung des *Trinummus* jenes römischen

Komikers. Auch ist die in den Beiträgen zur Historie und Aufnahme des Theaters, (Stuttg. 1750. 8.) S. 14 ff. befindliche Abhandlung von dem Leben und den Werken des Plautus, von Lessing, so wie die im zweiten Stücke eben dieser Beiträge abgedruckte Uebersetzung der Gefangenen, in deren Vorrede er zu einer vollständigen Uebersetzung des ganzen Plautus Hoffnung machte, die ein sehr großer Gewinn für unsre komische Litteratur geworden wäre. Eben so sehr ist es zu bedauern, daß er die obigen Anmerkungen nicht fortsetzte, und, wie es scheint, seine abermalige Durchlesung des Plautus gar bald wieder einstellte.

Die erste dieser Anmerkungen ist wohl gewiß gegründet, obgleich ein Lebensbeschreiber und Ausleger des Plautus dem andern diesen mißverstandnen Umstand nachgesagt hat. — Auch die zweite hat allerdings Grund; wiewohl sich mehrere Stellen der Art anführen ließen, in welchen Plautus mehr an seine römischen Zuschauer, als an seine nach Griechenland verlegte Scene gedacht zu haben scheint. — Bei der dritten Stelle: Mulciber, credo, u. s. f. hatten Camerarius und Lambinus angemerkt, daß Plautus hier aus Gedankenlosigkeit oder

Vergessenheit gefehlt habe, weil die Waffen
Achill's, die Hektor vom Patroklus er-
beutete, nicht als vom Vulkan verfertigt angegeben würden. Nicht aber Taubmann,
sondern Douza, den T. auch ausdrücklich anführt, erinnerte dagegen, daß hier ein unwis-
sender Knecht rede. Was Lessing dawider
bemerkt, ist schon vom Muretus erinnert, der
sich dabei auf *Aristot.* L. I. Polit. c. 4 beruft.
Mir scheint indeß diese Stelle einer noch bessern
Erklärung fähig zu seyn. Sie scheint die Ableitung zu bestätigen, welche Servius beim
Virgil, L. VIII. Aen. v. 414 von dem Namen
Vulcanus macht. Vulcanus, sagt er, ignis est,
et dicitur Vulcanus, quasi *Volicanus*, quod per
aërem *volet;* ignis enim e nubibus nascitur.
Oder vielmehr scheint die **Flüchtigkeit des
Feuers** überhaupt den Namen *Volicanus*, vielleicht auch *Volitanus*, veranlaßt zu haben. Und
so wäre die Anspielung in dem Worte *transvola-
runt* desto treffender. — Daß man bei der letzten
Stelle an die Fingerzählung der Römer denken
müsse, haben schon mehrere Ausleger bemerkt,
und es kommen mehrere dahin gehörige Stellen
beim Plautus vor; z. B. Mil. Glor. Act. II,
Sc. 2, v. 49. Ueber die Verfahrungsart bei
dieser

dieser Zählung sehe man *Jo. Nicolai* Tr. de Siglis Veterum, (L. B. 1703. 4.) p. 90 ff., wo auch mehrere alte und neue Schriftsteller darüber nachgewiesen werden. Die Zahl vierzig wurde dadurch ausgedrückt, daß man die innere Seite des Daumen an die äußere des Zeigefingers der linken Hand legte. Man weiß, daß bei den Italiänern und Spaniern die Fingersprache noch jetzt üblich ist. Daher heißt es z. B. in der Geschichte des Bruders Gerundio von Campazas, Uebers. S. 6: „Da „ich sagte: solche, zog ich alle meine Finger- „spitzen ganz enge zusammen, eben so, wie man „gewöhnlich von einer Menge spricht."

Poesie. Von ihrer Aehnlichkeit und Unähnlichkeit mit der Mahlerei, von dem Ein- flusse und der Verbindung der einen mit der an- dern, zu meinem Laokoon, ist nachzusehen: *Bogisl. Balbini*, in Quaefitis Orat. et Veri- fimilibus; ubi docet, utile, immo necef- farium effe meditanti poëtae, infpicere geftum, vultus, habitum, mores, et alia pictorum artificio in tabula fcite reprae- fentata.

Zur Geschichte der alten deutschen Poesie wäre vielleicht eine Handschrift wichtig, die zu Thorn auf der Bibliothek befindlich ist. Sie ist von Gottfr. Zamelius, der Bürgermeister in Elbingen gewesen, und hat den Titel: Germania Celtica Rediviva, lingua, literis, metro: Das uralte deutsche poetisirende Deutschland, in drei Büchern; als: 1) durch Rede und Sprachwesen; 2) durch Lehr- und Schreibwesen; 3) durch Sing- und Reimwesen. 1667. — Dem Titel nach könnte manches Gute darin stehen. (v. *Petr. Jaenichii* Notitia Biblioth. Thornenf. p. 35. Jenae, 1723. 4.)

Die oben angeführten Schriften des Bogisl. Balbinus heissen, wie ich im zweiten Bande seiner Bohemia Docta, (Prag. 1776. 78. 2 Voll. gr. 8.) p. 23 f. finde: Verisimilia humaniorum disciplinarum; Prag. 1666. 8. Quaesita Oratoria; ib. 1677. 8. Beide sind auch zu Augsburg, 1710 u. 1711. 8. nachgedruckt worden.

Gottfried Zamel, dessen oben erwähnte Handschrift allerdings Aufmerksamkeit verdiente, war, nach dem Jöcher, ein Sohn Friedrichs

Zamel; und diefer letztere war gekrönter Poet,
und Bürgermeifter in Elbingen, von dem man
verfchiedne lateinifche Gedichte hat. Auch jener
foll Poet gewefen feyn; und man hat von ihm
ein Buch: Studiofus Apodemicus, f. de Pere-
grinationibus Studioforum. Auch wird beim
Jöcher eine andre von ihm hinterlaffene Handfchrift: De Rei Literariae Scholarumque in Bo-
ruffia illuftrium Initiis angeführt.

Primaticcio. Monville in f. Leben des Mignard, S. 4, fagt vom Primaticcio: Il fut attiré en France par
François I, qui l'envoya depuis à Rome
en 1540, pour acheter des antiques; il
en rapporta 124 ftatues, avec quantité de
buftes, et les creux de la colonne Tra-
jane, du Laocoon, de la Venus de Medicis, *etc.* qu'il avoit fait mouler. On lui
donna au retour l'Abbaye de S. Nicolas
de Troyes.

Diefes hat Monville zum Theil aus dem
Felibien, (Entret. T. II. p. 226.) zum
Theil aus dem Vafari genommen; welcher

T 2

letztere aber 125 Stück überhaupt, mit Köpfen und Rümpfen und Figuren zusammen, nicht bloße Statuen allein, angiebt. Die Formen hatte **Primaticcio** von **Giacomo Barozzi da Vignola**, und andern, machen laſſen; aber die Venus ſcheint, nach den Worten des **Vaſari**, nicht die Venus von Medices, ſondern eine andre Venus im Belvedere geweſen zu ſeyn. — Auch nennt **Monville** die Abtei, welche **Franz** *I.* dem **Primaticcio** gab, ganz falſch *de St. Nicolas*, anſtatt *de St. Martin.* **S.** *Malvaſia*, Felſina Pittrice, **T. I. p.** 151.

Felibien gedenkt am angef. O. unter den vornehmſten durch **Primaticcio** aus Rom mitgebrachten, und daſelbſt für den König von Frankreich auf ſeine Veranſtaltung abgeformten Kunſtwerken überall keiner Venus, wohl aber der **Kleopatra** im Belvedere. Unter den Statues de Verſailles des **Thomaſſin** findet ſich indeß N. 39 eine Kopie von dieſer letztern, wobei aber bemerkt wird, daß ſie durch **A. Copievox** aus Lyon verfertigt ſey, der erſt im J. 1720 ſtarb. Vom **Primaticcio** ſ. den Artikel **Ab**-

bate. Beim Felibien wird noch von ihm angemerkt, daß er zuweilen auch Boulogne heiſſe, weil er aus Bologna gebürtig war.

———

Protogenes. Monville im Leben Mignard's (Amſterd. 1731. 8. Préf. p. XXVII.) ſagt: Pour ne pas risquer d'en-ſevelir ſous les mines de Rhodes un Pein-tre, dont l'habileté étoit célèbre, Deme-trius Poliorcètes leva le ſiège de cette ville. Le Prince ne pouvant y mettre le feu par un autre endroit que par celui, où travailloit Protogénès, il aima mieux, au rapport de Pline, épargner la pein-ture, que recevoir la victoire, qui lui étoit offerte. — Das iſt falſch. Nicht, um dieſen Mahler zu ſchonen, ſondern bloß, um ein Gemählde von dieſem Mahler nicht zu ver-brennen, ſteckte Demetrius Rhodus auf der Seite nicht an, wo er es allein einnehmen konnte. Der Mahler ſelbſt arbeitete auſſer der Stadt, und hatte bei der Belagerung für ſich nichts zu befürchten. — Ich habe im Laokoon

bereits angemerkt, daß mehrere das Gemählde
des Protogenes, welches in der Stadt war,
und deſſen wegen Demetrius nicht die äußerſte
Gewalt gegen ſie brauchte, mit dem verwechſeln,
welches er während der Belagerung auſſer der
Stadt mahlte.

Plinius (L. XXXV. ſect. 36.) redet von
dem Jalyſus, einem Gemählde des Protogenes, und ſetzt hinzu: Propter hunc Jalyſum,
ne cremaret tabulas, Demetrius rex, *cum ab ea*
parte ſola poſſet Rhodum capere, non incendit;
parcentemque picturae fugit occaſio victoriae.
Erat tunc Protogenes in ſuburbano hortulo ſuo, hoc
eſt, Demetrii caſtris. Und bald hernach ſagt er:
Sequiturque *tabulam ejus temporis* haec fama,
quod *eam* Protogenes ſub gladio pinxerit. *Sa-*
tyrus hic eſt, quem Anapaumenon vocant, ne
quid deſit temporis ejus ſecuritati, tibias tenens.
Leſſing erinnerte daher ſehr richtig im Laokoon, S. 130, in der Note, daß Meurſius,
Richardſon und Winkelmann dieſe Stelle
des Plinius deswegen falſch verſtanden hätten, weil ſie nicht Acht gegeben, daß von zwei
verſchiedenen Gemählden daſelbſt die Rede iſt:
dem einen, deſſen wegen Demetrius die

Stadt nicht überkam, weil er den Ort nicht an‑
greifen wollte, wo es ſtand; und dem andern,
welches Protogenes während dieſer Belage‑
rung mahlte. Jenes war der Jalyſus, und
dieſes der Satyr.

Pulvinar. *Boeclerus* in *Indice Cor‑
neliano* ad Cap. II. *Timothei:* „Inter hono‑
res divinos *pulvinaria* fuiſſe, id vero ſatis
conſtat; de ſignificatu non conveniunt.
Lambinus lectulos, in quibus deorum ſta‑
tuae collocarentur, exponit; ſane pleri‑
que aut pro lectulis, in templo ſtratis, aut
pro lecticis apparatis deorum accepere.
Marcellus Donatus ad *Sueton. Caeſ.* c. 76. re‑
jectis aliis ſignificationibus interpretatur
pulvinaria, quae ſuper lectos ſtratos in
templis ad ſimulacra numinum ſublevanda
ponebantur.

Dieſes iſt die gemeine Bedeutung, die aber
von den Auslegern bei dieſer Stelle des Ne‑
pos unrecht angebracht wird, wie ich unter dem
Artikel, Göttin des Friedens, angemerkt

T 4

habe. Denn pulvinar heißt nicht allein dieses, sondern überhaupt eine Kapelle, ein kleiner Tempel. So sagt Servius (ad v. 533, L. III. Georg. *Virgil.*) ausdrücklich: *Donaria* proprie loca funt, in quibus dona reponuntur deorum. Abusive *templa;* nam ita et *pulvinaria* pro *templis* ponimus; cum fint proprie lectuli, qui ftrati in templis, fupervenientibus plerisque, confueverant. Dieses fupervenientibus plerisque verfteh' ich nicht. War es etwan so? Weil man in den Tempeln doch wohl immer mehr als Eine Bildsäule der Gottheit, die darin verehrt wurde, hatte; gleichwohl nicht mehr als Eine aufgeftellt seyn konnte, daß indeß die übrigen auf dem Pulvinar ruhten? Ich erinnere mich hiebei der hetrurischen Gößenbilder, *signa*, die faft alle unter den Fußsohlen einen Zapfen haben, mit welchem sie in den Löchern auf ihren Altären oder Fußgeftellen befeftigt und aufgerichtet werden konnten; und woraus denn deutlich erhellt, daß sie nicht für beständig aufrecht ftanden.

In der Baseler Ausgabe Virgils, (1686. fol.) p. 312, lautet der Schluß der Erklärung des Servius: quum sint proprie lectuli, qui sterni in quibusdam templis consueverant. Und Lessing's Erklärung fände wohl nur Statt, wenn es in jener, vermuthlich irrigen Leseart: *pluribus* supervenientibus hieße. Herr Hofrath Heyne stimmt dieser Auslegung des Servius bei, daß donaria in der Virgilischen Stelle für templa stehe. Und Hr. Hofr. Voß über= setzt sie:

> — — — und ein Paar unähnlicher
> Büffel
> Zog den Wagen empor zur stiftungsreichen
> Kapelle.

In seinem Kommentar sagt er, der Tempel habe eigene Gewölbe zur Aufbewahrung reicher Ge= schenke und anvertrauter Güter gehabt. Dieß verstand er also unter dem sonst etwas dunkeln Beiworte, stiftungsreich.

Pyrgoteles. „Edictum Alexan= dri M. quo vetuit, in gemma se ab alio scalpi, quam a Pyrgotele, non dubie cla= rissimo artis ejus." *Plin.* XXXVII. 1.

Wenn Plinius nicht ausdrücklich das Wort
edictum gebraucht hätte; wenn er nicht an
andern Stellen, wo er eben diese Nachricht
giebt, gleichfalls das Wort edixit brauchte: so
würde ich glauben, daß dieses Verbot Alexanders bloß in seiner Weigerung bestanden habe,
sich im Original von andern Künstlern, als dem
Apelles, Pyrgoteles und Lysippus,
bilden zu laffen.

Auch Apulejus (in *Floridis*) erzählt
das Nämliche; nur mit der Veränderung, daß
er anstatt des Lysippus den Polyklet setzt:
qui effigiem regis aere duceret; und auch
er braucht die Worte: *edixit* univerfo orbi
fuo. — Aber gut, daß wenigstens *fuo* dabei
steht! An den Orten, wo seine Befehle so un-
umschränkt nicht waren, wie in Athen z. E.,
werden die Künstler also doch gethan haben,
was sie wollten.

Wenn man dazu nimmt, wie man kann
und muß, daß Alexander nicht auch zugleich
den geringern Künstlern untersagt habe, die ihn
vorstellenden Werke der drei privilegirten Meister zu kopiren; und daß nach seinem Tode das

Verbot überhaupt seine Kraft verloren: so fällt die Nothwendigkeit unstreitig weg, daß die noch vorhandenen Köpfe Alexander's wirklich von jenen Meistern seyn müßten.

Natter sagt, daß der Kopf, den Pyrgoteles geschnitten, wie es heisse, in dem Kabinet des Königs von Preussen seyn solle. (Préf. p. IX.) Dieß bezieht sich auf das, was Beger (Thes. Brandeb. Vol. III. p. 203.) bei einem erhaben geschnittenen Sardonyx anmerkt, welcher ihm den Kopf des Alexander mit dem Kopfe seiner Mutter Olympias vorstellt: artificium in hac gemma *Alexandri* aetatem prodit; adeo, ut non absurde conjectura subeat, gemmam propositam ejusdem *Pyrgotelis* opus nobis fausto omine superesse.

Auch Horaz braucht (L. II. Ep. I. v. 239 ff.) den nämlichen Ausdruck:

Edicto vetuit, ne quis se praeter Apellem
Pingeret, aut alius Lysippo duceret aera
Fortis Alexandri vultum simulantia. —

Und offenbar spielt sowohl Apulejus auf diese Stelle an, als Plinius, L. VII. c. 38: Idem

hic imperator edixit, ne quis ipfum alius quam
Apelles pingeret, quam Pyrgoteles fcalperet,
quam Lyfippus ex aere *duceret*. Wiewohl
Bentley in der Horazifchen Stelle Lambin's
Lefeart: *cuderet* für *duceret* in Schutz nimmt.

Q.

Quartier. Daß es für Gnade,
Friftung des Lebens, gebraucht wird, wie
in den Redensarten: um Quartier bitten; kein
Quartier geben; erflärt Menage (*Dict. Ety-
mol. Fr.*) auf folgende Art: „*Se battre fans
quartier; ne faire point de quartier.* Cela eft
pris de ce que les Hollandois & Efpa-
gnols étoient autrefois convenus, que la
rançon d'un officier ou d'un foldat fe paye-
roit d'un quartier de fa paye; de forte que
quand on ne vouloit point recevoir la rançon, mais qu'en ufant de tous les droits
de la victoire & de la guerre, quelqu'un
tuoit fon ennemi, il lui difoit: C'eft en-
vain que tu offres un quartier de tes ga-
ges; on n'en veut point; il faut mourir.

— Er beruft sich dabei auf *De Brieux* Origines de quelques Coutumes anciennes.

Wenn Herrn Abelung's, und anderer, Vermuthung ihre Richtigkeit hat, daß das französische Wort *quartier* von dem deutschen Worte warten, in der allgemeinen Bedeutung des Aufhaltens, abstammt, wovon, mit vorgesetztem *g*, auch garde, guarde, und guarda gebildet wäre; oder gar von währen, bleiben, dauern; so ließen sich die obigen Redensarten noch leichter erklären, und Quartier wäre schon etymologisch so viel, als Frist oder Erhaltung.

R.

Rabbinen. Wenn die Rabbinen sagen, daß von verschiedenen Auslegungen einer undeutlichen Schriftstelle die eine eben so wahr sey, wie die andre; so erklärt dieß Canz, wenn ich mich recht erinnere, in seiner Ontologie ganz falsch, daß sie also die einzigen wären, welche den Satz, daß von zwei widersprechenden Dingen nur Eins wahr seyn könne, leugneten. Sie wollen weiter nichts sagen, als, daß man sie alle beide könne gelten laſſen, wenn ſie nichts enthalten, was andern unleugbaren Wahrheiten zuwider iſt. — Jetzt finde ich, daß Auguſtin eben ſo dachte. Wenn er nämlich L. XII. *Confeſſ.* ſeine Meinung von der Erſchaffung der Welt ſagt, und auch anderer Meinungen anführt, ſo ſetzt er hinzu: In hac diverſitate ſententiarum verarum (verae enim ſunt omnes, quia verum dicunt, etſi non omnes ſecundum mentem ſcriptoris eſſe poſſunt) concordiam pariat ipſa veritas. — Sollte für das letzte veritas nicht vielmehr varietas geleſen werden?

Die hier angeführten Worte Auguſtin's, nur nicht die in eine Parentheſe eingeſchloſſenen, die vielleicht Gloſſe ſind, finde ich in ſeinen Confeſſionen (Col. Agr. 1629. 12.) L. XII. c. 30. p. 362. *Veritas* aber iſt doch wohl die rechte Leſeart, wie der ganze Zuſammenhang, und beſonders das Nachfolgende, zu ergeben ſcheint. Eben weil alle dieſe verſchiednen Meinungen wahr ſeyn können, will er ſagen, ſollte man nicht darüber ſtreiten. Denn auch im folgenden Kapitel fährt er fort: Ita cum alius

dixerit, hoc ſenſit (Moſes) quod ego; et alius,
immo illud, quod ego: religioſius me arbitror dicere: cur non utrumque potius, ſi
utrumque *verum* eſt? Et ſi quid tertium, et ſi
quid quartum, et ſi quid omnino aliud *verum*
quispiam in his verbis videt, cur non illa omnia
vidiſſe credatur, per quem Deus unus ſacras
literas *vera* et diverſa viſuris multorum ſenſibus
temperavit? u. ſ. f.

Raphael. Von den in England und
Frankreich befindlichen Gemählden Raphael's
ſ. Winkelmann von Empf. d. Sch. S. 20.
— In Spanien, im Eskurial, ſind zwei
Stücke von ihm, deren eins eine Madonna iſt.
— In Deutſchland ſind zwei Stücke: zu
Wien die heil. Katharina, und zu Dresden das
Altarblatt aus dem Kloſter S. Siſto zu Pla-
cenza; aber dieſes iſt nicht von ſeiner beſten
Manier; und zum Unglück auf Leinewand ge-
mahlt, da ſeine andern Oelgemählde auf Holz
ſind. Daher hatte daſſelbe bereits viel gelitten,
als es aus Italien ankam; und wenn es auch
von ſeiner Zeichnung einen Begrif geben könnte,

so bleibt doch derselbe mangelhaft in Ansehung seines Kolorits.

Ein vermeinter Raphael, welchen der König von Preussen vor einigen Jahren in Rom für 3000 Skudi erstehen ließ, ist von keinem Kunstverständigen allhier (in Rom) für dessen Arbeit erkannt worden; daher auch kein schriftliches Zeugniß von der Richtigkeit desselben zu erhalten war. (Winkelm. ebendas.)

Wie es zu verstehen sey, was de Piles vom Raphael meldet, daß er zu der Zeit, als ihn der Tod übereilte, sich bestrebt habe, den Marmor zu verlassen, und der Natur gänzlich nachzuahmen, s. beim Winkelmann, v. d. Nachahmung griech. Werke, S. 15.

Ueber diese Excerpten zu kommentiren, würde hier zu weitläuftig werden. Ich erinnere nur, daß Vasari's Lebensbeschreibung noch immer die beste bleibt, die wir von diesem großen Künstler bisher haben; und daß Herr von Heinecke in s. Nachrichten von Künstlern und Kunstsachen, Th. II. S. 315 ff. das vollständigste Verzeichniß der nach ihm gestochenen Kupferstiche geliefert hat. Auch kann ich die vortrefliche treflichen Bemerkungen hier nicht unangeführt laffen, welche unlängft Hr. v. Ramhohr, in feinem mehrmals angeführten Werke, Th. I. S. 118. ff. über Raphael's mahlerifchen Charakter gemacht hat.

Religion, chriftliche. Wider die vielen Werke, welche in neuerer Zeit für diefelbe herausgekommen, gilt es, daß fie nicht allein fehr fchlecht beweifen, was fie beweifen follen, fondern auch dem Geifte des Chriftenthums ganz entgegen find, als deffen Wahrheit mehr empfunden feyn will, als anerkannt; mehr gefühlt, als eingefehen.

Diefes zu erhärten, müßte man zeigen, daß die für die Religion gefchriebenen Werke der Kirchenväter nicht fowohl Behauptungen derfelben, als bloß Vertheidigungen gegen die Heiden gewefen find. Sie fuchten die Gründe gegen fie zu entkräften, aber nicht unmittelbar Gründe für fie feftzufetzen.

Meines Bedünkens war es Grotius, der mit feiner Abhandlung von der Wahrheit der

chriſtlichen Religion, welche 1639 zuerſt heraus=
kam, den Weg eröffnete. Doch, hatte er ſo bald
noch keine Nachfolger. Einige vierzig Jahre
ſpäter entſtand erſt unter den reformirten Theo=
logen ein Streit, ob auch die chriſtliche Reli=
gion aus bloßen Gründen der Vernunft erwie=
ſen werden könne, oder ob ſonſt noch etwas hin=
zu kommen müſſe, um ſie für wahr zu halten.
Von dieſem Streite ſ. *Buddei* Inſtitutt. Theol.
dogm. L. I. c. 2. §. 17. Die, welche der
Meinung waren, daß die Vernunft hierin keine
Genugthuung verſchaffe, und uns von der
Wahrheit der Religion nicht überzeugen könne,
ſind vornehmlich der Rechtsgelehrte Ulrikus
Huberus, in ſ. Werke de Concurſu Ratio-
nis et Scripturae; Joh. Regius, de Modo percipiendi S. S. divinitatem, Fra-
necq. 1688; Witſius in Diſſ. Epiſt. ad
Ulr. Huberum; und Leydecker.

Daß ein Philoſoph ſehr geſchickt ſey, in
Streitigkeiten der Religion zu entſcheiden, des=
falls will ich mich nicht bloß darauf berufen, daß
die erſten Chriſten in ihren Streitigkeiten mit
den Ketzern heidniſche Philoſophen zu Schieds=

richtern erwählten; nämlich die ersten Christen
im dritten Jahrhunderte. Denn früher ist von
dieser Gewohnheit keine Spur. So disputirte
z. B. Origenes wider die Marcioniten und
Valentinianer, unter dem Schiedsrichteramte
des Eutropius, eines heidnischen Philosophen. Ein Beweis davon ist des Origenes
Dialogus contra Marcionitas, s. de recta
in Deum fide, den Joh. Rud. Wetsten
1674 zu Basel zuerst griechisch und lateinisch
herausgab. Desgleichen Archelaus, Bischof
zu Carrä in Mesopotamien, wider den Manes, unter Entscheidung vier heidnischer Philosophen. Von dieser Disputation sind noch
Fragmente vorhanden, welche Fabricius im
zweiten Bande der Werke des Hippolytus
wieder hat auflegen lassen.

Ich sage, ich will mich nicht hierauf berufen; weil die zwei Schriften, auf welche man
sich desfalls bezieht, leicht nur bloß dergleichen
Einkleidungen seyn dürften, ohne daß die Streitigkeiten jemals wirklich so gehalten worden;
wovon ich in ihnen selbst mehr Spuren aufsuchen müßte. Denn sie sind mir wenigstens da-

durch verdächtig, daß bei dem **Archelaus** die
Philosophen nicht allein wider den **Manes**
sind, sondern auch beim **Origenes** sich sogar
Eutropius zur chriſtlichen Religion bekehrt.
Anderer Punkte der Unwahrſcheinlichkeit zu ge-
ſchweigen. Wie denn auch **Friederici,** der
eine eigne Diſſertation: Philoſophos Gentiles controverſiarum fidei in veteri Chriſti
ecclesia arbitri, zu Leipzig 1723 gehalten hat,
aus der ganzen Kirchengeſchichte nicht mehr als
dieſe zwei Beiſpiele anzuführen weiß. Doch
bringt er ausdrüfliche Zeugniſſe bei, welche
dieſe Gewohnheit ſonſt bekräftigen; nämlich:
1. des **Cyrillus** aus dem vierten Jahrhunderte, Catech. VI, quae de Monarchia
Dei agit, n. XV. edit. *Tho. Milles*, p. 95;
und 2. des **Photius.** S. Cave, Hiſt. Litt.
Scr. Eccl. P. I. p. 100. **Wieſemann** in ſ.
Memorabb. Eccl. Hiſt. P. I. Sect. 3. §. 19,
p. 200, ſagt davon, daß es exemplo ſcanda-
loſo, nec facile excuſando, geſchehen ſey.
Und wenn er hierin auch Recht hätte, ſo würde
der Satz dennoch beſtehen, weil hier nicht von
heidniſchen **Philoſophen,** ſondern von chriſtlichen

die Rede ist, gegen welche die Einwendung des
Hasses und der Unwissenheit nicht gilt.

Einer meiner scharfsinnigsten Freunde, dem
ich diesem Artikel mittheilte, schrieb darüber
folgende Anmerkung nieder; „Man wird sich
gar nicht wundern, daß ein so denkender und
scharfsinniger Kopf, wie Lessing, mit Rous-
seau und andern Männern von eigenthümlicher
und wirklicher Denkkraft, die demonstrativen
Beweise für die Wahrheit des Christenthums,
und selbst der natürlichen Religion, als deren
Grundlehren doch, der Natur der Sache nach,
vorher demonstrirt werden müssen, ehe man das
Christenthum demonstriren kann, wenig befrie-
digend fand.‟

„Was L. und andre aus dem Unzulänglichen, Mangelhaften und Unbefriedigenden jeder
ihnen bekannten und bis dahin versuchten wis-
senschaftlichen Beweisart der Religionswahrhei-
ten schlossen, oder gewissermaßen nur ahneten;
ist nunmehr aus der Natur der Sache, und der
Beschaffenheit unsers Erkenntnißvermögens, bewiesen. Unsre Erkenntniß von Gott läßt gar
keine demonstrative Gewißheit und Ueberzeugung zu; und es ist unmöglich, daß dabei

ein eigentliches Wiſſen Statt finde. Unſre ganze, feſt gegründete und beruhigende Religionsüberzeugung ſtützet ſich auf einem vernünftigen und auf einem moraliſchen Glauben. Dieſer Satz iſt das wichtigſte Reſultat der Kritik der reinen Vernunft; und es iſt ein ganz unſchätzbares Verdienſt, welches ſich der Verfaſſer derſelben in dieſer Rückſicht inſonderheit dadurch erworben hat. Wir wiſſen nunmehr, daß durch alle metaphyſiſche Grübeleien, und noch ſo ſcharfſinnige Spekulationen, die Wahrheiten der Religion niemals werden bewieſen, aber auch eben ſo wenig jemals widerlegt und mit Grunde angefochten werden können.“

„Dieſes Verdienſt der neuern Philoſophie um die Religion iſt, obgleich bloß negativ, dennoch das größte, welches ſie ſich um dieſelbe erwerben konnte, und wahrlich ein ſehr ſegenvoller Gewinn für die Menſchheit. Denen aber, welche die Größe dieſes Verdienſtes verkennen, und ſich einbilden, daß uns die Philoſophie in der Religionserkenntniß poſitiv weiter führen, und größere Gewißheit geben müſſe, als der geſunde Menſchenverſtand, kann man mit Kant antworten: „Aber verlangt ihr denn,

„daß ein Erkenntniß, welches alle Menschen
„angeht, den gemeinen Verstand übersteigen,
„und auch nur von Philosophen entdeckt werden
„solle? Eben das, was ihr tadelt, ist die beste
„Bestätigung von der Richtigkeit der bisheri-
„gen Behauptungen, da es das, was man An-
„fangs nicht vorher sehen konnte, entdeckt,
„nämlich, daß die Natur in dem, was Men-
„schen ohne Unterschied angelegen ist, keiner
„partheiischen Austheilung ihrer Gaben zu be-
„schuldigen sey; und die höchste Philosophie in
„Ansehung der wesentlichen Zwecke der mensch-
„lichen Natur es nicht weiter bringen könne,
„als die Leitung, welche sie auch dem gemein-
„sten Menschenverstande hat angedeihen lassen.‟
Kritik der reinen Vernunft, S, 859.

———

Rembrandt. Die Rembrandtische Ma-
nier schickt sich zu niedrigen, possierlichen und
ekeln Gegenständen sehr wohl. Durch die starken Schatten, welche durch den Vortheil des
unreinen Wischens oft erzwungen werden, errathen wir mit Vergnügen tausend Dinge, welche
deutlich zu sehen kein Vergnügen ist. Die Lum-
pen eines zerrissenen Rockes würden, durch den

U 4

feinen und genauen Grabstichel eines Wille
ausgedrückt, eher beleidigen als gefallen; da sie
doch in der wilden und unfleißigen Art eines
Rembrandt wirklich gefallen, weil wir sie
uns hier nur einbilden, dort aber sie wirklich
sehen würden.

Hingegen wollte ich hohe, edle Gegenstände
nach Rembrandt's Manier zu behandeln
nicht billigen. Ausgenommen solche hohe, edle
Gegenstände, in welchen Niedres und Edles
verbunden ist. Z. E. die Geburt eines Gottes
in einem Stalle, unter Ochsen und Eseln. Und
solche, mit welchen die Dunkelheit für sich verbunden ist.

Moses Mendelssohn, dem ich diese
Gedanken mittheilte, antwortete mir: „Sie
„haben vollkommen Recht. Denn wenn uns
„schon bei hohen und edeln Gegenständen die
„Skizzen oft besser gefallen, als die vollendeten
„Gemählde; so geschieht es deswegen, weil
„wir bei den Skizzen dasjenige hinzudenken,
„was ein arbeitsamer Pinsel ausgeführt hätte.
„Die Rembrandtische Manier aber kann uns
„als eine fertige und vollendete Arbeit bei edeln

„Gegenständen nicht gefallen. Von Dietrich
„hat man eine Beschneidung im Rembrandti-
„schen Geschmacke."

Wer mit Rembrandt's Manier nur eini-
germaßen bekannt ist, wird diese Bemerkungen
über ihre Anwendung und Nachahmung sehr
gegründet finden. Man vergleiche damit, was
der sel. v. Hagedorn in s. Lettre à un Amateur
de la Peinture &c. (Dresde, 1755. 8.) p. 65. ff.
über diesen Künstler und seine Schule sagt.
Uebrigens giebt es unter seinen Gemählden
mehrere, welche geistliche Subjekte von höherer
Art, freilich aber nicht immer edel genug, darstellen. Andeutung aber war doch immer mehr
in seiner Manier, als Vollendung; und man
müßte daher die Bemerkung Mendelssohn's
wohl dahin einschränken, daß uns das, was
wir hier hinzudenken, nicht höher führt, sondern tiefer herabstimmt. Dietrich hat, wie
bekannt, dem Rembrandt sehr oft nachgebil-
det, vornehmlich in seinen Kupferblättern, deren vollständigstes Verzeichniß Hr. v. Heinecke
in s. Nachrichten von Künstlern und Kunstsachen
Th. I. S. 127 ff. und in den neuern Nachrichten, S. 16 ff. geliefert hat.

Reyſelius. Von deſſen bewunderns-
würdiger Maſchine eines künſtlichen Menſchen
ſ. das Journal des Savans, a. 1677, p. 361;
und die Beſtätigung dieſer Nachrichten ebendaſ.
a. 1680, p. 41. ſſ.

Salomon Reiſel war ein gegen das Ende
des vorigen Jahrhunderts lebender Arzt, aus
Hirſchberg gebürtig, der zuerſt als Stadtphy-
ſikus zu Worms, und hernach als Würtember-
giſcher Rath und Leibarzt zu Stuttgard lebte.
In den Actis Academiae Naturae Curioſorum,
deren Mitglied er war, findet man mehrere von
ihm beſchriebene Wahrnehmungen und Verſuche;
unter andern auch die Beſchreibung einer von
ihm erfundnen Statuae humanae circulatoriae,
durch welche er den Umlauf des Bluts nach mechaniſchen Geſetzen anſchaulich machen wollte.
Im Journ. des Sçav. l. c. wird davon eine kurze
Beſchreibung gegeben. Die Maſchine war in
ihrer ganzen Einrichtung dem menſchlichen Körper, nach allen ſeinen innern Theilen, völlig
ähnlich; und R. hatte noch die Hoffnung, ihr
auch die Stimme und die natürliche Bewegung
mitzutheilen. Gefäße und Eingeweide waren
von gewöhnlicher Größe und Geſtalt; und das

Waſſer oder irgend eine andre Flüſſigkeit, die man in den Mund goß, ging durch den Schlund in den Magen, von da in die Herzadern, u. ſ. f. zuletzt durch die Nieren in die Blaſe, und von da von ſelbſt wieder heraus. Auch hatte er in dieſer Maſchine die natürliche Bewegung der Lunge, die Einziehung und Aushauchung der Luft, alle Bewegungen des Pulſes, u. dergl. anzubringen gewußt. — An der zweiten angef. Stelle des J. d. Sç. findet man den Auszug eines Briefes aus Jena an einen Pariſer Gelehrten, worin von jener Maſchine nähere Nachricht ertheilt, und noch hinzugeſetzt wird, daß ſich die gröbern Theile der eingegoſſenen Flüſſigkeit während des Umlaufs abſonderten, und wie natürlicher Auswurf durch den After, die minder groben Theile aber durch den Urin abgingen.

Wilhelm ten Rhine. Der erſte, welcher in Europa der Chineſer und Japaner Art, durch die Inuſtion und Acupunctation das Podagra und andre reiſſende Krankheiten zu heilen, bekannt gemacht hat. S. Journal des Sav. a. 1684. p. 109.

Die Abhandlung über diese Materie, aus
welcher gedachtes Journal einen Auszug liefert,
heißt: *Wilhelmi ten Rhine*, M. D. Transisalano-
Daventriensis, Dissertatio de Arthritide; Man-
tissa Schematica de Acupunctura; et Orationes
tres, *&c.* singula notis illustrata. 8. Lond. 1683.
Man hatte ehedem die Chineser und Japaner,
wegen des vielen warmen Getränks, das sie zu
sich nehmen, von den Anfällen der Gicht völlig
frei geglaubt; und doch sind, besonders die erstern, ihr vielleicht häufiger unterworfen, als
irgend eine andre Nation. Um sich davon zu
heilen, pflegen sie, der hier gegebenen Beschreibung nach, die leidenden Theile entweder zu
brennen, oder mit feinen und langen Nadeln
tief in dieselben einzubohren. Das erstere war
schon, wie der Rezensent bemerkt, ehedem bekannt; der Nadelstich aber nicht. Ihrer Meinung nach entstehen alle Krankheiten von Win-
den, die in dem Körper eingekerkert sind, und
denen sie daher durch jene Operationen einen
freien Ausgang zu schaffen, und zugleich das
Blut zu reinigen suchen. Das Brennen wird
vom Hippokrates angerathen, und ist bei
vielen morgenländischen Völkern, auch selbst bei
den Türken, gewöhnlich. Die Chineser bedie-

nen sich dazu einer Pflanze, die auch in Europa
wächst, (l'Armoise rouge à grandes feuilles;)
und die bei ihnen Moxa heißt. Des Nadel-
stichs aber bedienen sie sich statt des Aberlassens.
Beim starken Kopfweh, bei der Schlafsucht,
fallenden Sucht, u. s. f. sticht man in die Scheitel des Kopfs; bei Koliken, dem Durchlauf,
u. dgl. in den Unterleib; u. s. w. In die flei-
schigen Theile wird tiefer gestochen, als in die
nervigen; man bedient sich dazu einer goldnen
oder silbernen Nadel, die man zu S. 116 des
Journ. des Sçav. nebst einem menschlichen Körper, mit den bemerkten Brenn- und Stechpunk-
ten, abgebildet findet.

Nic. Ricciolini.

Nic. Ricciolini. Ein bekannter Mahler in Rom, der im J. 1763 noch lebte, und
von dem, zum Beweise, wie wenig die Römer
das, was sie täglich vor Augen haben, achten,
Winkelmann erzählt, daß er allererst im
siebzigsten Jahre seines Alters die Statuen der
Villa Borghese zum erstenmal gesehen habe. Er
war sonst ein Mann von großem Talente und
vieler Wissenschaft, auch ausser seiner Kunst.

(Von der Empf. d. Sch. S. 7.) Die Baukunst hatte er aus dem Grunde studirt, und dennoch eines der schönsten Denkmäler, nämlich das Grab der Cäcilia Metella, des Krassus Frau, nie gesehen.

Füeßlin bemerkt von diesem Nicolo Ricciolini, er sey ein Historienmahler zu Rom um 1750 gewesen, und habe viele Gemählde für die Kirchen dieser Hauptstadt verfertigt. Ausserdem gedenkt er noch eines Michelangelo Ricciolini, und eines dritten, der als ein Schüler des Ciro Ferri angegeben werde.

Richardson. Der englische Feuerfresser. S. Journal des Sav. a. 1677, p. 54 und 222. — Endlich ward sein Geheimniß verrathen, und eben daselbst, a. 1680, p. 292, mitgetheilt.

Dieser Richardson heißt in der ersten angeführten Stelle ein englischer Chemiker; und es wird von ihm gesagt, er kaue glühende Kohlen, lege brennenden Schwefel auf die Zunge, nehme eine glühende Kohle auf dieselbe, und

lasse ein Stück rohes Fleisch und eine Auster
darauf kochen, sie auch eine halbe Viertelstunde
lang anblasen; er halte ein glühendes Eisen
lange Zeit in der Hand, lasse es wieder über-
glühen, nehme es dann zwischen die Zähne,
und schleudre es mit der größten Gewalt gegen
den Kamin; auch verschlinge er geschmolznes
Glas, Schwefel, u. s. f. so, daß ihm die Flam-
me aus dem Munde schieße. — Die zweite angeführte Stelle enthält den Auszug eines Briefes von Hrn. Dodart über diesen Feuerfresser,
in welchem seine Kunst aus einer natürlichen
und durch Uebung verstärkten Anlage hergeleitet
wird. Auch werden mehrere Beispiele dieser
Art angeführt. — In dem Journal von 1680
aber wird die Entdeckung des ganzen Geheim-
nisses von Hrn. Panthot, einem Arzte zu
Lyon, mitgetheilt. Der Bediente Richardson's hatte es verrathen, daß es in nichts weiter bestehe, als im reinen Schwefelgeiste, womit man diejenigen Theile einreibe, die das
Feuer berühren sollen, weil dadurch die Ober-
haut dergestalt durchbrannt, und wie Leder ge-
härtet werde, daß sie mit der Zeit alles Gefühl
verliere. Dazu kam noch ein besondrer Kunst-
grif, mit welchem R. wenn er z. B. die glühende

Kohle auf seine Zunge legte, in aller Geschwin=
digkeit ein andres Stück Kalbfleisch zwischen die
Kohle und seine Zunge brachte.

———

Ritterorden. Ich finde in Zeillers
Sendschreiben XXI: „Was derselbe mir von
„dem neuen Ritterorden, de i Cavalieri di
„Santa Militia genannt, so neulich in diesem
„1619ten Jahre zu Wien, von dem Herzoge
„von Nevers und andern Fürsten und Herren
„aufgerichtet worden, schreibet, das habe ich
„mit mehrern daraus vernommen." — Ich
merke mir dieses Zeugniß deswegen an: 1) Weil
Gryphius dieses Ordens gar nicht gedenkt;
2) weil er im Gegentheil an der wirklichen
Existenz eines Ordens der Ritter von den
Kreuzzügen, deren Justiniani im 20sten
Kapitel der andern Edition gedenkt, zweifelt,
und meint, daß überhaupt die Kreuzorden dar=
unter verstanden würden. Könnte Justiniani
nicht diesen Orden des Herzogs von Nevers
darunter verstanden haben? Ich muß sein Werk
bei Gelegenheit selbst nachsehen, nämlich seine
chrono=

chronologiſche Geſchichte aller Ritterorden, in italiänlſcher Sprache, deren zwelte Ausgabe 1692, fol. erſchienen iſt.

Beim Bernardo Giuſtinian in ſeinen Hiſtorie Cronologiche dell' Origini Militari e di tutte le Religioni Cavalleresche (Venez. 1692. 2 Voll. fol.) iſt in dem angef. 20ſten Kapitel, T. I. p. 193. ſſ. von dem beim Zeiller gedach= ten Orden gar nicht die Rede. Dieß Kapitel iſt: *Cavallieri della Croceata* überſchrieben, und enthält eine kurze Erzählung von den vornehm= ſten Kreuzzügen, deren er bis auf 1459 vierzehn zählt. Gryph hat alſo zwar Recht, wenn er §. 45. ſagt, der Ritterorden von den Kreuzzügen ſey eigentlich kein gewiſſer Orden, ſondern Giu= ſtinian meine damit diejenigen Chriſten, welche ſich durch die Kreuzpredigten der von dem Papſt ausgeſchickten Geſandten bewegen ließen, und haufenweiſe den Zügen in das gelobte Land ge= gen die Ungläubigen und andre Feinde der römi= ſchen Kirche beiwohnten. Aber Giuſtinian ſagt auch ſelbſt am Schluſſe jenes Kapitels: Queſt' Ordine dunque, *che più* propriamente ſi deve chiamare *Marca Cavalleresca*, non s'avanzò oltre all' occaſioni motivate di guerre generali per la religione cattolica; terminate le quali, ceſſava anco la Croceata; u. ſ. f.

Des von Zeiller erwähnten Ordens aber gedenkt Gryph allerdings; aber unter der Rubrik der Ritter B. Mariae Virginis Annunciatae, §. 43, und bemerkt gleichfalls, daß *Carlo Gonzaga*, Herzog von Nevers diesen Orden zur Bekriegung der Ungläubigen, mit einem großen, aber geschwinde verlöschenden Ansehen errichtet habe. Er rückt darauf Grammond's Beschreibung dieses Ordens ein, worin unter andern gesagt wird: Non deficiebant Niverno Principi in opus arduum dotes animi, natales, et virtus; defecit, ſine qua irriti vulgo conatus magni, pecunia. Denn obgleich Pabſt Urban *VIII.* diesen Orden bestätigte, und mit vielen Privilegien versah, so nahm er doch, da einige Zwiſte entſtanden, und der Stifter Herzog von Mantua wurde, gar bald ein Ende, oder wie es Giuſtinian, der Kap. 84 von diesem Orden handelt, sich ausdrückt: provò queſta Religione, non molto lungi dalla Culla, il Feretro, e dni natali, l' occaſo; onde appena vivono le memorie nei ſeguenti Scrittori. Die ganze und förmliche Benennung des Ordens war: *Miliția Criſtiana di Santa Maria della Concezione ſotto r' Invocazione di S. Michiele.* — In der Histoire des Chevaliers de Malte par *Vertot*, T. IV. p. 130, finde ich, daß der Herzog von Nevers bei Errichtung dieses Ordens eigentlich die Absicht gehabt, den Orden vom heiligen Grabe von dem Johanniterorden zu trennen, und daß dieser daher im J. 1619 den Dom Luis Mendes de Vasconcellos an den französischen Hof abgeschickt habe, um des Herzogs Absichten zu vereiteln, welches auch geschehen sey. Hierin mag also wohl die schnelle Aufhebung jenes Ordens ihren vornehmsten Grund haben.

Im Theatro Europaeo, T. I. S. 307, findet sich eine Nachricht von der Stiftung dieses Ordens, und ein Verzeichniß der gleich Anfangs in denselben aufgenommenen Mitglieder. Das Ordenszeichen ist dort gerade so, wie beim Giustiniau angegeben; und dieß macht seinen Sieg über den Franzosen, der eine andre Meinung über das Kreuz hat, desto glorreicher.

***

Galeazius Ruber, oder de Rubeis.

Ein geschickter Schmied zu Mailand zu Anfange des sechszehnten Jahrhunderts. Cardan's

Vater war sein vertrauter Freund; und dieser
Freundschaft haben wir es vornehmlich zu dan=
ken, daß der Sohn an verschiedenen Orten sei=
ner Werke dieses Künstlers gedenkt. Einmal in
dem Buche de *vita propria*, c. 3. „Uteba-
tur (pater) amico unico et familiari, *Ga-
leazio Rubro*; (familiae hoc nomen erat;)
similitudo morum et studiorum fabrum illi
amicum effecerat. Is enim est, qui Archimedis cochleam invenit, nondum vul-
gatis Archimedis libris; gladios qui plumbi instar flecterentur, et ferrum pene ut
lignum scinderent; et, quod majus fuit,
thoraces ferreos (me spectante saepius
experimentum; eram autem adolescen-
tulus;) qui ictibus igneorum tormento-
rum militum legionariorum resisterent,
adeo, ut quintuplici ictui unus idem suf-
fecerit, vixque rimulam contraxit." —
Und dann auch L. L. *de Subtilitate*, p. 366
Opp. wo er von der Cochlea des Archime=
des redet, und sagt, daß Vitruvius ihrer
gedenke, und Diodorus Sikulus zu zwei
verschiednen malen: Diceus, Aegyptum sic=

catam beneficio cochleae ab Archimede inventae. Quod ſi ita eſt, cum Archimedes ſecundi belli Punici temporibus floruerit, neſcio quo pacto antiquo tempore bene potuerit Aegyptus habitari. Sed *Galeazius de Rubeis*, civis noſter faberque ferrarius, cujus infra mentionem facturi ſumus, cum jam olim inventam ipſe quaſi primus auctor exiſtimaret reperiſſe, prae laetitia inſanivit. Vidimus illum verſantem truſatilem machinam, ac paullo poſt mente excuſſum." Die Maſchine wird dort im Holzſchnitte beigefügt und erklärt.

Ueber die *cochlea* des Archimedes ſ. *Vitruv.* L. X. c. II. Vergl. L. V. extr. und *Diod. Sic.* L. V. p. 217; auch *Abulpharaji* Hiſt. Dynaſt. p. 41. Die genaueſte Beſchreibung davon ſ. in *Franc. Eſchinardi* Tr. de Impetu; Rom. 1684. 4.

***

Prinz Ruprecht. Dritter Sohn des Churfürſten Friedrichs V. von der Pfalz, und der Eliſabeth, Königs Jakobs I. von England Tochter. Geboren 1619, den 26 Des

cember. Schon den 26 Oktober des nämlichen
Jahrs war sein Vater zum Könige von Böhmen gekrönt worden, welcher 1632, den 19 November, kurz nach Gustav Adolphs Tode
starb. Im J. 1635 gieng Ruprecht nach England, wie Michaelis sagt, oder vielmehr im
folgenden Jahre, nach Salmon's Berichte:
Charles, Prince Palatin du Rhin, & le
prince Robert son frère, arrivèrent en
Angleterre; ils venoient solliciter le re-
couvrement du Palatinat.

Man sieht leicht, in welcher Absicht L. sich
dieß angemerkt habe, wenn man weiß, daß dieser pfälzische Prinz Ruprecht oder Rupert
gemeiniglich für den Erfinder der schwarzen
Kunst oder des sogenannten Mezzotinto, gehalten wird. So viel ich weiß, ist die erste
und vollständigste Nachricht darüber die, welche
der berühmte John Evelyn, dem der Prinz
selbst seine Erfindung mittheilte, in seiner
Schrift: *Sculptura*, or the History and Art of
Chalcography, davon gab, deren erste Auflage, Lond. 1662. 12. sehr selten geworden, die
aber ebendaselbst, 1755. 8. mit einigen Vermeh-

rungen und Zusätzen, wieder herausgekommen
ist. Man sehe darüber Evelyn's Leben, im
dritten Bande der *Biographia Britannica*, und
dessen deutsche Uebersetzung *) in der von Hrn.
Dr. Semler herausg. Samml. merkw. Lebensbeschreibungen a. d. Britt. Biogr. B. V.
S. 443 ff. wo man in der Note den Inhalt des
Buchs ausgezogen findet. Prinz Ruprecht
soll auf diese Erfindung ganz zufällig, beim An-
blik einer abgeschabten Stelle auf dem Flinten-
laufe eines deutschen Soldaten, gekommen seyn.
Er theilte, wie gesagt, dem Evelyn seine
Verfahrungsart mit, und erlaubte ihm, sie bekannt zu machen, welches er in einem für die
Königl. Societät bestimmten schriftlichen Auf-
satze that. Von dem ersten Blatte, welches der
Prinz in dieser, jetzt in England so sehr zur
Vollkommenheit gediehenen, Manier verfertigt
haben soll, ist der ersten Ausgabe das höchst

---

*) Sie ist äußerst fehlerhaft, diese Uebersetzung, so, wie
fast alles ohne Ausnahme in dieser Sammlung von
Fehlern der Nachläßigkeit und der Unwissenheit wim-
melt. Wie fällt z. B. nur gleich in die Augen, daß
Mezzotinto auf dem Titel von Evelyn's Buche
durch Mittelfarben übersetzt, und S. 447 abermals von
Kupferstichen mit Mittelfarben geredet wird.

seltne Original, und der neuen Ausgabe von
Evelyn's Buche eine genaue Kopie von Hou-
ston, so, wie auch das Bildniß des Prinzen
selbst, beigefügt worden. — Evelyn gedenkt
verschiedner Blätter von ihm: z. B. die große
und kleine Enthauptung Johannis des Täufers;
einen Soldaten, der einen Spieß hält, und
seine Hand auf einen Schild legt; zwei Magda-
lenen, und andre, meistens nach Tizian und
Giorgone verfertigte Blätter. — Hieher gehörige Nachrichten findet man auch in *J. Gran-
ger's* Biographical History of England (Lond.
1769. 4 Vols. 4.) Vol. II. p. 409 ff.

Bei dem allen ist es doch jetzt wohl so gut
als ausgemacht, daß nicht Prinz Ruprecht
von der Pfalz, sondern Ludwig von Siegen,
ein hessischer Obristlieutenant, schon im J. 1643
die schwarze Kunst erfunden, und sie jenem Prinzen mitgetheilt habe, der sie zuerst nach England
brachte. Siegen's erstes Blatt war das Bildniß der Landgräfin Amalie Elisabeth. — S.
Notices générales des Graveurs, par Mr. *Huber*,
(Dresde & Leipf. 1787. 2 Voll. gr. 8.) T. I.
P. 59.

Rüchen. In Ansehung des Sinnes des Rüchens, und der Besonderheiten desselben, ist **Johannes Leodinensis**, als Beispiel eines ganz außerordentlichen Geruchs merkwürdig, von dem **Digby** de Natura Corporum, und **Morhof**, de Paradoxis Sensuum, nachzusehen sind. — Von dem Geistlichen zu Prag, welcher die Leute durch den Geruch zu unterscheiden wußte, und eine neue Wissenschaft des Geruchs schreiben wollte, worüber er aber starb, s. das Journal des Savans, a. 1684, p. 66.

Die Rechtschreibung welche **L.** hier für dieß Wort gewählt hat, wäre, wenn sie der Gebrauch eingeführt hätte, wohl die bessere, da das Wort **riechen**, wie auch Hr. Adelung bemerkt, von **rauchen** nur in der Mundart verschieden ist.

Beim **Morhof** ist die Stelle in s. Differt. Acad. et Epistol. (Hamb. 1699. 4.) p. 322: Vixerat in silvis diu radicibus et glandibus *Joannes* quidam *Leodiensis*, milites fugiens: is e simplici illo cibo hac polluit facultate, ut odoratu cibos explorare, homines ac venatores

X 5

diſtinguere, eorumque inſidias eludere potuerit.
Er beruft ſich dabei auf den Digby.

Im Journal des Sçavans, *l. c.* wird von
einem Geiſtlichen zu Prag erzählt, er habe
durch den bloßen Geruch die Leute eben ſo
gut gekannt als andre durchs Geſicht, und
habe durch bloßen Geruch ſogleich ein unſchuldi=
ges und ſittſames Frauenzimmer von einem
ſchon verführten oder unkeuſchen zu unterſchei=
den gewußt. Ce n'eſt, heißt es weiter, pas
une petite perte pour la Philoſophie, que la
mort ait enlevé ce Religieux; car, comme il
étoit fort ſavant, il avoit commencé de com-
poſer une nouvelle ſcience des odeurs, dans
laquelle il découvroit des choſes merveilleuſes
ſur cet organe, & ſur ſes qualités,

S.

Satyriſches Drama. Oder wie
es Eſchenburg in ſeinem Hurd mit Einem
Worte nicht übel überſetzt, Satyrſpiel. Nur
könnte man leicht aus dieſer Benennung ſchlie=
ßen, daß es ſchlechterdings aus Satyren habe
beſtehen müſſen. — Vor dem Caſaubonus
war es den neuern Gelehrten kaum bekannt;

daher viele gar nicht wußten, was sie aus dem
Cyklops des Euripides machen sollten.
Z. E. Florens Christianus in den Noten
zu seiner Uebersetzung desselben, sah wohl, daß
es keine ordentliche Tragödie seyn sollte; aber
auch nicht einmal der Name fiel ihm bei; und
er glaubte es, wie Plautus seinen Amphi-
tryo, eine tragicomoediam nennen zu können.

Erst muß man dieses Drama, welches ein
regelmäßiges Werk war, von den Satyrchö-
ren, unterscheiden, die mit wilden Gesängen
und unordentlichen Tänzen in den ältesten Zeiten
das Bacchusfest feierten, und aus welchen das
Trauerspiel selbst seinen Ursprung hatte. Das
neuere Satyrspiel war eine spätere Erfindung,
und ward durch das ernsthafte Trauerspiel veranlaßt, welches vielen bei so freudigen Feierlichkeiten zu ernsthaft war, denen man also auch
etwas lustigers geben mußte:

— — — — — eo quod
Illecebris erat et grata novitate morandus
Spectator, functusque sacris, et potus et exlex.
HORAT. de A. P. v. 223.

Ich glaube selbst, daß satyrisches Drama die Art des Schauspiels, von welcher hier
die Rede ist, besser bezeichne, als der Ausdruck:
Satyrspiel; obgleich nicht aus dem von C.
angeführten Grunde. Denn satyrisch, ganz
im griechischen Sinne des Worts, da das Römische: satirische, wie bekannt, nicht damit
einerlei sagt, hieß es doch bloß deswegen, weil
Satyre darin anfänglich mit auftraten, wenn sie
gleich nicht die einzigen spielenden Personen
waren, und in der Folge ganz daraus wegblie-
ben. Auch waren die Satyrchöre wohl gewiß
der Ursprung dieser Schauspielgattung. Man
lese darüber das sehr empfehlungswürdige Programm des Hrn. Prof. Buhle in Göttingen,
de Fabula Satyrica Graecorum; Goett. 1787. 4.
worin auch die von mir dem Verf. mitgetheilte
Lessingische Vermuthung, daß die Alce-
stis des Euripides nicht ein Trauerspiel,
sondern ein solches satyrisches Drama sey, geprüft und bezweifelt wird.

Schach. Ein Verzeichniß der Schriftsteller vom Schachspiel findet man beim *Tho.
Hyde* de Ludis Orientalium, **L. I. P. I.**

p. 182; auf welches sich die Nummern, die ich hier anführe, beziehen:

27. Dieser Jak. de Cessolis oder Casallis, oder Casolis, der vor dem J. 1200 lebte, und eine Moralisation des Schachspiels schrieb, ist wohl der älteste Schriftsteller von dieser Materie in Europa. — Hyde merkt dabei an: Hunc librum *Conradus de Ammenhusen* Monachus et Sacerdos Stettinensis circa annum 1337 in rhythmum germanicum vertit, auxitque adeo, ut novus liber videretur. Es ist eine dergleichen Uebersetzung unter den Manuskripten der Wolfenbüttelischen Bibliothek; ohne Zweifel wird es die nämliche seyn. — Eine eigentliche deutsche Uebersetzung der Abhandlung des Cassalis von einem Stephan Flacher von Dünkelspiel von 1413 s. unter den Msspten, Nr. 25. 4. Eine gedruckte italiänische von 1534, s. 154. 1. Quodl.

11. Wielius, welcher das Gedicht des Vida kommentirt hat, heißt nicht Hie-

ronymus, sondern Lukas, und war aus Liegnitz in Schlesien. Sein Kommentar mit dem Gedichte selbst ist gedruckt Argentinae, 1504. 8. (104. Eth. 8.)

22. Cosmo Grazino hat eigentlich nichts vom Schachspiele selbst geschrieben, sondern nur eine verbesserte Ausgabe von dem Gedichte des Vida, nebst einer italiänischen Uebersetzung in Ottava Rima, geliefert, die 1604 zu Florenz in 4. gedruckt ist. (86. Quodl. 4.)

20. Girolamo Zanucchi ist gleichfalls nur ein Uebersetzer des Vida in Ottava Rima. Seine Uebersetzung ist gedruckt Trevigi, 1589. 4. (180. Quodl. 4.)

Unter die Uebersetzer des Vida gehört auch noch Nicolo Mutoni, den Hyde nicht hat, und dessen Uebersetzung in versi sciolti zu Rom, 1544. 8. gedruckt worden. (154. 1. Quodl. 8.)

21. Gregorio Ducchi aber, Gentiluomo Bresciano, hat ein eignes Heldengedicht vom Schachspiel 1607 zu Venedig in 4. drucken lassen. Der Titel heißt: Il

Giuoco degli Scacchi, ridotto in Poe-
ma Eroico, sotto Prosopopea di due
potenti Rè, e degli Eroi loro. Es
besteht aus sechs Gesängen in Ottava Rima.
(180. Quodl. 4.)

18. Damano Portughese hat ein Libro da imparare giocare à Scacchi e de'
bellissimi partiti &c. italiänisch und spa-
nisch geschrieben, wovon zwei alte Ausgaben ohne Jahrzahl in der Wolfenb. Bibliothek befindlich sind. Die ältere, 562.
Quodl. 8; und die spätere 554. 1. Quodl.
— Es hat zehn Kapitel, wovon das achte:
delli tratti sottili che si dicono in vol-
gare Spagnuolo *primores*, und das neunte
delli giochi delli partiti, d. i. von solchen Spielen, wo man wettet, daß in drei,
vier, fünf, sechs Zügen der Gegner matt
seyn soll; und das zehnte de l' arte del
giocare alla mente, handeln. Es ist
aber zu bedauern, daß die Exempel im achten und neunten Kapitel, welche nach Art
des Stamma, und vielleicht die nämlichen sind, wegen der fehlerhaften Holz-

schnitte, welche dabei gedruckt, kaum zu
verstehen sind.

19. Ruy Lopez. Von dieses Spaniers
Abhandlung sind in der Wolfenb. Biblio=
thek nur zwei Ueberseßungen: eine italiä=
nische von Gio. Domenico Torsia mit
dem Namen des Lopez; Veneb. 1584. 4.
(180. Quodl. 4.) und eine französische,
ohne Namen des Verfassers und Ueberse=
ßers, Paris, 1609. 4. (86. Quodl. 4.)
— Ruy Lopez ist der, dessen Anweisung
mir unter allen am besten gefallen hat.

17. D. Jakob Mennel hat ein deutsches
Gedicht vom Schachspiel 1507 drucken las=
sen, welches sich meistentheils bei den An=
weisungen zum Schachspiel findet, die
Christian Egenolff zu Frankfurt in
der ersten Hälfte des vorigen Jahrhunderts
öfters hat drucken lassen. (263. Quodl. 4.)
— Ich habe aus diesen Anweisungen gese=
hen, daß unsre jeßige Art, Schach zu spie=
len, gar nicht die alte, sondern eine neuere
ist, die damals Current, oder das wel=
sche Schachspiel genannt wurde. — Aus
den

den gemeinen Regeln merke ich mir daraus
folgende:

Wiltu das Spiel behalten,
So zieh den ersten von dem Alten.

(d. i. den Läufer.)

Und

Ante Reginam
Debes producere primam.

(Welches aber jenem widerspricht; indeß
sind beide Auszüge gut.)

Und

Hut gegen Hut
Thut selten gut.

Lucanus in Paneg. ad *Pisonem* a décrit
élégamment le jeu des échecs, sagt Du
Fresne in seinen Anmerkungen über den
Joinville, S. 59.

Von neuern Schriftstellern über dieß
Spiel, welche Hyde nicht haben konnte, f. die
Vorrede der Analyse des Échecs, par *Phi-
lidor*; Leipf. 1754. 8. Dahin gehören;

1. Don Piedro Carrera, der im J. 1617
ein großes Buch darüber herausgab. Aus

ihm scheint Philidor alles Historische zu
haben, welches sehr seicht und unrichtig ist.
Z. E. Wenn er von den Regeln des Palamedes spricht, welcher das Spiel, nach
dem Carrera, soll erfunden haben, als
ob wirklich noch ein Buch von ihm vorhanden wäre.

2. *Le Calabrois*, der dem Carrera mit andern in ihren sehr unzulänglichen Anweisungen gefolgt ist. Sie haben bloß die ersten Züge angegeben, und es hernach dem
Spieler fortzusetzen überlassen.

3. Cunningham und Bertin, kenne ich
beide nicht. „Ils nous donnent des
Gambits, qu'ils font perdre ou ga-
gner, en faisant mal jouer l'adver-
saire.“

4. Philidor selbst sagt von sich und seinem
Buche: „Mon but principal est de me
rendre recommandable par une nou-
veauté, dont personne ne s'est avisé,
ou peut-être n'en a été capable; c'est
celle de bien jouer les Pions; ils font
l'ame des échecs.“

Ob ich gleich die meisten hier angeführten
Bücher aus der Fürstl. Wolfenbüttelischen Bibliothek zu Rathe ziehen, und darüber weitere
Nachrichten ertheilen könnte, so würde mich
dieß doch hier zu weit führen, und doch am
Ende nur Stückwerk bleiben. Wer eine vollständige Litteratur des Schachspiels sammeln
wollte, welches sich der Mühe wohl verlohnen
möchte, der müßte dabei das von dem Engländer Twiß zu London 1787 und 89, in zwei
Oktavbänden herausgegebene Buch: Chess, zu
Rathe ziehen, worin nicht nur eine Menge un-
terhaltender Anekdoten, das Schachspiel betreffend, sondern auch ein zahlreiches und ziemlich
vollständiges Verzeichniß der ältern und neuern
Schriften über dieses Spiel enthalten ist.

Schauspieler und Schauspielkunst.

Es muß nicht wahr seyn, daß die Schauspieler
der Alten beständig unter der Larve gespielt
haben. Denn wie könnte Seneka (Epist. XI.)
sonst sagen: Artifices scenici, qui imitantur affectus, qui motum et trepidationem
exprimunt, qui tristitiam repraesentant,

Y 2

hoc indicio imitantur verecundiam: deii-
ciunt vultum, verba submittunt, figunt
in terram oculos et deprimunt, ruborem
sibi exprimere non possunt; nec prohibe-
tur hic, nec adducitur. — Man dürfte
zwar vielleicht sagen, daß artifices scenici
hier die Pantomimen wären; aber wie paßt
sich das verba submittunt auf die Pantomimen?

Aus allem, was man von dem Theater der
Alten, und besonders von ihren Masken weiß,
scheint doch die Allgemeinheit derselben zu erhellen. Auch ließe sich die angeführte Stelle des
Seneka wohl von verlarvten Schauspielern
erklären, die doch die Augen frei behielten, und
folglich dieselben starr auf etwas heften oder
niederschlagen, und so auch das Gesicht zur
Erde niederbeugen konnten. Artifices scenici
sind ohne Zweifel Schauspieler überhaupt.
So sagt Quintilian, L. XI. c. 3. „Itaque in
iis, quae ad scenam componuntur fabulis,
artifices pronuntiandi a personis quoque affectus
mutuantur, etc." Mn lese die ganze Stelle
nach; so wird man finden, daß in ihr den Schauspielern fast noch mehr leidenschaftlicher mimi-

scher Ausdruck, als in der Stelle des Seneka,
beigelegt wird. Zugleich aber wird darin die
Art und die Möglichkeit dieses Ausdrucks bestimmt, nämlich durch den in den Gesichtszügen
der Maske ausgedrückten Charakter, der, wie
man weiß, auf jeder Seite anders war. Uebrigens sind die Untersuchungen des du Bois,
Boindin, Ficoroni u. a. über die Masken
der Alten bekannt.

———————

Schifsbau. Ums Jahr 1691 that ein
Engländer William Petty einen Vorschlag
zu einem Schiffe, von einer ganz neuen Bauart,
und ließ auch wirklich ein Modell davon bauen,
mit welchem im gedachtem Jahre auf der Them-
se Versuche angestellt wurden. Die Beschreibung davon finde ich in The Young Student's Library, by the Athenian Society,
p. 208. — Das Wesentlichste von der Struk-
tur war, daß es aus zwei kleinen Schiffen bestand, welche durch eine Platform mit einander
verbunden waren, so, daß zwischen beiden
Schiffen das Wasser einen freien Durchlauf
hatte. Die Vortheile, welche Petty davon

versprach, waren: 1) eine weit größere Geschwindigkeit, da es zwei oder dreimal so viel Segel führen könne, als ein andres Schif, und dabei keinen Ballast brauche; 2) daß es nicht so leicht umschlagen, und gar nicht sinken könne; jenes, weil das Wasser unten dazwischen durchströme; und dieses aus dem nämlichen Mangel des Ballastes; u. s. f. Wegen des doppelten Kiels wollte man diesem Schiffe den Namen *Gemini* geben. Ich finde aber nicht, daß man weiter auf diese Vorschläge geachtet habe.

Der Kiel jedes dieser beiden Schiffe sollte, nach der am angef. O. gegebenen Beschreibung, achtzig Fuß lang, in der Dicke mit der Platform nur zwei und dreißig Fuß, und die Höhe vom Kiel bis zur Platform vierzehn Fuß seyn. Als Kriegsschif gebraucht, sollte es funfzig Kanonen, zweihundert Mann, und zweimonatliche Provision halten. Zu den angezeigten Vortheilen werden auch noch die gerechnet, daß es wegen der vielen geraden Bretter des Kiels nicht so leicht mit seiner ganzen Last zu Grunde sinken, nicht mit dem Vordertheile unter Wasser seyv,

und der Maſt im Sturm viel leichter nachgeben
würde. Hiezu kämen manche andre, dort her-
gezählte, Vortheile; nur wird dabei ein zu leich-
tes Zerbrechen des Schiffes und die Zertheilung
der beiden Schiffe, woraus es beſteht, durch die
Gewalt der Wellen in dem Zwiſchenraume, be-
fürchtet, dem jedoch der Erfinder vorgebeugt zu
haben verſprach. Den Namen *Gemini* hatte man
dieſem Schiffe freilich Anfangs beſtimmt; es
wurde aber, wegen der Ungewißheit des Er-
folgs, *Experiment* genannt.

Schmidt. Der Wertheimiſche Bibel-
überſetzer. — Nach ſeiner Ächtserklärung hat
er ſich lange Zeit in Altona aufgehalten, unter
dem Namen **Schröder**, in dem Hauſe eines
Menoniten, wo er von der Unterſtützung ver-
ſchiedner Freunde in Hamburg, und von ſeinen
Arbeiten lebte. Hier überſetzte er des **Spinoza**
Sittenlehre, mit **Wolf**'s Widerlegung, die
Frauenzimmer-Apotheke, **Arbuthnot** von
Speiſen, und **Kantemir**'s ottomaniſche Geſchichte. Endlich kam er durch Hrn. v. Stü-
ven nach Wolfenbüttel, wo er eine kleine Pen-

sion von dem Herzoge genoß, und in der Stille
seine Uebersetzung des alten Testaments vollen=
dete. Das Manuskript davon besitzt der Her=
zog; und es sollen die gedruckten Bücher Mosis
darin sehr verbessert, und die Anmerkungen um
Vieles verkürzt seyn. Er starb um 1749. Auch
die Hofmannische Uebersetzung vom Anto=
nin hat er ganz umgearbeitet, so, daß sie
nach der letzten Ausgabe mehr seine, als Hof=
man's Arbeit zu nennen ist.

Vergl. Jöcher's Gel. Lexikon, im Artikel,
Joh. Lorenz Schmid, B. IV. Sp. 297; und
J. N. Sinnhold's Historie der verrufenen
sogen. Wertheimischen Bibel; Erfurt, 1739. —
Lessing gedachte dieses Mannes in seinen Bei=
trägen zur Geschichte und Litteratur, III. S. 198,
um auf ihn die, von L. freilich nicht gehegte,
Vermuthung zu ziehen, daß er Verfasser der
bekannten Fragmente gewesen sey. Er sagt
da von ihm, daß er in Wolfenbüttel, unter dem
Schutze eines einsichtsvollen und gütigen Fürsten,
die Duldung gefunden habe, welche ihn die
wilde Orthodoxie lieber in ganz Europa nicht
hätte finden lassen. Ob, und wo die Hand=

schriften von der Vollendung und Verbesserung
seiner Bibelübersetzung vorhanden sind, weiß ich
nicht anzugeben. In der herzogl. Wolfenbüttelischen Bibliothek aber sind sie nicht. — Auch
habe ich in Wolfenbüttel, wo dieser Schmidt
sehr eingezogen, und gleichfalls unter dem Namen Schröder lebte, keine weitere Nachrichten von ihm auftreiben können, als daß er daselbst zuletzt den Charakter eines Hofmathematikus gehabt, und 1749 den 20sten December
gestorben ist, wie aus der Vorladung seiner
Erben und Gläubiger in den Braunschw. Anzeigen v. J. 1750, Sp. 55, erhellt.

Schönheit. Der körperlichen Schönheit, besonders der Gesichtszüge, kann von den
Wehmüttern und Ammen nachgeholfen werden.
Dieß bemerkt schon Hippokrates, Lib. de
Aeribus etc. Sect. 35, wo er sagt, daß die
Scythen die langen Gesichter geliebt, und sie
ihren Kindern durch den Druck zu geben gesucht
haben. Wenn dieß also ein wahres Kennzeichen der Scythen ist, so wäre die Frage, ob
der Mahler es wohl beibehalten dürfe, und

Y 5

wie weit, ohne seine Komposition häßlich zu machen?

Auch Lemnius de occultis Naturae Miraculis etc. Lib. IV. c. 18, redet von Müttern, die der Schönheit ihrer neugebornen Kinder auf alle Weise nachzuhelfen suchen; und darunter auch, daß sie ex glaucis seu caesiis oculis nigros efficiunt, copioso lactis usu, ac potissimum, si nutrix calidae naturae existat, ipseque infans in loco opaco ac subobscuro contineatur.

Hippokrates bemerkt am angef. Orte (Opp. ed. *Föesii*, Frf. 1624. fol. p. 289.) daß die Makrokephalen, eine Völkerschaft, deren auch Plinius, L. VI. c. 4. erwähnt, und die zu den Scythen gehört zu haben scheinen, sich durch die Länge ihrer Köpfe, wovon sie auch den Namen erhalten, von allen andern Völkern unterscheiden. Anfänglich, sagt er, habe man diese Länge der Köpfe, weil man darin einen Adel und Vorzug gesetzt, absichtlich dadurch zu erhalten gesucht, daß man sogleich nach der Geburt des Kindes den Kopf desselben in die Länge gedrückt, gezogen und gebunden habe;

mit der Zeit aber sey dieß nicht mehr nöthig
gewesen, weil die Natur selbst den Kindern dergleichen Köpfe gegeben habe. Hier ist die ganze
Stelle: Καὶ ὁκοσα μεν ὀλιγον διαφερει των
ἐθνεων, παραλειψω, ὁκοσα δε μεγαλα ἡ φυσει
ἠ νομῳ ἑρεν περι ἀυτων, ὡς ἐχει. Καὶ πρωτον
περι των μακροκεφαλων. τυτεων γαρ ὀυκ ἐστιν
ἀλλο ἐθνος ὁμοιως τας κεφαλας ἐχον ὀυδεν. την
μεν γαρ ἀρχην ὁ νομος ἀιτιωτατος ἐγενετο τυ
μηχυς της κεφαλης· νυν δε και ἡ φυσις ξυμβαλ-
λεται τῳ νομῳ. τυς γαρ μακροτατην ἐχοντας
την κεφαλην γενναιοτατυς ἡγεονται. ἐχει δε περι
νομυ ὡδε. Το παιδιον ὁκοταν γενηται, ταχιστα
την κεφαλην ἀυτευ ἐτι ἀπαλην ἐευσαν μαλακυ
ἐοντος, ἀναπλησσουσι τητι χερσιν και ἀναγ-
καζυσιν ἐς το μηκος ἀυξεσθαι, δεσματι προς-
φεροντες, και τεχνηματα ἐπιτηδεια ὑφ' ὡν το
μεν σφαιροειδες της κεφαλης κακυνεται, το δε
μηκος ἀυξεται. ἀυτος την ἀρχην ὁ νομος κα-
τειργασατο, ὡστε τοιαυτην την φυσιν γενεσθαι.
τυ δε χρονυ προιοντος ἐν φυσει ἐγενετο, ὡστε τον
νομον μηκετι ἀναγκαζειν.

Wegen der Sache selbst habe ich einen meiner Freunde, den in der Entbindungskunst so
gelehrten als erfahrnen Hrn. Hofrath und Leib-

arzt Sommer befragt, und von seiner Güte
folgende Bemerkungen erhalten:

„Daß der Kopf eines so eben gebornen Kindes, ohne Nachtheil seines Lebens und seiner
Gesundheit, eine Veränderung in Absicht seiner
Gestalt erleiden könne, glaube ich wohl behaupten zu dürfen; allein, nur unter gewissen Be-
dingungen ist dieses als möglich anzunehmen.
Es ist bekannt, daß der Kopf eines neugebornen
Kindes aus mehrern Knochen besteht, welche
vermittelst der sogenannten Näthe zusammen-
hangen. Zwischen beiden Seitenbeinen und dem
Stirnbeine sind die Winkel dieser Knochen ab-
gerundet, und machen eine daumenbreite vier-
eckige Stelle aus, welche die große oder vordere
Fontanelle genannt wird. Eine weit kleinere,
durch Knochen nicht bedeckte Stelle ist zwischen
den Seitenbeinen und dem Hinterhauptbeine,
und heißt die kleine oder hintere Fontanelle.
Alle Näthe und Fontanellen tragen dazu bei,
daß die Knochen des Kopfes, der etwas größer
ist, als die Beckenweite, bei der Geburt sich
über einander schieben, und also der Kopf dadurch, wo nicht kleiner, doch länger werde,
und sich also nach der Oefnung, durch welche er
gehen soll, ziehe. In Smellie's Tafeln fin-

det man diesen Umstand bei natürlichen Gebur=
ten, und also bei recht stehendem Kopfe, imglei=
chen bei widernatürlichen Lagen des ins Becken
eingeklemmten Kopfes, sehr gut abgebildet.
Diese Verlängerung des Kopfes wird auch durch
die Levretische Zange bewirkt. Es versteht
sich aber von selbst, daß die den Kopf verlän=
gernde Gewalt nicht zu lange auf diesen Theil
wirken dürfe; es würde sonst das Leben des Kin=
des zu viel Gefahr laufen. Wenn es also beim
Hippokrates von den Scythen heißt, daß
sie mit den Händen, durch Binden, und andre
Künste, den weichen und zarten Kopf des Kin=
des verlängert, und also daraus die macroce-
phalos gebildet haben; so finde ich wenigstens
nichts Unglaubliches hierin. Die Scythen ha=
ben vielleicht den langen Köpfen eine Schönheit
beigelegt, die wahrlich sehr relativ ist, so wie
der Sineser solche in kleine Füße setzt. Aber
darin kann ich Hippokrates nicht beipflich=
ten, wenn er behaupten will, daß von einem
solchen erkünstelten Makrokephalus ein Makro=
kephalus erzeugt werde, und so die ganze Na=
tion dieß Abzeichen bekomme. Ueberhaupt
scheint es mir noch nicht bestimmt zu seyn, ob
der Kopf der Scythen gegen den Scheitel, oder

gegen das Hintertheil zu verlängert gewesen sey. Das aber sehe ich wohl ein, daß eine jede Verlängerung des Kopfes eines Kindes durch ein gleich drückendes, sanftes und anhaltendes Binden des Kopfes, das noch länger, als bis zum Anwachsen der Näthe und Fontanellen fortgesetzt worden, habe geschehen müssen."

Angenommen also, daß die Länglichkeit der Gesichter ein charakteristisches Abzeichen der Scythen, und besonders der Makrokephalen war; so würde der Mahler, der diese Völkerschaft in seinem Gemählde auch durch das Eigenthümliche dieser Form andeutete, meiner Meinung nach, eben so wenig fehlen, als in dem Ausdrucke der charakteristischen Bildung der Aegypter, Chineser, u. s. f. wenn man auch, mit Lessing im Laokoon, die Schönheit als das höchste Gesetz des bildenden Künstlers annimmt. Bis zur Häßlichkeit aber dürfte freilich diese Abweichung von den schönen und gewöhnlichen Verhältnissen der Kopfbildung nicht getrieben werden. Und überhaupt hat Burke, wie ich glaube, in s. Philosoph. Enquiry into the Origin of our Ideas of the Sublime and Beautiful (4th. Edit. Lond. 1764. gr. 8.) P. III. Sect. IV. sehr gründlich gezeigt,

daß Verhältniß nicht die Ursache der Schönheit in der menschlichen Körperbildung, und
daß folglich das Gegentheil der Schönheit nicht
Mißverhältniß und Mißgestalt, sondern Häßlichkeit sey.

Grillen von der Art, wie die vom Lemnius angeführte, findet man in den ältern physischen und medicinischen Schriften die Menge.

Michael Scotus. *Michael Sco-*
tus, illustris astrologus, schreibt Joh. Matthäus, (de rer. invent. p. 38.) galeae
ferreae usum invenit. Und p. 44. nochmals:
Galeam ferream excogitavit *Michael Sco-*
tus, insignis astronomus.

Ich weiß nicht, was ich aus dieser Nachricht machen soll. Es ist wahr, cassis und galea wird bei den Alten unterschieden; und zwar,
wie Isidorus (XVIII, 14.) will: *cassis*
de lamina est, *galea* de corio. Indeß finden sich doch auch schon bei den Alten eiserne
galeae. Diodorus sagt (B. V.) daß die
Gallier eherne gehabt: aeneis utuntur galeis
cum magnis appendicibus ad prolixam

oſtentationem factis. Doch, das ſind eher=
ne, und nicht eiſerne, wird man ſagen. So
beruf' ich mich auf den Plutarch, welcher in
dem Leben des Kamillus ſagt: fabricatus
eſt militibus ſuis galeas, plerasque totas
ferreas, et leves in ambitu, ut gladii aut
laberentur in iis, aut frangerentur.

Wollen wir alſo ſagen: daß die eiſernen
Helme in den mittlern Zeiten wieder aus dem
Gebrauche gekommen, und daß ſie Scotus
von neuem erfunden habe?

Scotus lebte im 13ten Jahrhunderte, und
war ein großer Liebling des Kaiſers Fried=
richs II. Die Schriftſteller, welche Bayle
über ihn anführt, und andre, dürften nachzu=
ſehen ſeyn, ob ſich vielleicht einer darunter fände,
aus welchem Matthäus ſeine Nachricht ge=
nommen hätte, oder welcher auf die Quelle die=
ſer Nachrichten führen könnte. Es verlohnte
ſich auch der Mühe, die Werke des Scotus
ſelbſt desfalls durchzublättern.

Plinius (L. VII. c. 56.) ſchreibt die Er=
findung der Helme überhaupt den Lacedämo=
niern zu. Daß die eiſernen Helme ſchon bei den
Alten,

Alten, wenigstens bei den Römern, üblich gewesen sind, davon ließen sich viele Beispiele anführen; z. E. aus dem Plutarch im Leben des
Kamillus und Krassus, u. a. m. wo ausdrücklich noch das margianische Eisen, als dazu
gebraucht, angeführt wird. Was aber Matthäus mit der dem Michael Scotus beige-
legten Erfindung sagen wolle, getraue ich mir
nicht zu errathen. Seine Angaben sind überhaupt zu unzuverlässig; und ich gestehe, daß
mir die Sache selbst nicht interessant genug ist,
um ihr weiter auf die Spur zu gehen.

Nic. Seeländer. Dessen zehn Schriften vom deutschen Münzwesen mittlerer Zeit sind
zu Hannover gedruckt. Sie sind merkwürdig
wegen der vorangesetzten Nachrichten, was er
für die Dedikation einer jeden derselben bekommen, und was ihm die Verschenkung der Exemplare sonst eingetragen hat. (S. Freimüthige
Nachrichten; Erster Jahrgang, S. 129.)

Füeßlin führt diesen Nikolaus Seeländer als einen Stahlschneider, von Erfurt
gebürtig an, der um 1711 an dem Hofe zu Han-

nover gelebt habe. In den Hamburgiſchen Berichten v. J. 1744 finde ich S. 809 ſeinen im
gedachten Jahre zu Erfurt erfolgten Tod ange-
zeigt, und es wird von ihm geſagt, daß er,
ohne eigentliches Studiren, ſich nicht nur viele
Kunſtfertigkeit, ſondern auch viele Kenntniſſe
der Alterthümer, beſonders alter deutſcher Münzen, erworben, und von den letztern viele in
Kupferſtichen geliefert habe. Auch in Flab's
berühmtem Medailleur, S. 29, und in der
Sammlung berühmter Medailleurs (Nürnb.
1778. 4.) S. 91, wird er rühmlich erwähnt.
Ein Verzeichniß ſeiner numiſmatiſchen Schriften
ſ. in *Hirſchii* Biblioth. Numar. p. 117. ſ. Seine
oben gedachten zehn Schriften von deutſchen
Münzen mittlerer Zeiten, mit einigen hiſtoriſchen Erläuterungen erklärt, und in dreizehn
Kupferplatten vorgeſtellt, erſchienen zu Hannover, 1743. 4. Sie ſind ſämtlich als Zueignungs-
ſchriften abgefaßt, und nach der Vorrede, die
bloß aus den Worten: Vino vendibili non opus
eſt ſuſpenſa hedera, beſteht, preiſt er die Frei-
gebigkeit ſeiner Mäcenaten bei dem ehemaligen
einzelnen Abdrucke derſelben, wobei er aber auch
das Ausbleiben der Belohnungen, oder gar der
Antworten, nicht verſchweigt. Selbſt die Ge-

schenke derer, denen er bloß Exemplare seiner Schriften zusandte, werden nicht übergangen.

Sehen. Auch der Sinn des Sehens hat mancherlei Sonderbarkeiten. So liest man von einem, der sich der Nase statt eines Sehrohrs bediente, in *Laur. Scholzii* Epistt. Medicinal. ep. 75. 76. — Von Leuten die im Finstern gesehen, s. *Tho. Bartholinus* de Luce Animalium, L. I. c. 14. — Von einem, auf den die Erblickung gewisser Dinge sonderbare Wirkung gehabt: cui, viso antimonio statim laxatus alvus fuerat. V. *Bartholin.* Cent. 5. Hist. Anatom. 6. — Auch hat es fanatische Seher gegeben; z. E. Lepp, der Narr des Tycho de Brahe. S. *Gassendi* de vita *Tychonis,* L. VI. — Joseph Burrus; s. *Bartholin.* de Luce Animal. L. III. c. 8. — Und von den isländischen Sehern überhaupt, Acta Hafnienf. Vol. II.

Manche haben sich den Mangel des Gesichts durch andre Sinne zu ersetzen gewußt; wie Joh. Vermaasen, der die Farben durchs Gefühl unterſcheiden konnte. S. Experiments and Conſ. touching Colours, by *Rob. Boyle,* p. 42. *Leibnit.* in Hypoth. nova phyſica, n. 31. — Ein andrer Blinde konnte in der Karte ſpielen. V. *Digbaeus* de Natura Corporum, c. 28. n. 7.

Eine Nachricht von dem gelehrten blinden Mädchen, Eſther Eliſabeth von Waldkirch, und der Art und Weiſe, wie ſie ihr Vater ſchreiben lehrte, ſ. im Journal des Savans, a. 1680. p. 115.

Faſt alles dieſes iſt aus Morhof's Abhandlung de Paradoxis Senſuum, cap. 2, excerpirt, wo man noch mehrere Merkwürdigkeiten dieſer Art beiſammen findet.

Die Waldkirch war Tochter eines Kaufmanns von Schaffhauſen, der zu Genf lebte, und damals 19 Jahr alt. Durch eine ſeit dem zweiten Monat ihres Lebens gehäbte Augenkrankheit war ſie blind geworden; dennoch aber von ihrem Vater zu vielen Kenntniſſen angeleitet, ſo, daß ſie vollkommen und gleich fertig Franzöſiſch, Deutſch und Latein verſtand, mit ihrem Vater gewöhnlich lateiniſch, mit ihrer

Mutter französisch, und mit Deutschen deutsch
redete. Die Bibel wußte sie fast ganz auswen-
dig; auch verstand sie sich auf die Philosophie,
aufs Spielen der Orgel und der Violine; am
bewundernswürdigsten aber war es, daß sie von
ihrem Vater schreiben gelernt hatte. In ein
Brett nämlich hatte dieser alle Buchstaben recht
tief eingraben lassen, so, daß sie die Figur derselben mit den Fingern fühlen, und ihren Umriß mit einem Bleistift so lange umziehen mußte,
bis sie sie nachzumahlen geübt genug war. Ihr
Papier spannte man ihr in eine Art von Rah-
men, wodurch ihr auch zugleich zum Gerade-
schreiben der Zeilen die Hand geführt wurde.
Auf diese Art schrieb sie zum öftern Briefe an
ihre Freunde.

Seiltänzer. Vom Ursprunge der Seil-
tänzer s. den Abbé Descamps in seiner
Diff. sur une Médaille grecque d'Antonin
Caracalla, qui représente en revers des
Spectacles & Jeux publics fort particuliers.
Vergl. *Journ. des Sav.* a. 1677, p. 309.

Von ausserordentlichen Seiltänzern, besonders von zwei Türken, s. *Cardan.* de Subtili-

tate, L. XVI, p. 637, Opp. — Sie stie=
gen an sehr steile Seile hinauf, und auch wieder
herab. Man merkte, daß sie sich mit dem
großen Zehen an dem Seile fest hielten.

Die Bande von Seiltänzern, Bereutern,
und starken Männern, welche Nicephorus
Gregoras L. VIII, c. 10, beschreibt, war
aus Aegypten, und zog in der ganzen Welt
herum. Es waren vierzig Personen, wie sie
auszogen, und schon in Konstantinopel keine
zwanzig mehr. Die übrigen waren alle bei
ihren Kunststücken verunglückt. Auch machten
sie eben nichts außerordentliches; und ich habe
wohl noch geschicktere Leute, besonders Bereu=
ter, in dieser Art gesehen. Sie giengen von
Konstantinopel durch ganz Europa, und kamen
bis in das äußerste Ende von Spanien.

Die von dem Abt Decamps erklärte
Münze ist von den Cyzicenern auf den Kaiser
Karakalla geprägt worden, und eins der sel=
tensten Stücke im Königl. Kabinete. Er hält
die Vorstellung des Revers für Spiele der Seil=
tänzer (funambuli) welches allerdings in der im
Journal des Sav. mitgetheilten Abbildung ziem=

lich wahrscheinlich wird; und er glaubt, die
Cyzicener hätten dadurch das Andenken einer
Kunst stiften wollen, die entweder von ihnen erfunden, oder doch bei ihnen sehr üblich gewesen
wäre. Zum Beweise davon beruft er sich auf
einen ungenannten griechischen Geographen, der
unter den Kaisern Konstans und Konstan-
tius lebte, und von jener Völkerschaft unter
andern bemerkt, daß sie ungemein viel Anlage
zu körperlichen Uebungen gehabt, und sich vornehmlich im Tanzen und in Sprüngen auf dem
Seile hervorgethan hätte.

Was er von dem Ursprunge, oder vielmehr
von den ersten Spuren der Seiltänzer sagt, verdient hier einen Auszug, weil es wenigstens zu
weitern Untersuchungen Anlaß geben kann. Genau, sagt er, ist die Zeit ihrer ersten Entstehung nicht anzugeben. Im ersten Jahrhundert
nach C. G. sah man auf dem Seile tanzende Elephanten in den floralischen Spielen zur Zeit des
Galba, wie Sueton im Leben dieses Kaisers
anführt. (Die Stelle ist c. 6. „Honoribus
„ante legitimum tempus initis, praetor com-
„missione ludorum Floralium, novum specta-
„culi genus, elephantos funambulos, edidit.")
Auch Nero ließ dergleichen ihre Künste bei den

Spielen machen, welche er seiner Mutter
Agrippina zu Ehren anstellte. Man findet
sie auch in den Spielen der Gladiatoren zur Zeit
des Germanikus; und Flavius Vopis-
kus sagt, daß man im dritten Jahrhunderte,
zur Zeit des Karinus und Numerianus,
seiltanzende Elephanten in den römischen Spielen gehabt habe. Auch führt Julius Kapito-
linus als ein Beispiel von der frommen und
mäßigen Gesinnung Antonin's bei einem solchen Schauspiele von Seiltänzern an: post pue-
rorum lapsum culcitras subjici jussit. Der Abt
Decamps beruft sich noch auf mehrere geistliche und weltliche Schriftsteller, welche in den
vier oder fünf ersten Jahrhunderten der Seiltänzer erwähnen; aber auch schon weit früher,
zur Zeit des Terenz, erschien ein Seiltänzer
auf der Bühne, als man die Hecyra spielte,
wie in dem Prolog dieses Stücks gesagt wird:

— — — — haec cum data est
Nova, novum intervenit vitium et calamitas,
Ut neque spectari, neque cognosci potuerit:
Ita populus studio stupidus in funambulo
Animum occuparat.

Auch Horaz spielt in der ersten Epistel des

zweiten Buchs auf die Seiltänzer an *); und
Akron sagt bei dieser Gelegenheit, daß der
Redner Messala, der mehr als 160 Jahre vor
C. G. lebte, zuerst das lateinische Wort funam-
bulus, statt des Griechischen σχοινοβατης, eingeführt habe. Hr. D. glaubt daher, daß die
Seiltänzer in Griechenland schon bald nach Einführung der Schauspiele aufgekommen sind,
weil diese anfänglich nichts anders gewesen wären, als Sprünge und Tänze auf Schläuchen,
wie Virgil sagt **):

> — — — atque inter pocula laeti
> Mollibus in pratis unctos saliere per utres.

*) Es sind die bekannten Verse; v. 210 ff.

> Ille per extentum funem mihi posse videtur
> Ira poeta, etc.

Es steht aber in Akron's Scholie zu dieser Stelle
keine Sylbe von dem, was D. darin gefunden haben
will; sondern man findet sie in der zu L. I. Sermon.
X. v. 25.

**) Georg. L. II. v. 383 f. wo von den Fröhlichkei-
ten bei den Bacchusfesten die Rede ist, zu welchen dergleichen, auch oft auf Kunstwerken vorkommende, Tänze
freilich gehörten, aber die doch wohl weniger, als der
damit verbundene Gesang, zur Entstehung des Schauspiels Gelegenheit gaben.

Z 5

Die Griechen, meint er, die alle ihre Erfindungen gar bald vollkommner machten, wären von dergleichen Sprüngen auf Schläuchen gar bald zum Springen auf dem Seil übergegangen. Und vermuthlich wären die Seiltänzer in Griechenland schon gegen die Zeit des **Jkarius**, eines Sohns des **Erigenes** oder **Dionysos**, d. i. Bacchus, eingeführt worden, weil jener die Schauspiele mit eingeführt habe, die anfangs ländlich waren, und die **Theseus** in der Folge nach Athen brachte. Die Römer hätten sie hernach von den Griechen, als zu den übrigen Schauspielen gehörig, erhalten. — Daß auch die Seiltänzer, wie andere Schauspieler, gewisse Preise und Belohnungen erhalten, beweist ihm eine Stelle aus dem **Alexander ab Alexandro:** Conſtat, non ludiones modo, ſed elephantos, et eos, qui in certaminibus fortiter quid aut dignum laude geſſiſſent, a populo donari collatione ſtipis et aſſibus. Zu Rom, glaubt er, wären die Seiltänzer unter dem Konſulate des **C. Sulpitius Peticus** und des **C. Licinius Stolo** aufgekommen, die in Rom die ersten Schauspiele einführten, welche man anfänglich auf der Insel des Tibris spielte, und die hernach von den Censoren **Meſſala**

- und C. Caſſius auf dem Theater gegeben
wurden. Petronius redet davon in folgenden
Verſen*):

> Stuppeâ ſuppoſitis tenduntur vincula lignis,
> Quae ſuper aërius praetendit crura viator,
> Bracchia diſtendens greſſum per inane gu-
> bernat,
> Ne lapſa e gracili planta rudente cadat.
> Ecce hominis curſus funis et aura regunt.

Selbſtmord. „Hoc quosdam egit
ad mortem, quod, propoſita ſaepe mu-
tando, in eodem revolvebantur, et non
relinquerent novitati locum. Faſtidio illis
eſſe coepit vita, et ipſe mundus; et ſu-
biit illud rabidarum deliciarum: *Quousque
eadem?* " SENECA, de Tranquill. c. 2.

*) Unter den Epigrammen nämlich, die dem Petron bei-
gelegt werden. — Auch beim Manilius, L. V.
v. 651 ff. kommt die Beſchreibung eines Seiltänzers
vor, die hier an ihrer Stelle ſeyn wird:

> In praerupta dabit ſtudium, vendetque periclo
> Ingenium, ac tenues auſus ſine limite greſſus
> Certa per extentos ponet veſtigia funes;
> Ac coeli meditatus iter, veſtigia perdet
> Paene ſua, et pendens populum ſuſpendet ab ipſo.

Warum mag Cardanus den Trieb, ſich ſelbſt umzubringen, *amorem heroicum* nennen? — Lib. de vita propr. c. VI. „Laboravi interdum etiam amore heroico, ut me ipſum trucidare cogitarem; verum talia etiam aliis accidere ſuſpicor, licet hi in libros non referant."

Die Melancholie, atra bilis, heißt *affectio heroica*, weil ſie der größten Leute, und der Helden aller Art, gewöhnliches Antheil ſey. S. *Portae* Phyſiognom. L. I. c. 8.

❧

Klaſſiſch möchte der vom Cardan ſo ge= brauchte Ausdruck nun wohl freilich nicht ſeyn; ob man gleich bald ſieht, daß amor hier ſo viel, als eine heftige, übermächtige Leidenſchaft be= deute, die den Selbſtmord als Heldentod an= ſieht. Auch iſt bekannt, daß die Mythologie der Alten einen Amor als Sohn des Erebus und der Nacht angiebt, und dieſem die Erre= gung böſer Begierden und verderblicher Leiden= ſchaften beilegt. Boccaz, der von dieſem Amor in ſ. Genealogia degli Dei, L. I, c. 16, redet, ſagt am Schluß dieſes Kapitels: merita= mente, ſecondo l'opinione di *Cicerone*, lo chia=

metemo figliuolo dell' Erebo e della Notte,
ciò.è di cieca mente, e d' oſtinato petto. Per-
cioche da queſto ſiamo guidati a mortale ingor-
digia d' oro. Da queſto a deſio crudele d' im-
perio; etc. — — Quello adunque (conſide-
rate dirittamente tutte le coſe) non *amore*, mà
più propriamente devremmo chiamar *odio*. —
Vergl. *Cic.* Tuſc. Qu. IV. 32, wo bie bem Eu-
ripibes nachgeahmten Verſe des Cäcilius
angeführt werden, in welchen er vom Amor
ſagt:

> Cui in manu ſit, quem eſſe dementem velit,
> Quem ſapere, quem ſanari, quem in morbum
> injici,
> Quem contra amari, quem arceſſiri, quem
> expeti.

Servius. Manchmal bringt bieſer berühmte Ausleger Virgil's ſehr únzeitige Ge-
lehrſamfeit an; z. E. *Aen.* L. VI. v. 8. Was
iſt natürlicher, als baß bie Schiffer, wenn ſie
anlanden, zuerſt nach ſüßem Waſſer gehen? —
pars inventa flumina monſtrat. Aber bas
iſt dem Servius zu geringe. Nach ihm, wel-

sen sie die entdeckten Flüsse nicht nach, damit
ihre Gefährten daraus trinken und kochen kön=
nen, sondern damit sich Aeneas darin reini=
gen möge. Indeß lehrt uns Servius, bei
seiner so weit her gesuchten Gelehrsamkeit, doch
etwas sehr schönes, nämlich, daß sich bei den
Alten die vermeinte Verunreinigung bis auf die
Gedanken erstreckte. Nicht nur, wer einen
Leichnam berührte, ihn nur sah, war unrein;
sondern auch der, welcher nur bloß mit irgend
einer Bewegung daran dachte: qui funus
agnoscebat.

Servius sagt nämlich zur Erklärung der
angeführten Stelle: Sciendum, Aeneae mon-
strari ad expiandum se: nam funestatus fuerat
morte Palinuri; non quod eum viderit, sed
quod funus agnoverat et doluerat. In eo
enim est pollutio, quod ait: *Casuque animum
concussus amici*: nam ipsa inquinant, quae co-
gnoscimus. Unde in Livio habemus, Hora-
tium Pulvillum, cum Capitolium dedicare vel-
let, audisse ab inimico mortuum filium, et ne
pollutus dedicare non posset, respondisse: Ca-
daver sit! — —

St. Severo. Unter den vielen Erfindungen, welche dieser, (vielleicht) noch lebende,
neapolitanische Graf für die seinigen ausgiebt,
und wovon man im letzten Monate des Journal Encyclopédique v. J. 1768 eine weit-
läuftige Nachricht findet, ist wohl manche ältere;
z. E. die, den Marmor zu färben, und so darauf zu mahlen, daß es durch den ganzen Block
dringt. Denn schon Lana in s. Prodromo,
p. 164, spricht von diesem Geheimnisse, und
hat sogar die ganze Prozedur bekannt gemacht.

Die vornehmsten Regeln, welche Lana
hierüber giebt, sind folgende. Wenn man,
sagt er, zwei weisse und recht harte Marmorta-
feln, besonders von carrarischen Marmor nimmt,
und ein Bild auf Papier mit bloßer, gut mit
Vitriol getränkter, Dinte zeichnet, es dann
zwischen die beiden wohl geglätteten Marmor-
tafeln legt, und sie so einige Monate an einem
feuchten Orte liegen läßt, so wird man finden,
daß die Dinte und die Züge des Bildes tief in
den Marmor eingedrungen sind. — Will man aber
ein vielfarbiges Gemählde in den Marmor einziehen lassen, so nehme man dazu Mineralfar-

ben, z. B. Grünspan, Mennig, Bleiweiß, Zinnober u. dergl., und löse sie in Salzwasser auf,
das mit Vitriol und destillirtem Harz, mit ein
wenig Alaun, vermischt ist. Mit diesen Farben
mahle man auf dem Papier, und verfahre dann
auf die gedachte Art.

Noch glücklicher wird man hierin seyn, und
die Farben werden noch tiefer eindringen, wenn
man auf folgende Art verfährt. Man nehme
2 Unzen Scheidewasser, und eben so viel Königswasser, eine Unze Salmiak, 2 Drachmen von
dem besten Aquavit, einen Dukaten schweres
Gold, und 2 Drachmen von dem feinsten kapel-
lirten Silber. Dann gieße man zwei Drachmen
Scheidewasser auf das schon kalzinirte Silber,
und lasse es verdunsten; so erhält man ein Wasser, dessen Farbe erst blau, und hernach schwarz
wird. Alsdann schütte man das kalzinirte Gold
in ein Probegläschen, gieße das Königswasser
darüber, und setze es so lange beiseite, bis es
verdunstet ist; hernach verfahre man auf eben
die Art mit dem Salmiak und Aquavit; so erhält man ein goldfarbiges Wasser. Auf eben
die Art ziehe man auch die Farben aus den übrigen Mineralien; mit diesen Farben mahle man
auf den weissen Marmor, und erneure das Ge-

mählde,

mdhlbe täglich durch frisches Auftragen des gefärbten Wassers, so wird mit der Zeit der
ganze Marmorblock von dem Gemählde durch-
drungen seyn.

Ueber die vorgeblichen Wunderdinge, welche der Graf oder vielmehr Prinz San Severo
de Sangro in seinem Pallaste zu Neapel, zum
Erstaunen leichtgläubiger Reisender, angebracht
hatte, sehe man den von dem Grafen v. Lam-
berg in seinem Memorial d'un Mondain, p.
114 f. mitgetheilten Brief aus Grenoble von
Hrn. Vallet, Ancien Lieutenant de Police,
von dem sich auch die im Journ. Encyclopéd.
mitgetheilte Notiz jener Wunderkünste herschreibt, die der Prinz selbst den ihn besuchen-
den Fremden austheilte, und die V. ins Französische übersetzte. J'avoue, sagt er in diesem
Briefe, que je n'ai fait cette traduction que
pour indiquer que dans les merveilles de ce
palais il y a une quantité considérable de tours
de main, qui ne sont employés avec faste, que
pour en imposer à la crédulité du vulgaire.
J'avoue encore que je suis étonné que ce
Prince ne se fasse pas une gloire de détromper
le public sur la palingénésie, etc. etc.

In Dr. Volkmann's hist. krit. Nach=
richten von Italien, B. III. S. 94 ff. findet man
eine ziemlich umständliche, meistens aus dem la
Lande entlehnte Beschreibung dieses Pallastes,
seiner Seltenheiten, und der Erfindungen des
Prinzen San Severo. Von diesem letztern
heißt es daselbst, S. 96. „Der Prinz ist über=
„haupt ein Herr von vielen Einsichten, der
„durch unermüdeten Fleiß und viele Versuche
„manche Dinge neu erfunden, und andre ver=
„bessert hat." Dahin gehört eine Art von
enkaustischer oder eleodorischer Mahlerei; die
Kunst, Platten von mehrern Farben abzudru=
cken, auf Glas zu mahlen, die oben erwähnte
Färbung des Marmors; u. a. m.

Siegelerden. Oder gesiegelte Erden;
terrae sigillatae. — „Wenn der Bolus ge=
schlemmt, in cylindrische Kuchen gebracht, und
gesiegelt wird, so nennt man sie hernach gesie=
gelte Erden." (Vogel's Mineralogie,
S. 31.) — Bolus aber heissen alle feinere
Thonarten, sie mögen eine Farbe haben, welche
sie wollen; nur müssen sie im Feuer sich röthlich

brennen. Dieses ist das eigentliche Kennzeichen
des Bolus; nicht aber sein medicinischer Gebrauch, welcher, wie Vogel sagt, sehr willkührlich ist, und nur bloß in der Einbildung besteht; noch weniger sein fettiges Gefühl, welches
auch der Porzellanthon und die Walkerde hat.

Unter den Siegelerden ist die Terra Lemnia die berühmteste, welche auf der Insel Lemnos, jetzt Stalimene, und zwar, wie
Breuning (Oriental. Reise, S. 40.) sagt,
nur einmal des Jahrs, nämlich den 6ten August,
mit großen Feierlichkeiten, „nicht weit von den
„Ruinen der alten Stadt Ephestiä, bei einer
„Kapelle, Sotira genannt, gegraben wird;
„welcher Ort oder Grube sonst das ganze Jahr
„uneröffnet bleibt. Es ist auch den Einwoh-
„nern bei Leib- und Lebensstrafe verboten, die-
„selbe außerhalb der Insel zu distrahiren; sie
„wird nachmals mit des Türken Siegel bezeich-
„net, und nach Konstantinopel gebracht." —
Sonst rühmt Breuning ihren Gebrauch sehr
wider Vergiftungen.

Bei Boissard (de Divinat. p. 198.)
finde ich, daß in den allerältesten Zeiten das

Zeichen, welches auf die Terra Lemnia ge=
druckt worden, ein Bock oder eine Ziege gewe=
sen sey, zum Andenken des Bocks und der Ziege,
welche die Weiber zu Lemnos der Venus geopfert
hätten, um vom bocksartigen Geruche befreit zu
werden, mit welchem sie die Göttin bestraft
hatte. Ja, die Siegelerde selbst sey in den
folgenden Zeiten von den Priestern mit Blute
von geopferten Böcken und Ziegen besprengt
und vermischt worden. „Hicque mos perdu=
ravit multis seculis, ut testis est *Homerus,*
Herodotus et *Dioscorides.* Tempore tamen
Galeni, qui vivit floruitque sub tempore
Trajani, Antonini, Marci et *Commodi,* sigil-
lum hoc caprae jam desierat imprimi.‟
Homer gedenkt der Insel Lemnos oft ge=
nug; aber der lemnischen Siegelerde wüßte ich
nicht, wo? Auch Herodotus gedenkt zwar
am Schlusse des sechsten Buchs der lemnischen
Weiber, die ihre Männer, und auch einmal in
folgenden Zeiten, der Kebsweiber, die ihre
Männer mit den von ihnen gezeugten Söhnen
umgebracht hätten; aber kein Wort von der
lemnischen Erde. Dioskorides muß also der

eigentliche Währmann des Boiſſard ſeyn.
Wie die Erde jetzt, unter der Regierung der
Türken, gegraben werde, beſchreibt Boiſſard
eben daſelbſt, faſt eben ſo, wie Breuning.
Hepheſtiä, ſagt er, heiſſe jetzt Cochino.
Aus des *Petri Belonii* Obſ. c. 22, hat er auch
verſchiedene runde Kuchen ſolcher Erde mit ihren
Siegeln, welches arabiſche Charaktere ſind, in
Kupfer ſtechen laſſen.

Der ſel. Leſke ſagt von der Siegelerde,
oder ſogenannten lemniſchen Erde (Linn.
p. 201. A. lemnia) in ſeinem Auszuge aus Wal-
lerius Mineralſyſtem (Berl. 1781. gr. 8.)
S. 44. ihre Heimath ſey die Inſel Lemnos;
doch finde ſie ſich auch in der ungariſchen Graf-
ſchaft Zemplin, und in einzelnen kleinen Stücken bei Striegau in Schleſien; ſie heiſſe oft
Bolus, ſey aber von den Eiſenthonarten, die
auch Bole genannt werden, z. B. von dem ar-
meniſchen Bolus, wohl zu unterſcheiden. Zu
den beſonders charakteriſtiſchen Kennzeichen derſelben gehöre der muſchliche Bruch, der Glanz,
den ſie durchs Anfühlen und durch den Strich
bekomme, daß ſie ſehr weich und leicht iſt, wie
auch, daß ſie im Waſſer mit Kniſtern zerſpringt.

Uebrigens verdiene sie mehr den Namen eines
Steins, als einer Erde.

Hr. Leibarzt Brückmann, den ich darüber befragte, hatte die Freundschaft, mir folgende Bemerkung mitzutheilen: „Alle diese Ar-
„ten von Erden sind mehr oder weniger reine
„Thonarten; und die gefärbten, als gelbliche,
„braune, rothe, u. dgl. sind durch Eisenocher
„von der Natur gemischt und gefärbt. — Zu
„innerlichen Arzeneien werden sie nicht mehr
„gebraucht, weil sie unser Magen schwer, oder
„gar nicht, auflöset; und der Aberglaube,
„welcher sie ehemals vorzüglich als ein Gegen-
„gift empfahl, hat sich verloren. Jetzt nimmt
„man sie nur noch unter einige Pflaster. Doch
„ist ihr eigentlicher Nutzen, daß man Gefäße
„daraus brennt, die noch größtentheils unter
„der Benennung der Terra Sigillata vor-
„kommen. — Noch vor einiger Zeit erhielt ich
„einige dergleichen rothe Gefäße aus einer Erde
„von Estremas in Alentejo in Spanien,
„Bucaros de Barro genannt. Diese sollen, zu
„Pulver gestoßen, auf Krebs- und andre sonst
„unheilbare Geschwüre gestreuet, ihre Heilung
„bewirken. Auch sollen die spanischen Damen
„diese an der Sonne gebackne Erde zum Wohl-

„fchmack kauen und effen, und fie ihrer Gefund,
„heit zuträglich halten." — —

Es würde mich zu weit führen, wenn ich
auch nur das vornehmfte von dem, was mehrere
Mineralogen und Naturhiftoriker über die Siegelerde haben, hier ausziehen, oder auch nur
kurz anführen wollte. Das meifte hiftorifche
davon, welches zu dem obigen Artifel gehört,
finde ich in *Mich. Mercati* Metallotheca Vaticana,
(Rom. 1719. fol.) p. 8 ff. wo ein eignes Kapitel,
de Lemnia Terra, vorkommt; wovon ich hier
nur das Erheblichfte ausziehen will. Galen
(L. I. de Antidot. c. 2.) nennt diefe Erde σφφγ-
γις, welches man durch terra figillata überfetzt
hat; beim Avicenna heißt fie lutum figilla-
tum; von einigen wurde fie auch, wie Galen
(L. IX. Simplic.) bemerkt, Miltos i. e. ru-
brica Lemnia genannt; obgleich diefer Name ihr
nur fehr uneigentlich zukommt, wie Salma-
fius in f. Exercitt. Plin. ad. Solin. zu der Stelle
des Plinius (L. XXXV, c. 6.) bemerkt, die
ich ganz herfetzen will: Rubricae genus in ea
(finopide) voluere intelligi quidam fecundae
auctoritatis. Palmam enim *Lemniae* dabant,
minio proximam. Haec eft multum antiquis celebrata, cum infula, in qua nafcitur. Nec

niſi *ſignata* venundabatur; unde et *ſphragidem*
appellavere. Hac minium ſublimunt adulterant-
que. In medicina, praeclara res habetur *etc.* —
Uebrigens erinnert Lanciſi in ſ. Anmerkungen
beim Mercati, daß Vellonius (Pierre
Bellon oder Belon) in der Abſicht, dieſe
Erdart zu unterſuchen, nach der Inſel Lemnos
geſchifft ſey, und daher die Geſchichte der Lem=
niſchen Erde, in ſ. Obſſ. L. I. c. 22, am genau=
ſten erzählt habe. Unter andern bemerkt er,
daß auf dem Siegel, womit heutiges Tages
die runden Kuchen von dieſer Erde bezeichnet
werden, die beiden Worte *Tin imacheon* mit
arabiſcher Schrift ſtehen, die ſoviel als geſſe=
gelte Erde bedeuten; und daß die Farbe bald
dunkelroth, bald fleiſchfarbig, bald weiß=
lich ſey.

Mehrere Beſchreiber dieſer Erde z. B. Sa=
vary, Bomare, u. a. haben einander das nach=
geſagt, was Leſſing oben aus dem Bois=
farb anführt, daß ſchon Homer und Hero=
dot der lemniſchen Erde, und der feierlichen
Gebräuche erwähnen, mit welcher ſie zu Lemnos
ſey ausgegraben und geſtegelt worden. Keiner
aber weiſt die Stellen nach, wo beide Schrift=
ſteller ihrer gedachten; und es möchte auch wohl

vergebens ſeyn, ſie aufſuchen zu wollen; wenigſtens iſt mir dieß ſo wenig als L. geglückt.
Zwar wie Homer hier angezogen werde,
glaube ich aus dem, was Lanciſi am angef.
A. noch über die Siegelerde bemerkt, vermuthen zu können. Mercati nämlich ſagt: Quin
etiam quod Lemniae terrae Sphragidos color
loturae carnis ſimilis fuerit, ex hoc in primis
teſtimonio facillime comprobari poteſt, quo-
niam Dioſcorides ſanguine hircino, vel caprino
conformari credidit: quod ſibi perſuaſerat etiam
Galenus, antequam vidiſſet: idcirco ruborem
talem habere debet, qualem faceret ſanguis terrae miſtus; alioqui hi ſummi viri non putaſſent
ſanguine hoedino parari; (quam ob cauſam a
Lemniis ſacerdotibus ſe irriſum refert Galenus),
neque Poetae finxiſſent, e coelo Vulcanum cecidiſſe,
ſucque cruore terram ibi conſperſiſſe. Hiebei nun
erinnert Lanciſi, daß die Siegelerde in ihren
Beſtandtheilen eine erdigſchweflichte Maſſe ſey,
welche aus fetten von unten aufſteigenden, und
der Oberfläche der Erde anhängenden Dünſten
entſtehe. Dazu komme die Beſchaffenheit der
Inſel, wo ſie gegraben werde, deren Boden ſehr
harzig ſey, die daſelbſt hervorquillenden warmen Gewäſſer, und die ehemaligen Feueraus-

Aa 5

brüche, die, nach dem Euſtathius dieſe Inſel ehedem in Brand ſetzten.   Und daher, fährt
er fort, entſtand auch die Fabel vom Falle Vulkan's, den Homer (Iliad. I. v. 593) von ihm ſelbſt
beſchreiben läßt.   Myrtilus behauptete daher, nach dem Natalis Comes *), (My-
tholog. L. II. c. 4.) Homer habe hier unter
dem Bilde Vulkan's die lemniſche Erde verſtanden, und eine phyſikaliſche Bemerkung my-
thiſch eingekleidet; nämlich, wegen der dieſer
Erde eigenthümlichen Wärme.   Von dem Blute
Vulkan's, womit das Erdreich zu Lemnos ſey
gefärbt worden, wird jedoch, wie Lanciſi bemerkt, von den Dichtern und Mythologen nichts
erwähnt. — Bloß dieſe Fabel, und ihre alle-
goriſche Deutung ſcheint mirs alſo veranlaßt zu
haben, daß Homer hier mit ins Spiel gezogen
wurde.

   Mit dem Dioſcorides hingegen hat es
ſeine Richtigkeit.   Er erwähnt (L. V. de Mat.
Med. c. 67.) der lemniſchen Erde allerdings,

---

*) *Myrtilus* libro primo rerum Lesbicarum memoriae
    prodidit, Lemnum idcirco fuiſſe conſecratam Vul-
    cano exiſtimatam, quia calida ſit quaedam vis terrae
    ejus inſulae, quam etiam *ſigillatam* vulgo medici
    appellant, cujus uſus vermes necat, etc.

und sagt, sie werde in den sumpfigen Gegenden dieser Insel gegraben, und mit Bocksblut vermischt. Sodann mache man Kuchen daraus, bezeichne sie mit dem Bilde einer Ziege, und nenne sie daher σφραγιδα αιγος. Was er weiter hinzusetzt, betrifft ihre vermeinte medicinische Kraft.

Von der Verschiedenheit der ältern und neuern Gebräuche beim Ausgraben der Erde, und ihrer Siegel, vergl. man noch den Savary in s. Dictionn. de Commerce, art. *Terre Sigillie.*

Sophokles. Worin ist die ἀνωμαλια zu setzen, die man nach dem Plutarch, am Sophokles tadeln könnte? so, wie am Euripides die λαλια. (*Plutarch.* de Audit. p. 45, edit. *Xylandr.*) — Betrift diese inaequalitas, wie es Xylander giebt, den Ausdruck, oder den Charakter?

Plutarchs Worte sind: Μεμψαιτο δ' αν τις Αρχιλοχε μεν την υποθεσιν, Παρμενιδε δε την στιχοποιιαν, Φωκυλιδε δε την ευτελειαν, Ευριπιδε δε την λαλιαν, Σοφοκλεες δε την ανωμαλιαν. Diese Anomalie scheint hier aber mehr von dem Ausdrucke und der Schreibart des S o- p h o k l e s, vielleicht auch von der Ungleichheit mancher Gedanken und Reden in seinen Trauer- spielen, als von der Inconsistenz seiner tragi- schen Charaktere zu verstehen zu seyn. Denn in der ganzen Stelle ist von Rednern und von dem ihrer Wohlredenheit gebührenden Gehör und Beifall die Rede; und P l u t a r c h setzt hinzu, daß bei allen solchen kleinen Fehlern, dergleichen sich an manchen Dichtern und Rednern aussetzen ließen, ein Jeder doch seine eigne Stärke in der Rührung und im Vortrage besitze, die ihm Lob und Beifall erwerbe.

Sokratische Steine. So müßte man, nach der Meinung des **Chifletius,** eine Art von geschnittenen Steinen nennen, auf welchen besondere Figuren vorkommen, die aus Köpfen verschiedener Thiere, öfters nach der Gestalt eines Hahns geordnet, und auf die Füße eines Hahns gestellt, bestehen. Weil un- ter diesen verschiedenen Köpfen sich meistentheils auch ein alter Mannskopf befindet, welcher dem

Kopfe des Sokrates etwas ähnlich sieht, so hat Chiflet (in s. *Socrates*, s. de Gemmis ejus imagine caelatis Iudicium,) die ganze Figur auf ihn gedeutet, und die übrigen Thier-köpfe von seinen Anklägern verstanden, oder als symbolische Vorstellungen seiner Tugenden er-klärt.

Leon. Agostini, welcher unter seinen Gemmen auch zwei dergleichen hat, hält sie für Amulete. (P. I. n. 203. 204. p. 78. edit. *Gronov.*)

De la Chaussee (Gemme ant. figur. n. 176. 178. 182. 183.) macht theils physiko-moralische, theils historische Auslegungen dar-über. Und diesem ist Schott gewissermaßen gefolgt, welcher einen solchen Stein in dem königl. Kabinete zu Berlin in einer besondern Schrift ausgelegt, und eine politische Sitten-lehre darin gefunden hat. S. die Haupttu-genden eines löblichen Landesherrn in einem alten Steine des königl. Medaillenkabinets zu Berlin; zuerst angemerkt und erklärt von Joh. Carl Schott. Berl. 1717. 4. — Dieser berlinische Stein kommt mit dem beim de la Chauſſée, Nr. 176, vollkommen überein; nur daß auf jenem der Pferdekopf einen Kranz im Maule hält, und hinter ihm, über dem Widderkopfe ein Kaduceus ſteckt.

Man ſieht bald, wie willkührlich und uner- wieſen die Deutung des Chiflet, deſſen oben angeführte Schrift zu Antwerpen 1662. 4. her- auskam, von den auf dieſen Steinen befindli- chen Figuren iſt. Agoſtini's Meinung iſt wohl die wahrſcheinlichſte, weil ſie am meiſten ins Allgemeine geht. Schott's Tändeleien dar- über ſind ziemlich unbedeutend.

———

Spiele. Vom Tarockspiel findet ſich eine Stelle in Zeillers Sendſchreiben XX: „Bernhardinus di Corte, der 1499 „das Caſtell zu Mailand den Franzoſen ver- „räthriſcher Weiſe übergeben, war hernach von „denſelben aufs äußerſte gehaßt; alſo, daß ſie „auch im Spiele de i tarocchi, wenn ſie des „Verräthers Karte geben wollten, ſagten: do „Bernardino di Corte." — Dieß Spiel

muß also sehr alt seyn. Aber was ist hier unter
des Verräthers Karte zu verstehen? Der
Sklez oder der Pagat? — Es verdient Tomaso Porcacchi in den Noten zum 4ten
Buche des Guicciardini, den Zeiller als
seinen Währsmann anführt, deswegen nachge-
sehen zu werden.

Ueber den Ursprung des Tarockspiels ist
Hr. Breitkopf in seinem Versuche über
den Ursprung der Spielkarten, (Leipz.
1784, gr. 4.) S. 25. ff. nachzusehen. Es finden
sich Spuren, daß es schon im vierzehnten Jahrhunderte, obgleich verschieden von dem heutigen, bekannt war. Es entstand aus dem Trap-
polierspiele, das wohl unter allen italiänischen
Kartenspielen das älteste ist. — Was Zeiller
vom Bernardino di Corte bemerkt, ist bloß
wörtlich aus der von ihm nachgewiesenen Note
des Tomaso Porcacchi zum Guicciardini genommen, wo es bloß heißt: Bernardin
di Corte traditore fù tanto odiato anche da'
Francesi stessi, ch'essi, quando giuocavano al
giuoco de' tarocchi, e volevano dar la carta del
traditore, dicevano: Do Bernardino di Corte.
Aus dieser Note ergiebt sich also nicht, welche

Karte unter dem *traditore* oder Verräther zu verstehen sey. Fast aber vermuthe ich, es ist der *Diavolo* gewesen, der sich nach der Angabe des Garzoni in seiner Piazza universale di tutte le Professioni del mondo, p. 564, unter den Figuren der ältern Tarockkarte befand. Vergl. Hrn. Breitkopf's angef. Versuch, S. 26, Note (d).

Sprache. Von den Stammsprachen der jetzigen Deutschen, ist es Wachter's System: daß Anfangs in Deutschland nur eine einzige einförmige Sprache gewesen, die sich hernach in die gothische, angelsächsische und fränkische getheilt habe. Die gothische ist nicht die erste ursprüngliche Sprache, sondern nur eine Mundart; und die angelsächsische und fränkische sind nicht ihre Töchter, sondern Schwestern. Ein Wort, das in allen drei Mundarten vorkommt, gehört der allgemeinen Sprache; und nur das, welches bloß in Einer derselben vorkommt, kann man ein gothisches, angelsächsisches, oder fränkisches Wort nennen. — —

Die

Die Modi der Zeitwörter in der hebräischen Sprache, auch in der hungarischen, würden sich leicht auch in die Deutsche haben einführen lassen, wenn man nicht eigene, besondre Zeitwörter aus diesen Modis gemacht hätte. So wird z. E. durch die bloße Veränderung des Vokals i in e, nicht sowohl die ganze Bedeutung geändert, als vielmehr nur modificirt. Aus sitzen wird setzen, welches so viel ist, als sitzen machen; aus sinken wird senken, oder sinken machen; aus blicken, blecken, oder, blicken machen, z. E. die Zähne blecken, Steine, die durch den Kalk blecken; trinken und tränken. Desgleichen in dem Worte, verderben, die zweite und dritte Person des Singulars Präs. du verdirbst, verderbst; er verdirbt, verderbt; so nämlich, daß es mit i das Neutrum, und mit e das Aktivum ist.

Wachter's System von dem Ursprunge und der Abstammung der deutschen Sprache und ihrer verschiednen Mundarten findet man in seinem Specimine Glossar. German. Lips. 1727. 8. vorgetragen, dessen hieher gehörige Vorrede

auch wieder vor seinem Glossarium selbst ist
abgedruckt worden. Man vergleiche damit die
Stammtafel der Germanischen Völker in Ful-
da's Preißschrift über die beiden Hauptdialekte
der deutschen Sprache, S. 60. vor dem ersten
Bande des Adelungischen Wörterbuchs. —
Immer noch fehlt es an einer ausführlichen Geschichte der deutschen Sprache, die man vom
Hrn. Hofrath Adelung mit Sehnsucht erwartet, der einen kurzen Grundriß derselben in der
Einleitung zu seinem Umständlichen Lehrgebäude d. d. Sprache (Leipz. 1782. 2 Bde.
gr. 8.) geliefert hat. Er bemerkt daselbst S. 17,
daß die Deutschen ursprünglich viele, zwar verwandte, aber doch verschiedne, kleinere Völker
ausmachten, und daß daher sich ihre Sprache,
der Natur der Sache nach, schon in den ältesten Zeiten in mehrere Mundarten theilen mußte.
Und aus den wenigen noch übrigen eigenen Namen scheint ihm zu erhellen, daß sie ihrem Baue
und ihren wesentlichen Eigenschaften nach schon
damals die heutige gewesen sey. Auch er be-
streitet S. 21, das seltsame Vorgeben, daß die
gothische, oder vielmehr mösogothische Sprache
die Mutter, nicht allein der deutschen, sondern
auch aller übrigen nordischen verwandten Spra-

chen sey. Deutschland und die nördlichern Länder hatten schon viele Jahrhunderte Sprache
und Einwohner, ehe noch die Gothen dem Namen nach bekannt waren. Von den Mundarten
der germanischen Völkerschaften aber vor und in
der großen Völkerwanderung läßt sich, wie Hr.
U. S. 72 erinnert, wenig mehr sagen, als, daß,
allem Ansehen nach, jedes Volk, oder jeder
Stamm, seine eigene Mundart hatte. Die
fränkische entstand, seiner Meinung nach,
aus der nachherigen Vermischung der niederdeut-
schen Völkerschaften mit den südlichern, oder
oberdeutschen. Die angelsächsische Mundart
ist unstreitig eine der erstern, die aber, wie bekannt, ausgestorben ist, und wovon nur noch
Ueberreste in der heutigen englischen Sprache
leben.

Was L. oben Modifikation der deutschen Zeitwörter nennt, hat auch Hr. Adelung
nicht unbemerkt gelassen, indem er Th. I. S. 215
seines Lehrgebäudes erinnert, daß durch die
Biegung oder Flexion bloß das Verhältniß der
Begriffe und Wörter verändert werde; daß aber
der Begrif des Wurzelworts, als bloße Inter-
jektion oder tönende Natur betrachtet, noch
mancher anderer Bestimmungen und Nebenbe-

griffe fähig war. — Vorzüglich, sagt er, fand
die Bezeichnung derselben durch die bloße Aen-
derung des Hülfslautes bei den ältesten Verbis
Statt, wo man die vergangene Zeit gemeiniglich durch einen tiefern Hülfslaut, das Bild
der Entfernung, das geschehene Ding aber oft
mit einem noch tiefern ausdruckte: bind, ich
bind, Imperf. band, ehedem bund, Bund,
ein Ding, welches gebunden ist; u. s. f. — —
„Ein anderer, für die Kindheit der Sprache
noch feinerer Nebenbegrif ist der Unterschied zwischen der Hervorbringung und dem Zustande; in-
dessen hat man ihn doch in einigen Wörtern bemerkt, und durch Veränderung des Vokals bezeichnet: tränk-en, trink-en; senk-en, sink-en;
setz-en, sitz-en; wink-en, wank-en;
dräng-en, bring-en; prell-en, prall-en.“
Ueber die Wörter blicken und blecken
sagt Hr. A. in s. Wörterbuche, unter dem erstern Wörte, daß beide genau zusammen gehören, und daß, der Analogie zufolge, jenes das
Neutrum, dieses aber das Aktivum seyn sollte;
allein man habe sie schon von Alters her häufig
mit einander verwechselt.

Sprichwörter. Die deutsche Sprache hat einen großen Reichthum an Sprichwörtern. Gleichwohl dürfte es nicht übel seyn, auch die Sprichwörter aus andern Sprachen zu borgen, die sich kurz und nachdrücklich übersetzen lassen. Zu London sind im J. 1640 Outlandish Proverbs selected by *M. G. H.* in 8. herausgekommen, an der Zahl 1032. Aus diesen habe ich folgende ausgezogen:

12. Guten Kaufs macht den Beutel leer.

36. The German's wit is in his fingers; d. i. des Deutschen Verstand ist in seinen Fingern. — Ich merke dieses Sprichwort als ein Zeugniß für die mechanischen Talente der Deutschen an.

141. Liebe deinen Nächsten; aber reiße den Zaun nicht nieder.

178. Denke auf faule Tage, und arbeite darauf los.

229. Rechne genau; auch der Februar hat ein und dreißig Tage.

252. Freie um die Wittwe, weil sie noch trauert.

287. Ein Narr denkt, daß andre nichs denken.

Bb 3

348. Wer sein Huhn allein ißt, muß sein Pferd allein satteln.

356. Wer Einen züchtigt, züchtigt hundert.

373. Könnte er laufen, wie er trinkt, er fienge einen Hasen.

389. Dem Hunde, der Asche leckt, vertraue kein Mehl.

457. Der Hund nagt an dem Knochen, weil er ihn nicht verschlingen kann.

461. Der größte Schritt ist der Schritt aus der Thür.

476. Der Mantel ist deß, den er deckt; die Welt deß, der sie genießt.

499. Ueber einen Nagel gieng das Hufeisen; über das Hufeisen das Pferd; über das Pferd der Reuter verloren.

505. Ein Pfenning erspart, ist zweimal verdient.

521. Eine Blume macht keinen Kranz.

523. Auch Ein Feind ist zu viel.

556. Der Blinde schluckt manche Fliege mit hinunter.

587. Donnerstag kommt, und die Woche ist vorbei.

629. Die Wage sagt: das ist schwer; und, das ist leicht; aber nicht: das ist Gold, und das ist Silber.

708. Des Tapfern Blick ist mehr als des Feigen Schwert.

718. Drei leben friedlich, wenn zwei nicht heim sind.

719. Alle Schlüssel hängen nicht an Einem Gürtel.

925. Des Apothekers Mörser verdirbt des Kunstpfeifers Musik.

928. Jahre wissen mehr als Bücher.

949. Jede Meile ist im Winter zwei.

976. Ein Morgenregen hintertreibe keine Reise.

977. Ein schöner Wintertag macht keine lustige Vögel.

981. Des Schlafenden Kopf ist in seinem Magen.

1006. Wer in Hoffnung lebt, tanzt ohne Musik.

1016. Der Herr nicht zu Hause, Niemand zu Hause.

1031. Weiber verschweigen, was sie nicht wissen.

1032. Wer dem Kinde die Nase wischt, küßt der Mutter den Backen.

Ungeachtet des allerdings großen Reich-thums der Deutschen an Sprichwörtern und sprichwörtlichen Redensarten, der jetzt fast zu wenig erkannt, und noch weniger gehörig be-nutzt wird, ließe sich doch die hier-von L. vor-geschlagene Bereicherung wünschen, wenn sie so weise, wie hier, versucht, und der Ausdruck in unsrer Sprache so körnig, wie hier, übertragen würde.

Steigbiegel. Daß die Alten keine ge-habt haben müssen, weil sich deren keine auf al-ten Denkmälern finden, hatte Matthäus schon angemerkt: (de rer. invent. p. 38.) Stapes, h. e. instrumentum illud, in quo uterque pes insidentis equo utrinque quiescit, inventum est novum. Nam ut in marmoreis signis Romae et alibi videre licet, non habebant antiqui id instrumen-tum.

Unter dem Artikel, Meilenzeiger, habe
ich schon die Stelle aus dem Plutarch angeführt, worin dem C. Gracchus das Verdienst
beigelegt wird, daß er an den Heerstraßen hie
und da Steine habe setzen lassen, auf welchen
die Reiter bequemer zu Pferde steigen könnten,
die keine Knechte bei sich hätten, um ihnen aufzuhelfen. Sowohl diese Stelle, als die noch
übrigen römischen Ritterstatuen, z. B. die vom
Mark Aurel, scheinen zu beweisen, daß bei
den Römern keine Steigbiegel üblich gewesen
sind. Dies bemerkt auch Gesner unter dem
Worte *Stapia*, welches in einer alten Inschrift
vorkommt, die Vossius de Vit. Serm. I. 7.
anführt: Amor fuit equo dum aspectui formo-
siss. Durmioniae puellae virgunculae, summa pol-
voria placere cuperem casu desiliens pes haesit
stapiae tractus interii. Diese Inschrift wird vom
Wolphangus Lazius und Hieronymus
Magius (Miscell. II. 14.) angeführt; und sie
ist vielleicht noch etwas älter, als eine Stelle
bei dem Kirchenvater Hieronymus, in dessen
Briefen *bistapia*, ein Paar Steigbiegel, vorkommen. Vossius redet bei dieser Gelegenheit umständlich von den Wörtern *stapes* und *stapia* sowohl, als von andern neuern in griechi-

scher, lateinischer und spanischer Sprache davon
gebrauchten Ausdrücken. So ist von dem Lat.
astraba wohl ohne Zweifel das Spanische estribo
entstanden. Auch erinnert er, daß weder Xe-
nophon in s. Buche de re equestri, noch Julius Pollux, L. X. c. 10. 12. wo von den
zur Reuterei gehörigen Werkzeugen die Rede
ist, der Steigbiegel erwähnen. Budäus
brauchte das Wort subex pedaneus dafür. —
Uebrigens weiß man, daß im Deutschen der
Steigbiegel ehedem der Stegereif hieß;
und Hr. Adelung führt bei diesem Worte die
Stelle aus dem Theuerdank, Kap. 35, an:

Mit einem seim Fuß er begrayff
Die erd, der annder in stegkrayff
Noch belibe hangen,

Johann Stoffler. Die Todesart desselben, deren Sethus Calvisius in s.
Opere Chronologico, p. 832, gedenkt,
daß nämlich ein Fall Anlaß dazu gegeben habe,
den er selbst vorhergesehen, ist so ausgemacht
nicht, indem Crusius (Annal. Sueviae,
P. III. L. XI. c. 5.) sagt, daß er zu Blaw-

beyern an der Pest gestorben sey. Bayle be:
merkt diese Verschiedenheit bereits, zieht aber
für die letztere Meinung bloß den Adami an,
und erklärt sich eigentlich für keine, da doch un:
streitig Crusius, der gleichfalls Professor zu
Tübingen war, den meisten Glauben verdient.

Bayle hat einen ziemlich weitläuftigen
Artikel über diesen zu seiner Zeit sehr berühm:
ten Mathematiker und Astrologen, der von
1452 bis 1531 lebte, und sich vornehmlich durch
die Prophezeiung einer großen Ueberschwem:
mnng auf das Jahr 1524 bekannt machte, über
deren ziemlich allgemeine Befürchtung Augu:
stinus Niphus das Publikum in einer eig:
nen Schrift zu beruhigen suchte. Minder aus:
gemacht ist es, ob er das Ende der Welt auf
das Jahr 1586 geweissagt habe, welches Bayle
zu widerlegen sucht, der auch in Ansehung sei:
nes Todes bemerkt, daß er nach einigen zu
Blaubayren an der Pest, und nach andern an
einer durch den Einsturz eines Brettes in einem
Zimmer verursachten Wunde gestorben sey. Dieß
letztere, und daß er diese Todesart vorhergese:
hen habe, sagt Sethus Calvisius ad. a.
1531, p. 1156. „Jo. Stöfflerus, Justingensis,

mathematicus infignis, certo die fibi periculum ruina imminere praeviderat; & quia aedes fuas fatis firmas noverat, convocat in mufeum fuum viros eruditos, quorum confuetudine & fermonibus recrearetur. Orta inter fobria pocula difputatio: ad controverfiam explicandam e fuperiori loco librum depromit. Sed laxato clavo affer, in quo ftabant libri, in caput eius decidit, & infigne vulnus infelici feni infligit, ex quo mortuus eft die 16. Febr. Tubingae." — Crufius hingegen fagt am angef. O. p. 613. „Obeit Blaubeurae (al. Tubingae) pefte, 1531, „Joan. Stoefflerus, Mathemat. Tubing. anno „aetatis fuae 79, & Tubingae fepultus eft in „parochiali fano."

T.

Taback. Nicht Toback, wie es einige ausfprechen. Den Namen haben die Spanier diefem Kraute von einer Infel gegeben, auf der es häufig wächft. „Facultatibus infignibus celeberrima eft herba, fagen die Medici von Lyon, (Lib. XVIII. c. 138.) quam Petum ab Indis vocari refert Thevetus; Nicolaus

Monardus *Piciett*; Oviedus in Hifpaniola
infula *Petebecenuc.* Hifpani *Tabaco* nomi_
narunt, ab infula quadam ejus nominis,
in qua frequentiffima reperitur. Galli,
quod *Joannes Nicotius*, regius aliquando in
Lufitania orator, ejus femen primus ad
reginam, regis Galliae matrem, detule-
rit, illiusque facultates docuerit, *Nicotia-
nam,* et *Herbam Reginae* nuncuparunt.“

Diefer *Nicot* hat einen Tréfor ou Diction;
naire de la Langue françoife gefchrieben,
in welchem er unter dem Worte *Nicotiane* diefer
Sache felbft gedenkt; und zwar fagt er, daß es
1560 gefchehen fey, daß er diefes Kraut aus
Portugal nach Frankreich gefchickt habe.

Was mir hierbei am merkwürdigften vor;
kommt, ift diefes, daß man dieß Kraut damals
am wenigften zum Rauchen und Schnupfen,
fondern für weibliche körperliche Uebel, und be;
fonders wider die Luftfeuche, gebraucht hat.
Nicot, an dem angeführten Orte, fagt felbft,
es fey de vertu admirable pour guérir tou;
tes navrures, playes, ulcéres, chancres,
dartres, & autres tels accidens au corps

humain. Auch geht das Epigramm des Bu-
chananus dahin, wider die Königin Katharina von Medici, die es nach ihrem Namen *Herbam Mediceam* wollte genannt wissen.
Er nennt es darin salutiferam cunctis languoribus herbam; und sagt, daß ihm der
Name Medicea allein alle gute Kräfte würde
genommen, und es in Gift verwandelt haben,
da diese Katharina καθαρμα luesque
suorum sey.

Der jetzige medicinische Gebrauch des Ta-
backs ist, glaub' ich, nicht groß. Von Tabacks-
klystieren habe ich gehört; auch weiß ich, daß
Krüger ihn wider die Krätze vorgeschlagen hat.
Doch, daraus selbst schon sollte man schließen,
daß es wider die venerischen Krankheiten auch
dienlich seyn könnte.

Man hat eine Histoire du Tabac, où il est
traité particulièrement du Tabac en Poudre,
par Mr. *de Prade*; Par. 1697. gr. 12. worin diese
Materie sowohl historisch als medicinisch abgehandelt wird. Gleich Anfangs, S. 4. ff. werden
die verschiedenen Benennungen dieser Pflanze
angeführt, und gleichfalls bemerkt, daß sie den

gewöhnlichen Namen von der Insel Tabago
oder Tabako einer Provinz des Königreichs
Jukatan, oder Neuspaniens, auf dem Mexica-
nischen Meer, erhalten habe, wo die Spanier
sie zuerst kennen lernten. Der Arzt Fran-
cesko Hernandes von Toledo war der erste,
der sie nach Spanien und Portugal schickte.
Jean Nicot, Requetenmeister und Ambassa-
deur Königs Franz I. beim Könige von Portugal, lernte den Taback durch einen Portugiesen
kennen, und machte damit nach seiner Rückkehr
der Königin Katharina von Medici ein
Geschenk. Der Kardinal di Santa Croce,
päpstlicher Nuncius in Portugal, und Nicolas Tornabon, Legat in Frankreich, machten ihn zuerst in Italien bekannt; und er bekam
daher dort von ihnen den Namen. Quelques-
uns, heißt es weiter, l'appellent *la Buglosse*, ou
la Panacée Antarctique; d'autres *l'Herbe Sainte*,
ou *Saine - Sainte*, ou *Sacrée*, soit à cause de ses
vertus miraculeuses; soit à cause de sa gran-
deur; de même que *l'os sacrum*, ainsi nommé
par la même raison. Thevet machte dem Nicot die Ehre seiner Einführung in Frankreich
streitig; und England erhielt ihn durch den berühmten Seefahrer und Eroberer Virginiens,

Franz Drake. Wann und von wem er zuerst nach Deutschland gebracht worden, ist ohne Zweifel schon mehrmals untersucht worden; auch giebt es der Schriften viele, worin seine Arzneikräfte untersucht werden; und ich will mich hier bei ihrer Anführung nicht verweilen, sondern nur noch das von L. erwähnte Sinngedicht Buchanan's hieher setzen:

De Nicotiana falso nomine Medicea appellata.

Doctus ab Hesperiis rediens Nicotius oris
    Nicotianam rettulit,
Nempe salutiferam cunctis languoribus herbam,
    Prodesse cupidus patriae.
At Medice Catharina καθαρμα luesque suorum,
    Medea seculi sui,
Ambitione ardens, Mediceae nomine plantam
    Nicotianam adulterat:
Utque bonus civis prius exuit, exuere herbae
    Honore vult Nicotium.
At vos auxilium membris qui quaeritis aegris,
    Abominandi nominis
A planta cohibete manus, os claudite, et aures
    A peste tetra occludite!
Nectar enim virus fiet, Panacea venenum,
    Medicoa si vocabitur.

Tapfer,

Tapferkeit. „Einen greif an; zwei „erwarte; dreien suche auszuweichen; vor vie= „ren schäme dich nicht zu fliehen!" ist ein Spruch des Frotho, Königs von Dännemark, beim Saxo, B. V.

Eigentlich ist beim Saxo (Hist. Dan. L. V. p. 88, edit. Sorae, 1644, fol.) von den Anord= nungen die Rede, welche Frotho III. unter den Ruthentern machte; und hier heißt es unter andern: Decrevit etiam, ut quisquis militiae deditus spectatae virtutis titulum affectaret, im= peteret unum, exciperet duos, tres modica pe= dis retractione vitaret, quatuor fugere non eru= besceret.

Tempelherren. Niemand hat besser gezeigt, wie gesetzwidrig und ungerecht man bei der Aufhebung dieses Ordens verfahren habe, als Chr. Thomasius in s. Diss. de Templariorum Equitum Ordine sublato; Hal. 1705. 4. Wenig oder gar keine neuere Schriftsteller haben so scharfsinnig und frei dar= über geurtheilt.

Wichmanshausen, in s. Diss. de Extinctione Ord. Templ. von 1687, war viel kurzsichtiger und zurückhaltender. Doch hat er sonst etwas sehr merkwürdiges. Er vergleicht am Ende die Tempelherren mit den Jesuiten, und schließt: An vero paria etiam Jesuitas fata cum Templariis mansura sint, tempus manifestabit. Certe Nemesis divina tandem, quos praeteriisse videtur, inveniet. — Es ist nun geschehen, was er prophezeihte; und nur unsern bessern Zeiten haben wir es ohne Zweifel zu danken, daß eine eben so ungerechte Sache wenigstens mit weniger Grausamkeit ist ausgeführt worden.

Statt aller Zusätze, darf ich den Leser, der nähern und gründlichen Unterricht über diesen Gegenstand wünscht, bloß auf Hrn. Nicolai's Versuch über die Beschuldigungen, welche dem Tempelherrenorden gemacht worden, und über dessen Geheimniß, verweisen, wovon die zweite Auflage zu Berlin und Stettin, 1782, in zwei Theilen, 8. herauskam. Die Gründe des Thomasius findet man daselbst, Th. 1. S. 15 ff. geprüft und widerlegt.

Theater. Matthäus (de rer. invent. p. 27.) sagt: *Antimachus* Aegyptius, qui de situ orbis scripsit, primus statuit, ne quis, propria adpellatione in comoedia nominaretur. — Dieß ist falsch. Der Antimachus, aus Heliopolis in Aegypten, welcher eine Kosmoporie in 3780 Versen geschrieben hat, welche Suidas anführt, ist ein weit jüngerer Dichter, als Antimachus, mit dem Zunamen Psekas, (der Sprudler, von ψεκαζειν, besprengen, ψεκας, der Thau, ein Tropfen;) welcher das gedachte Gesetz, welches die mittlere Komödie hervorbrachte, soll gegeben haben. Von diesem Antimachus s. den Suidas, oder, aus dem Suidas geschöpft, den Scholiasten des Aristophanes, ad *Acharnenses*; und von dem Gesetze selbst den Petit, in Commentar. ad Leges Atticas.

Der Name Antimachus kommt sehr häufig vor, und es giebt drei verschiedne griechische Dichter, die ihn führten. Der eine war aus Kolophon, und lebte um die 93ste Olympiabe, und schrieb eine Thebaide; der zweite, aus Heliopolis, wird vom Suidas erwähnt, ohne daß sein Zeitalter angegeben würde; der dritte, von dem hier die Rede ist, hatte den Beina= men Ψεκας nicht deswegen, weil er die, mit denen er sprach, wirklich ansprudelte, sondern metaphorisch, und, wie Lorenzo Crasso (Ist. de' Poeti Greci, p. 46.) sich ausdrückt: quod suos familiares suis verbis & doctrina, tanquam minutissima pluvia, roris guttis simil= sima, differens, paullatim rigaret. Denn so er= klärt es Suidas selbst: Ψεκας δε εκληθη, επειδη προσεραινε τꝋς ομιλꝋντας διαλεγομενος. Er setzt hinzu, daß einem gewissen Olympikus eben der Beiname aus der nämlichen Ursache ge= geben sey. Und dieser Antimachus nun, ein Zeitgenosse des Aristophanes verordnete, wie Suidas weiter sagt, daß man im Lustspiele Niemanden persönlich durchziehen sollte, wel= ches viele Dichter von der Bühne abwendig machte, und vielen Schauspielern und Tänzern ihr Brodt nahm. Einige sagten, er sey selbst ehedem Choregos gewesen, und habe hernach als Dichter die Tänzer und Schauspieler veräcbt= lich behandelt. — Der Scholiast des Aristo= phanes (ad Acharnens. v. 1149) sagt: εδοκει δε 'Αντιμαχος ꝋτος ψηφισμα πεποιηκεναι μη δειν κωμῳδειν εξ ονοματος. — Petit handelt in

feinem Commentar. ad Leges Atticas, L. I. Tit.
I. §. XXXVI. (in der Jurifpr. Rom. & Att. T.
III. L. B. 1741. fol. p. 151 ff.) umſtändlich von
dieſem Geſetze, welches ſo lautete: Μη κωμω-
δειν ἐξ ὀνοματος. Nemini in Comœdia ex-
preſſo nomine convicium facito. Es wird deſſelben auch beim Hermogenes περι ϛαϲεων
(Sect. 13. p. 75.) gedacht; und beim Horaz in
der Epiſtel an den Auguſtus, v. 145. ff.

Feſcennina per hunc inventa licentia morem
Verſibus alternis opprobria ruſtica fudit ———

— — — — — quin etiam Lex
Poenaque lata, malo quae nollet carmine
quenquam

Deſcribi.

Vergl. die Epiſtel an die Piſonen, v. 281 ff. —
Petit ſetzt die Abfaſſung und Einführung dieſes Geſetzes in die 97ſte Olympiade, weil nach
derſelben Ariſtophanes ſeine Luſtſpiele, Ko-
ſalus und Aeoloſikon, geſchrieben habe,
in denen, wie in der ganzen neuern Komödie,
kein Chor vorgekommen ſey. Vielleicht aber iſt
eher die zuletzt angeführte Stelle des Horaz,
beſonders in den Worten:

— — — lex eſt accepta, chorusque
Turpiter obticuit ſublato jure nocendi,

mehr von dem spätern Uebergange der mittlern
Komödie in die neuere, als der alten zur mittlern zu verstehen, da man in der neuern auch
das αὐτοπροσωπως κωμῳδειν, oder die Aufstellung wirklicher Personen unter fremden Namen,
abschaffte, welche die mittlere Komödie, zur
Ausflucht des Gesetzes, sich noch erlaubt hatte;
obgleich Petit meint, daß auch die mittlere
Komödie diese Aufstellung nicht mehr gehabt
habe, und sich deshalb auf eine Stelle in den
Excerpten des Platonius beruft.

———————

Theodorus. Ein tragischer Schauspieler zu den Zeiten des Aristoteles. Dieser
gedenkt seiner in dem siebenten Buche der Poe-
tik, Kap. 17, wo er von der Gewalt der ersten
Eindrücke redet. Auf diese, sagt er, sah ohne
Zweifel Theodorus, wenn er nicht zulassen
wollte, daß ein andrer Schauspieler, wenn es
auch einer von den allergeringsten gewesen wäre,
vor ihm auf die Bühne treten durfte, ὡς
οικειϑμενων των Θεατων ταις πρωταις
ἀκοαις, weil die Zuschauer, was sie zuerst
hörten, auch sich zuerst geläufig machten, so,

daß sie das Nachfolgende, wenn es auch besser
wäre, bloß dadurch), daß es anders sey, be-
fremde. — Ohne Zweifel war Theodorus
ein Protagonist, das ist, einer, der die ersten
Rollen spielte; und, wenn die erste Rolle das
Stück nicht anfieng, so machte er ohne Zweifel
unter der Maske auch die Nebenrolle, die es
anfieng, um den Zuschauer sofort an seine Stimme und an seine Deklamation zu gewöhnen.

In dem Verzeichnisse der berühmten Männer dieses Namens, die Diogenes Laertius
(L. II. §. 103. 104.) anführt, finden sich
zwei, wovon einer dieser Theodorus ohne
Zweifel gewesen ist; der vierte nämlich,
ὗ το Φωνασικον Φερεται βιβλιονπαγκαλον,
cujus fertur libellus de vocis exercitatione
perpulcher; oder der zwanzigste, ποιητης
τραγωδιας. Jenes Werk würde sich zu seinem Eigensinne, auch den Vortheil des ersten
Eindrucks bei der Deklamation mitzunehmen,
sehr wohl schicken. Doch kann er eben so wohl
der letzte gewesen seyn; wenn nicht etwa beide
eine und eben dieselbe Person seyn sollten. Denn
wenigstens nennt Aelian (Hist. var. L. XIV.

c. 40.) den Theodorus, welchen Alexander Pheräus die Aerope so rührend spielen
sah, daß er sich der Thränen nicht enthalten
konnte, und daher aus dem Theater zu gehen
für gut befand, gleichfalls τραγωδιας ποιητην.
Und da Alexander Pheräus ein Zeitverwandter des Aristoteles war, so ist es
höchst wahrscheinlich, daß dieser Theodor
eben der ist, dessen Aristoteles gedenkt. —
Menage, in seinen Anmerkungen zum Diogenes Laertius, führt aus dem Hesychius
eine Stelle an, in welcher eines komischen
Schauspielers oder komischen Dichters gedacht
wird, der den Zunamen Πελεθοβαψ geführt
habe. (Was das heissen soll, verstehe ich nicht,
und müßte die Stelle in der neuen Ausgabe des
Hesychius nachsehen.) — Seines Grab-
mals gedenkt Pausanias, (L. I. c. 37.)
und sagt dabei, daß er für den besten tragischen
Schauspieler seiner Zeit sey gehalten worden. —
Von seiner Frau s. Plutarch, (L. IX.
Sympos. Quaest. 1.) Auch gedenkt derselbe
seiner in dem Buche vom Eigenlobe, daß er
zu dem komischen Schauspieler Satyrus ge-

sagt habe, es sey nicht zu bewundern, wenn man die Zuschauer zum Lachen, wohl aber wenn man sie zu Thränen und zum Weinen bewege.

Diogenes Laertius in dem Leben des Aristippus (L. II. c. 8. §. 19.) führt zwanzig Personen an, die den Namen Theodor geführt haben. Vermuthlich ist der zwanzigste der hier gemeinte, wie auch Lorenzo Crasso (Istoria de' Poeti Greci, p. 502;) annimmt. — Aelian setzt in der angeführten Erzählung noch hinzu: Alexander, ein Fürst der Pherder, habe sich hernach beim Theodor entschuldigt daß er nicht aus Geringschätzung weggegangen sey, oder um ihn zu beschimpfen, sondern weil er sich geschämt habe, durch eines Schauspielers Leiden so gerührt zu werden, und bei dem Elende seiner Unterthanen ungerührt zu bleiben. Eben diese Erzählung findet man beim Plutarch, de fortuna Alexandri Or. II. und in der Lebensbeschreibung des Pelopidas; nur daß da die Trojanerinnen des Euripides als das Trauerspiel genannt werden, welches diese Wirkung hervorbrachte, und daß der Name des tragischen Schauspielers nicht ausdrücklich genannt ist.

Der Artikel beim Heſychius iſt folgen-
der: Πιλιθοβαψ. Θιοδωρος ὁ Κωμικος ὁ
ὑποκριτης ἑτως ἐπικαλειτο. τινις δὲ ποιητην αὐ-
τον φασι γιγονεναι. In der neueſten und beſten
Ausgabe des Heſychius von Joh. Alberti
(L. B. 1766. 2 Voll. fol.) T. II. col. 904, finde
ich dazu folgende Noten: 24) Πιλιθοβαψ. Ex
πιλιθοβαφος. Guyet. vel pro στιλιθοβαψ. G.
Vid. v. Ὀγκοπιλιθιαν, v. Πιλλια, et H. Steph.
Ind. v. Πιλιθος. 25) ὁ Κωμικος inſertum. Vid.
Perizon. ad Aelian. V. H. p. 917. et Menag. in
Diog. Laërt. II. 104. Bei dem Worte πιλλια
ſetzt Heſychius στιλιθοι. Und wenn alſo πιλιθοβαψ ſoviel iſt als στιλιθοβαψ, ſo hieße es
wohl ſo viel als Anſchwärzer.

Tragiſche Subjekte.

I.

„In Gothia meridionali ſpectantur duo
tumuli, ingentibus ſaxis, cipporum loco,
impoſita habentes duorum *fratrum* corpora, quibus ab auſpice in prima adole-
ſcentia praedictum fuerat, fore, ut mutuis
vulneribus conciderent. Fatum declina-

turi peregrinationem ad remotiſſimas con-
trarias orbis partes ſuſcepere. In extre-
ma ſeneĉta demum in patriam reverſi,
cum quisque fratrem jam pridem mortem
obiiſſe ſperaret, non procul ab oppido
Jonaco ſibi invicem occurrunt ignoti, et
ſalute ultro citroque diĉta et accepta ſub
pinu proxima quieverunt. Mox rixanti-
bus eorum canibus, ipſi quoque ad jur-
gia primum, inde ad vulnera mutua pro-
ruperunt, animamque trahentes et fratres
ſe agnoſcentes, in mutuis amplexibus ex-
pirarunt." *Olaus* de Ritib. ſeptentr. c. 31.

2.

„Miles quidam, cum occiſo ſpolia
detraheret, fratrem nudato corpore agno-
vit, ac deteſtatus bella civilia, ſemet
ipſum ibi perimens fraterno corpori ad-
junxit." *Auguſtin.* de Civit. Dei, L. II. c. 25.

Hoc contigit, cum Cinna et Marius
infeſta ſigna ad urbem ducerant, quibus
occurrit C. Pompejus, Magni pater. *Livius*, L. 79. *Valer. Max.* L. V. dicit, mi-
litem Pompejanum occidiſſe fratrem, qui

erat in exercitu Sertorii. *Livius* pro Sertorio Cinnam habet. Fieri utrumque poteſt; nam exercitus omnes fere erant Cinnae. V. *Coquei* Comment. ad l. c.

3.

Tragiſche Subjekte, die ich zum Theil entworfen, zum Theil ſchon auszuarbeiten angefangen habe, ſind: Fauſt, Kleonnis, Alcibiades, Nero.

4.

Mathildis, eine Schweſter Edgar's, Königs von Schottland, hatte ſich dem Kloſterleben gewidmet. Heinrich I. verlangt ſie zur Gemahlin. Sie weigert ſich. Endlich wird ſie von ihrem Bruder dazu gezwungen. Als ſie ſah, daß ſie ihr Gelübde der Keuſchheit brechen mußte, verwünſchte ſie alle ihre zu zeugenden Kinder. Und die Geſchichte ſagt, daß dieſer Wunſch eingetroffen ſey. *Zwingl.* Theatr. Vitae, p. 188.

5.

Die Demoſtraten, beim Plutarch, wären ein tragiſcher Stof, wie die Horazier. Sie ſtritten wider den Kritolaus und ſeine

zwei Brüder, um den Krieg beizulegen, welcher lange Zeit zwiſchen ihren Landesleuten, den
Phendern und Tegdern gedauert hatte.

6.

Wenn man das tragiſche Ende Karls I.
Königs von England unter fremdem Namen auf
die Bühne bringen wollte, ſo könnte man am
beſten die ähnliche Geſchichte eines Königs von
Siam dazu nehmen, welcher zu eben der Zeit
von ſeinen Unterthanen der königlichen Würde
entſetzt, und hingerichtet wurde. S. Hiſtoire
moderne, T. III. p. 78; oder des de l'Isle
Relat. Hiſt. de Siam.

7.

Dahomira, Gemahlin des Königs Wra-
tislaus von Böhmen, würde eine gute tragiſche Heldin ſeyn. Ihr Haß gegen das Chriſtenthum, und gegen ihren älteſten Sohn, weil er
zu gut Chriſt war; die Ermordung dieſes Soh-
nes von ſeinem Bruder Boleslaw, die auf
ihr Anſtiften geſchah; die Tradition, daß ſie
in Prag lebendig von der Erde ſey verſchlungen
worden, ſind lauter Umſtände, die Quellen des

Schreckens und des Mitleids werden könnten. Sie lebte um 916.

8.

Epponina, des Sabinus Gemahlin, unter dem Kaiser Vespasian, lebte mit ihrem Manne lange Zeit in einer Höhle. Beide aber wurden von dem Kaiser doch zuletzt umgebracht. S. *Plut.* in Eroticis, der sie Empone nennt. *Tacit.* Hist. L. IV.

9.

Cinnadon, ein junger Spartaner, und dessen Verschwörung gegen die Ephoren, aus bloßem Ehrgeize, keinen über sich zu wissen. *Aristot.* Polit. L. V. c. 7. *Xenoph.* Hellen. L. III.

Ueber die unter Nr. 3 angeführten tragischen Subjekte sehe man die Vorreden zu den beiden Theilen von Lessing's Theatralischem Nachlaß, und die Bruchstücke der drei erstern, nebst andern, im zweiten Bande desselben.

———

Troja. Man bildet sich gewöhnlich ein, daß die Griechen, nachdem sie Troja zerstört

hatten, sämtlich wieder heimgereiset wären, ein
Jeder nach seinem Lande. Ovid hingegen
nimmt sehr wahrscheinlich an, daß eine griechische Kolonie da geblieben sey, wenn er die Penelope an den Ulyß schreiben läßt: (Heroid.
Ep. I. v. 51.)

Diruta sunt aliis, uni mihi Pergama restant;
Incola captivo quae bove *victor* arat.

Es möchte wohl vergeblich seyn, über diesen vom Ovid als wahrscheinlich, vorausgesetz-
ten Umstand irgend eine historische Aufklärung
zu hoffen. Der gewöhnlichen Angabe nach, die
auch vom Herodot, Thucydides und Ju-
stin bestätigt wird, wurde die Seeküste achtzig
Jahr nach Troja's Eroberung, von griechischen
Kolonien angebauet, und die innern Theile un-
terwarfen sich der wachsenden Macht der Lydier,
deren Waffen sich über die sämtlichen schönsten
Provinzen von Kleinasien verbreiteten, und sie
eroberten. S. Gillies's Gesch. von Altgrie-
chenland, Uebers. Th. I. S. 54. — Eine Stelle
beim Lukan (Pharsal. L. IX. v. 959 ff.) scheint
freilich das Gegentheil von dem zu sagen, was
Ovid voraussetzte:

Jam silvae steriles & putres robore trunci
Assarici pressere domos, & templa deoruм
Jam lassa radice tenent; ac tota teguntur
Pergama dumetis; etiam periere ruinae.

In dem letzten angef. Verse Ovid's lieſt Heinſius *accola* für *incola*.

V.

Venedig. Die jährliche Vermählung des dortigen Dogen mit dem Meere iſt bekannt. Apoſtolius (Proverbior. Cent. I. 54.) erzählt, daß die Venetianer ſonſt auch eine ähnliche Verbindung mit den Dohlen eingegangen, damit ſie ihren Saaten nicht ſchaden ſollten. Ob man in Venedig noch dieſe Gewohnheit hat? oder warum ſie abgekommen iſt?

—————

Venusseuche. Ich kann beweiſen, daß die Venusseuche eher in Spanien graſſirt hat, als man gemeiniglich annimmt; nämlich weit eher, als Columbus zum erſtenmal aus Amerika zurückkam; und dieſes zwar aus einem Briefe des Petrus Martyr.

Sonſt

Sonst, denke ich, pflegen die Arzneigelehrten auch anzunehmen, daß die Gonorrhöe, welche den Alten bekannt gewesen, nicht so bösartig, und daher mit der venerischen Gonorrhöe gar nicht zu vergleichen müsse gewesen seyn. Indeß finde ich beim Firmikus (L. VI. Matheseos, s. de vi et potestatibus stellarum,) gonorrhoicas mortes, und auch L. II. eines dadurch verursachten Todes erwähnt. Eine Folge des unvenerischen Saamenflusses möchte aber der Tod wohl nicht seyn können.

Wäre nicht auch die Krankheit des Kaisers Justinian in Bettacht zu ziehen, welche Prokopius (Anecd. p. 16, edit. Alem.) eine sehr schwere Krankheit nennt? Denn wie Metaphrastes in vita S. Sampsonis Patricii Romani, a quo adhuc vivo mirifice Justinianus sanatus est, sagt, so war diese Krankheit an den Schamgliedern, und bestand aus Geschwüren in der Blase: των αιδοιων αυτω πονηρως εχοντων, και της κυςυος ελκει χαλεπω κακοθειςης, pudendis vitio affectis, et graviter ulcerata vesica. V. Notae hist. *Alemanni*, p. 8.

Auch wäre zu untersuchen, worin eigentlich die pestis inguinaria bestanden habe, die unter Pelagius dem zweiten Bischofe zu Rom ums J. 580 herrschte? Pelagius starb selbst daran. V. *Dresserus*, p. 2.

Ueber die Geschichte und Entstehung der Lustseuche in Europa war L. schon längst Willens eine besondre Untersuchung anzustellen; er gab aber diesen Vorsatz auf, als er erfuhr, daß Hr. Dr. Hensler gleichfalls damit umgieng, und, wenn ich nicht sehr irre, theilte er diesem seinem würdigen Freunde seine bisher angestellten Untersuchungen mit. Jetzt ist, wie bekannt, von dieses sehr scharfsinnigen und erfahrnen Arzneigelehrten Geschichte der Lustseuche, die zu Ende des funfzehnten Jahrhunderts in Europa ausbrach, der erste Band zu Altona, 1783. 8. und des zweiten Bandes zweites Stück, zu Hamburg, 1789. 8. letzters auch unter dem eignen Titel: Ueber den Westindischen Ursprung der Lustseuche, herausgekommen. Noch weitläuftiger, und reich an gelehrten Untersuchungen, ist Hrn. Dr. Christoph Girtanner's Abhandlung über die venerische Krankheit; Göttingen,

1788. 89. 3 Bände 8. Beide Schriftsteller sind über diesen Gegenstand in einen gelehrten Streit gerathen, der vermuthlich zur größern Aufklärung der ganzen Sache beitragen wird. Unter andern werden auch die Nachrichten des Petrus Martyr, auf die sich Lessing beruft, von beiden näher geprüft. Man vergl. die Allg. Litteraturzeitung v. J. 1789, Nr. 308 und 309, wo am Schluß der Rezension aus der ganzen Sache, so wie sie jetzt liegt, folgende Resultate gezogen werden: 1) Daß die Lustseuche in Europa erst seit 1495 bekannt sey, muß man zur Zeit so lange für gewiß annehmen, als das höhere Alterthum derselben noch nicht durch zuverlässigere Gründe, als bisher geschehen, erwiesen ist. 2) Gewiß ist es, daß die Lustseuche 1496 auf Hispaniola geherrscht hat. 3) Unerwiesen aber ist es noch zur Zeit, daß sie im Jahre 1493 bei Columbus erster Rückreise von dieser Insel nach Europa sey gebracht worden.

────────

Vettori. Seine *Differtatio Glyptographica*, f. Gemmae Duae Vetuftiffimae, emblematibus et graeci artificis nomine infignitae, quae extant Romae in Mufeo

Victorio, explicatae et illustratae, ist zu Rom 1739 in 4. gedruckt, und enthält 32 Kapitel:

1. *De praestantia sculpturae gemmarum antiquarum.* Da er die Edelsteine nennt, auf welche die Alten geschnitten, setzt er hinzu: Adamas quoque, ceteris excellentior atque durissimus, occurrit quandoque impressa imagine suspiciendus. (p. 1.) Aber ohne ein Exempel anzuführen.

Er gedenkt des Mnesarchus, des Vaters des Pythagoras, den Laertius δακτυλιογλυφον nennt, und meint, er sey ein Edelsteinschneider gewesen. Pythagoras starb als ein achtzigjähriger Mann in der 77sten Olympiade; und um diese Zeit, wie ich in den Antiquarischen Briefen gezeigt habe, wurden die Petschaftringe von geschnittenen Steinen erst in Griechenland bekannt. Folglich kann der Vater des Pythagoras wohl kein Edelsteinschneider gewesen seyn, sondern er wird nur Siegelringe gemacht haben, etwa von Metall. Man sehe indeß die Stelle des Apulejus unter Gemmen.

2. *Qui primi gemmas inciderunt.* Auch Vettori ſagt gerade wie Kloß: gemmas autem vetuſtiſſimi hominum ſcalpſerunt Aegyptii, poſt illos Etruſci, denique Graeci, ac demum Romani. Er giebt ein alphabetiſches Verzeichniß aller alten Steinſchneider aus dem Werke des Stoſch, und fügt die bei, die Gori hernach entdeckt hat. S. oben den Art. Gemmen.

3. *De Aulo, gemmarum ſculptore, & de gemmis ab eo inſculptis.* Außer den fünfen, welche von dieſem Künſtler in dem Stoſchiſchen Werke vorkommen, und von denen ſich zwei auch im *Muſ. Florent.* finden, nennt Gori (T. II. p. 10. Claſſ. 1.) einen ſechſten, anaglyptici operis Chalcedonio exciſi, quod in Muſeo Capponio Romae adſervatur. Ein ſiebenter iſt der, deſſen Joh. Faber in den Commentariis ad Imagines Virorum Illuſtrium, p. 67, gedenkt, worauf ein Kupido, der einen Schmetterling an einen Baum ſpießt, befindlich iſt. Aber Faber nahm den Namen Aulus für den Vornamen des Brutus. — Der achte endlich ist der, den Bettori hier beschreibt.

4. *Descriptio gemmae Musei Victorii ab eodem Aulo caelatae.* Eine sitzende Venus, die auf dem ersten Finger der rechten Hand ein Stäbchen im Gleichgewichte hält, nach welchem ein Amor aufspringt, um es mit beiden Händen zu erhaschen. Darunter steht ΑΥΛΟC. Der Stein ist ein Achat.

5. *De Achate gemma, qua usus est Aulus. Veterum opiniones recensentur circa hanc gemmam.* Die Farben dieses Achats sind sehr matt: *absumto enim igne cadavere, quocum in antiquo sarcophago reperiri contigit a. 1735, annulus quoque cum pretioso lapillo semiustus fuit.* Doch ist er nicht so verdorben, daß man nicht jetzt noch damit siegeln könne.

6. *Usus ac consuetudo comburendi gemmas una cum cadaveribus mortuorum expenditur ac illustratur.* Es wird dieser Gebrauch vornehmlich aus einer Stelle des Properz (L. IV. El. 7.) erwiesen, wo von der verstorbenen Cynthia gesagt wird:

Et solitum digito Beryllon adederat ignis.

7. *Disquiritur conditio antiquae gemmae possessoris. Quid indicent Veneris imagines in gemmis insculptae, aperitur.* Auch Vettori hält hier die Daktyliotheken beim Plinius für Sammlungen von geschnittenen Steinen.

8. *De inauribus, ab Aulo, gemmae sculptore, Venere tributis.* Er glaubt mit dem Buonaroti: quod foeminarum imagines, cujuscunque sint ordinis, ideo inauribus, et nonnullis aliis ornamentis, priori aetate omnino destituantur, licet ipsae, dum vitam viverent, iisdem continuo uterentur. Consuetudo etenim percrebuerat, deabus tantum, quas putabant, notam fortasse singularem, inaures, aliosque muliebres ornatus, tribuere. Er glaubt daher sogar, daß beim du Cange und Banduri, wo dergleichen Ohrgehenke an sterblichen Weibern zu sehen sind, sie ein Zusatz des Abzeichners wären. Aber das ganze Vorgeben ist, wie ich glaube, falsch, welches auch Winkelmann irgendwo schon erinnert hat.

9. *De monili, Veneri circa collum apposito.* Nach dem Isidor (Origg. L. XIX. c. 31.)

kömmt *monile* a *munere*, und es werden *omnia ornamenta matronarum*, *quicquid illis muneri datur*, daruhter verstanden. Doch wird *monile e gemmis* für einen Halsschmuck für Pferde gebraucht: *Sueton.* in Calig. c. 55.

10. *De armillis circa manus et brachia, Veneris imagines honestantibus.*

11. *Ancillae, quae inaures, armillas, monilia, aliaque ornamenta muliebria servabant, quomodo dicerentur a veteribus.* Sie hießen *sarcinatrices, a mundo muliebri, a monili, ab armillis,* u. s. f. Sie sind unterschieden von den *ornatricibus* und *ancillis ab ornamentis.*

12. *Eadem ornamenta in sacris imaginibus a Christianis usurpata; et quare?*

13. *Describitur vas vitreum Musei Victorini, in quo mulier spectatur in Elysiis, et ejus ornamenta indicantur.*

14. *Aliud vas vitreum antiquum ejusdem Musei, in quo imagines ornatae monilibus sunt expressae.*

15. *De baccis sive flosculis propendentibus ab extremitatibus pallae seu veli, quo Venus in*

gemma obducitur in inferiori parte. Er merkt davon weiter nichts an, als daß diese Büschel oder Flocken auch an den Kleidern der Hetrurier in *Dempsteri* Etruria Regali und *Gorii* Museo Etrusco zu sehen sind.

16. *De ludo, quam ludere videtur Venus in gemma, aliisque nonnullis ludis puerilibus veterum, ab Philosophis, Regibus, Imperatoribus & Diis gentium usurpatis.* Gerade von dem Spiele, mit welchem sich Venus hier die Zeit zu kürzen scheint, von dem Balanciren, findet man bei alten Schriftstellern nichts. Dagegen aber von andern, z. B. de ludo digitorum, welches Nonnus (Dionys. L. 33.) den Hymenäus und Kupido mit einander spielen läßt: quem ludum *Cicero* et *Varro* dixerunt: *micare digitis*, h. e. *digitis sortiri*, ut observat *Nonius Marcellus* in Libro de Proprietate Sermonum. Nostra aetate in Italia vulgus appellare consuevit *la Morra.*

17. *Quid Aulus indicare voluerit per hanc ludi speciem in figura Veneris?* Er sagt: librata Veneris indice et circumducta, ne capiatur ab avido Amore virga, ludum videtur

exprimere, quo illum induſtria et conatu adſequens, imperium in amantem, ſeu poteſtatem, quae per virgam indicatur, praemii loco accipiat.

18. *Quare veteres ethnici ludos conſule-rent, ac ſaepe in gemmis exprimerent, inveſti-gatur.* Er meint, um ſich zum Vergnügen und zur Freude dadurch aufzumuntern.

19. *Exponuntur nonnullae veteres inſcrip-tiones, quae de officio a voluptatibus memi-nerunt.* Sie heißen auch a rationibus vo-luptatis, und ſcheinen die Beſorgung aller Er-götzlichkeiten der Herren über ſich gehabt zu ha-ben. Unter den ſpätern Kaiſern kommen ſogar tribuni voluptatum vor.

20. *Vetuſtus alius titulus illuſtratur.* Unter den Aufſchriften in dem gemeinſchaftlichen Grabe der Freigelaſſenen und Knechte der Livia Au-guſta befand ſich auch eine auf einen Amian-thus, der Liviae ad Venerem heißt. Die-ſes haben einige erklärt: qui Liviae fucum pararet, et ea quae ad venuſtatem oris affectandam conducunt; und anders. Er aber erklärt es aus dem Blanchini und Gori,

welche beide gedachtes Grabmal erläutert haben,
pro Aedituo Liviae templo Veneris ad-
dicto.

21. *In antiquis gemmis mysteria frequen-
tissime occultantur.* Er erläutert dieses an einem
alten Karneol, worauf ein Todtenkopf, ein
rundes Brodt, ein prächtiges Halsband, und
totus talorum ludus, vier Knöchel, die die
Alten statt der Würfel brauchten; und meint,
daß darin die Ermunterung ausgedrückt sey:
Ergo vivamus, dum licet effe bene!

22. *Gemma ab Aulo sculpta, saepe ab aliis
antiquis sculptoribus eodem typo repetita.*

23. *De caelatura inferioris aevi pertinente
ad illustrationem gemmae Victorianae.*

24. *Sculptores complures, qui gemmas inciderunt aevo inferiori, in obscuro.* S. den
Artikel Gemmen, Nr. VI.

25. *Georgius Vasarius laudatur, qui ab eo
memorantur caelatores, indicantur, aliique
proferuntur in lucem.* Ebendas.

26. *De sculptoribus gemmarum nostra
aetate florentibus.* Ebendas.

27. *De Auli gemma, eodem typo a recen-
tioribus iterato insculpta,* aliorumque veterum gemmarum caelaturis, ab iisdem
saepe repetitis, et earum maxime, quae
antiquorum sculptorum nominibus in-
signitae sunt. — **Natter** kopirte im J. 1736
diese **Venus** des **Vettori,** und machte eine
Danae daraus, die mit der ausgestreckten
Hand den goldnen Regen erwartet. **Natter**
selbst erzählt das in der Vorrede seines Werks;
aber er leugnet, daß er den Namen **Aulus**
deswegen auf seinen Stein gesetzt habe, um ihn
desto theurer zu verkaufen, welches ihm **Vettori** hier Schuld giebt.

28. *De modo caelandi gemmas. Veteres
usos esse microscopio, sive lente vitrea, demon-
stratur.* Aus diesem Kapitel sehe ich, daß
Christ's Meinung von der Diamantspitze ihm
gar nicht eigen gewesen sey. Sie gehört dem
Vettori, der es sogar beschreibt, wie mit der
Diamantspitze gearbeitet worden, und es ohne
Zweifel von Künstlern selbst gesehen hatte.
Gemmarum caelatores, schreibt er S. 100,
ad eas incidendas vel *Adamantem* vel *Ro-*

tam adhibere folent. Siquidem in fummitate ftyli five axiculi, qui ferreus eft, tenuis, nec palmarum longitudinem adfequitur, fcobem five fruftulum adamantis ita componunt, ut moveri nequeat, dum opus fculpturae perficiunt, quod agunt, fola cufpide adamantis gemmam perfricando. Oleum vero quandoque guttatim infundunt, et fmiridis pulvere inficiunt gemmam, ficque juvant adamantem. De his fragmentis inquit *Plinius*: Expetuntur etc. et *Marbodus*:

Hujus fragmentis gemmae fcalpuntur acutis.

Hierauf befchreibt er die Art und Weife mit dem Rade, wobei er auch den Mißbrauch anmerkt, die eifernen Inftrumente, welche in das Rad gefetzt werden, das Rad zu nennen: Invaluit vero per abufum confuetudo, *rotas* appellare (quas dicunt etiam *rotini*) ferreos quosdam parvulos ftylos, non chalybeos, neque igne temperatos, *etc.* Und wenn er fagt, daß die Steine an einen Handgrif gefüttet werden müßten, um fie bequem an das

Rad zu halten, so setzt er hinzu: idem omnino firmandae gemmae modus in usu est, si *adamantem*, non *rotas*, abhibeat. — Hierauf sagt er, wie nöthig zu dieser Arbeit das Vergrößerungsglas sey. *) — — —

29. *De gemma, a* Quinto Alexa *insculpta, quae Achillem exhibet armis instructum. Item de Sardonyche.* Dieß ist die zweite Gemme, die in diesem Werke erläutert wird. Auf der Area steht in drei Linien Κοιντος Ἀλεξα ἐποιει. Gori, im *Muf. Flor.* hatte dieses Steins schon erwähnt. — Zuletzt sagt Vettori, daß die Alten am liebsten lebhafte und kriegrische Leute und Thaten auf den Sardonyx geschnitten hätten, weil sie in der Meinung gestanden, dieser Stein habe die Kraft, die Furcht zu vertreiben, und Muth einzuflößen. — Quod Achillem, ut ipsi putabant, potissimum deceret Sardonyche, et pariter eos omnes, qui res bellicas tractant, vel bel-

---

*) Was Lessing wider diese Meinung hier erinnert, übergehe ich, weil er von dem allen schon in seinen Antiquarischen Briefen Th. II. S. 106 ff. Gebrauch gemacht hat.   E.

lteis negotiis adſueſcunt. Dieſer Stein iſt aber eigentlich nur ein Fragment, auf welchem bloß die Beine des Mars und die Schrift ſichtbar ſind; das Andre iſt von einem neuen Künſtler ergänzt worden.

30. *De Ocreis, quibus Achilles indutus eſt circa tibias.* Feſtus (de verb. ſignif.) ſagt: *Ocrem* antiqui montem confragoſum vocabant — unde fortaſſe etiam *ocreae* ſunt dictae inaequaliter tuberatae. Jenes alte Wort *ocris* hat mit unſerm deutſchen Hocker, welches nicht bloß einen Buckel, ſondern auch einen Berg bedeutet, die vollkommenſte Gleichheit. Friſch hat es nicht gekannt, ſondern leitet Hocker von hoch ab.

31. *De nomine Quinti Alexae. Disquiritur, an aliqui ſculptores a Plinio memorati artem quoque inſculpendi gemmas calluerint.* Plinius gedenkt eines Alexa, eines Bildhauers aus der 87ſten Olympiade, welcher ein Schüler Polyktet's war; und da dieſer letztere unter den alten Steinſchneidern vorkomme, und Plinius ſelbſt von ihm ſage, daß er kleine Werke gearbeitet habe, ſo, meint er, könne

fein Schüler Alexa gar wohl der Meister diefer Steine gewesen seyn. Aber alsdann möchte
ich nur fragen: Wie kam er zu dem Vornamen
Quintus, welcher lediglich ein römischer
Name ist?

32. *De inaequalitate, quae in averfa parte
utriusque gemmae illuftratae, et aliquando in
plerisque aliis antiquis gemmis caelatis obferva-
tur.* Dieses Kapitel verdient, daß ich es ganz
abschreibe:

„Utramque gemmam, a nobis hacte-
„nus illuftratam, rem obfervatione digniſ-
„fimam, nec tamen ad hanc diem obfer-
„vatam, continere deprehendimus, quum
„partes caelaturae oppofitas infpexerimus.
„Superficies enim poftica unius, alte-
„riusve, maxime laevigata et expolita
„eft; verum alicubi tuberata, atque etiam
„excavata. Illud autem nonnulli contem-
„plantes, incuriae vel negligentiae vete-
„rum fcalptorum facile tribuere non ve-
„rentur; ita ut, fi qua hujus operis anti-
„qua gemma caelata in manus eorum in-
„ciderit, qui aureis annulis ad ornandos
„digi-

„ digitos folummodo inferere ftudent, vel
„ pro figillis ad horologia adpenfis utun-
„ tur, (ut noftri aevi fert ufus, caetera
„ non-improbandus,) averfam partem vel
„ complanare ftatim faciant, vel obduci
„ imperent artificibus, ornato flexilibus
„ cauliculis, et maeandris, vel ex auro
„ puro, vel encaufticis aureo operculo,
„ ut vitium vetuftarum gemmarum, quod
„ ipfi putant, five emendent, five emen-
„ daffe videantur. Res autem non ita
„ fe habet: etenim folertiffimi hominum
„ fuere, qui gemmas inciderunt, atque
„ eas fuo nomine fignarunt, quod vel ex
„ noftra differtatione fatis fuperque licet
„ intelligere, fi confideretur quam mini-
„ mus eorum numerus, qui hanc fpartam
„ adornarunt, cap. 2 defcriptorum. Igitur
„ id omnino verfantes, ac faepenumero
„ hujusmodi gemmas, in altum elatas,
„ contra lucem infpicientes, novimus,
„ atque in eis animadvertimus, non fine
„ admirationis nota, maximam coloris
„ aequabilitatem; adeo ut eodem colore

„transluceat imago insculpta, quo pariter
„area transparet; quod inventum, et
„pulchrum visu, et commendabile ac
„suspiciendum est. Hinc argumentum
„rectumque judicium proferri licet, quam
„profunde lateque omnes artis recessus
„ac praestantiam callerent iidem ipsi gem-
„marum caelatores, quos summos viros
„appellare non dubitamus; et eas gem-
„mas, quae peculiari hoc raritatis speci-
„mine distinguuntur (demto *versatilis rotae*
„periculo, qua male feriati et imperiti
„homines cunctas indistincte expolire,
„laevigare et complanare solent) in po-
„sterum maximi faciendas esse censemus.
„Quo monito, uti spectabiliores hac no-
„stra aetate et insequentibus omnes ve-
„tustae caelaturae fiant, magno rei anti-
„quariae bono, atque emolumento, feli-
„citer auspicamur."

Diefer lange Artikel ist zwar fast durchgehends nur Excerpt; indeß habe ich ihn mit aufgenommen, weil die Abhandlung des Vettori
selbst in den Händen weniger Leser seyn wird,

und das, was L. hier und da angemerkt hat,
doch nicht so ganz unerheblich ist.

Von dieser Abhandlung des Cav. Francesco Vettori sehe man auch den Mariette, Tr. des pierres grav. T. I. p. 264,
wo er von den Lebensbeschreibungen berühmter
Steinschneider redet, welche Vasari im zweiten Bande von der Wiederherstellung der Kunst
an, bis ungefähr 1568 geliefert hat, und dann
fortfährt: Mr. le Chevalier *François Vettori*,
qui a pris la plume en 1739, pour suivre ce que
le Vasari avoit commencé, continue cette histoire jusqu'à nos jours. On s'apperçoit aisé-
ment que les mémoires lui ont souvent manqué;
ce morceau, dans ce qu'il présente, est néan-
moins curieux, & mérite d'être lû: il est
amené presque sans dessein, dans cette dissertation latine sur les pierres gravées, que j'ai an-
noncée il n'y a qu'un moment, (p. 263) & dans
laquelle l'Auteur paroît s'être uniquement pro-
posé l'explication de deux pierres gravées de
son cabinet. L'une de ces pierres, dont je
donnerai dans la suite une déscription plus dé-
taillée, avoit été trouvée à Rome parmi des
cendres dans un sépulcre, en 1735. Elle por-
toit les marques d'avoir été brulée avec le corps

de celui, à qui elle avoit appartenu; on y li-
foit le nom d'un ancien artifte déjà connu par
d'autres ouvrages: le travail en étoit très-déli-
cat; de toutes ces preuves réunies, il en réful-
toit, que la gravure etoit véritablement antique,
& M. *Vettori* faifant fur cela fes reflexions, gé-
mit de la friponnerie des Brocanteurs, qui très-
fouvent vendent aux curieux des copies modernes pour des originaux antiques, & qui pour
les accréditer davantage, y font mettre encore
des noms Grecs; car depuis quelque tems ces
fortes de noms fur les pierres gravées font de-
venus fort en règne. Mais quelque mauvaife
que foit cette rufe, & quoiqu'elle ne foit ni
permife, ni excufable, ceux qui veulent être
trompés, en fe laiffant féduire par des infcrip-
tions qui n'ajoûtent rien à la bonté d'un ouvrage, méritent de l'être, & ne font point à
plaindre. — Die verfprochne Befchreibung der
einen Gemme liefert Mariette p. 415 ff. und
fagt von der Abhandlung des Vettori: il eft
entré dans des détails fort curieux fur l'art de
la gravure en pierres fines, qu'on ne trouve
point ailleurs; und S. 416: *cette differtation* con-
tient l'hiftoire des graveurs modernes en Pierres fines, & le manuel de la gravure.

Aeneas Vico. Landringer in seiner
Diff. in Onychem Alexandri M. sagt:
Aeneae Vici Monumenta ex gemmis et
cameis a *Joanne Domenico de Rubeis*, pro-
mulgata, apologismo accurato indigent. —
Ich kann nicht erfahren, was für ein Werk
dieses ist.

Enea Vico, der um die Mitte des sechszehnten Jahrhunderts lebte, ist durch seine nu-
mismatischen Werke, die man in *Hirschii* Biblioth.
Numar. p. 134 f. verzeichnet findet, bekannt genug.
Füeßlin, der von ihm als Künstler redet, sagt
unter andern, daß man auch 34 Blätter von antiken geschnittenen Steinen unter seine Werke zähle,
deren jedoch Basan, in s. Dict. des Graveurs,
auf den sich F. deswegen bezieht, nicht erwähnt,
so wenig ich in dem gleichfalls von F. angezogenen
Teissier das Verzeichniß von Vico's Werken
auffinden kann. Jene Blätter wären es denn wohl
gewiß, die Landringer meinte. Die Stiche
wären wohl ohne Zweifel von Vico selbst; und
de Rubeis oder Rossi, der sie herausgegeben, vermuthlich eben der Kunsthändler, der die
Gemme antiche figurate des Maffei besorgte.

Violine. Leonardo da Vinci war zu seiner Zeit ein treflicher Violinist, und stand sogar als solcher bei dem Herzoge zu Mailand, Lodovico Sforzia, in Besoldung. In seinem Leben aber, welches seinem Werke von der Mahlerei vorangesetzt ist, lese ich etwas, das mir sehr besonders vorkommt; nämlich, daß Vinci, um bei seiner Musik einen hellen Ton zu erlangen, sich eine Geige von Silber, wie einen Pferdekopf, machen lassen, und damit alle andre Violinspieler übertroffen habe.

Beim Vasari heißt dieß Instrument eine Art von Leier, die er selbst erfunden habe; und dieser Ausdruck wird von den Italiänern so allgemein gebraucht, daß man eben so gut eine Laute, oder Mandoline, und dergl. darunter verstehen kann. Eine Violine, wie die heutige, war es, auch die Form abgerechnet, wohl gewiß nicht, da dieselbe höchst wahrscheinlich nicht früher, als zu Anfange des vorigen Jahrhunderts, erfunden ist. Die Viola oder Bratsche, von der jenes Wort ein Diminutiv ist, war schon früher da. S. *Hawkin's* Hist. of Music, Vol. IV. p. 116 und 340 ff. — Die Frage wäre nur noch,

ob das Instrument des Leonardo da Vinci
dadurch, daß es von Silber war, einen hellern
Ton erhalten habe, als wenn es aus Holz gewesen wäre. Wenigstens gedenkt Baron in s.
Untersuchung der Laute (Nürnb. 1727. 8.) einer
Laute, die Jemand in Paris will gesehen haben,
welche von gediegnem Golde, und 32000 Thaler
werth gewesen; und setzt hinzu: „Ich bilde mir
ein, daß die Standesperson, oder der Maitre,
wer er ist, mehr galant als kunsterfahren gewesen sey, weil sich solches Instrument mehr zum
Ansehen, als zum wahren Gebrauch geschickt
hat." Eine Laute, deren Körper von gediegnem
Kupfer war, sah Baron in Leipzig, und fand,
daß ihr Ton mehr mit dem Klange eines alten
Hafens oder Topfes, als mit dem wahren Lau-
tenklange überein kam.

***

Virgil. Es ist in der That keine geringe
Ungereimtheit, wenn Virgil (Aen. I. v. 271.)
den Jupiter zur Venus sagen läßt:

At puer Ascanius, cui nunc cognomen Julus
Additur, (Ilus erat, dum res stetit Ilia regno.)

Die Großmutter sollte das nicht gewußt haben?
— Sollten diese Dinge aber auch die Leser er-

fahren, so hätte ihnen der Dichter wohl einen
schicklichern Ort aussparen können. — Ich nehme diese Kritik von einem Mitgliede der Athenian Society, der des Ruäus Ausgabe vom
Virgil recensirt. (S. The Young Student's Library, p. 466.) Aber wenn er hinzusetzt, er scheine hier dem Homer nachgeahmt
zu haben, welcher, um seine Leser von den Ge-
bräuchen der Götter zu unterrichten, den Jupiter zur Thetis reden lasse, als ob sie es eben so
wenig, wie die Sterblichen wisse, daß alles,
wozu er mit seinem Haupte winke, unwider-
ruflich sey; (Iliad. α. v. 525.) so glaube ich,
daß zwischen beiden Stellen noch ein großer Unterschied ist. Jupiter sagt das nicht der Thetis
als etwas Neues; sondern er verweist sie nur
darauf, damit sie um desto weniger an seiner
Bekräftigung zweifeln solle. Beim Virgil
hingegen sagt der Umstand mit dem Namen
ganz und gar nichts, wenn man nicht ein kahles
Kompliment an den Augustus und die Fa-
milia Julia, darin annehmen will; welches
aber eben in dem Munde des Jupiters gar nicht
erbaulich ist.

Der erste Urheber der obigen Kritik scheint anzunehmen, daß die eingeschaltete Parenthese nicht Worte Jupiter's, sondern des Dichters, enthalte; ob er gleich selbst hinzusetzt: One might perhaps say, for the excuse of *Virgil,* that the *Nunc* shews, that this was *not* the Poet, who spoke. Denn darin läge freilich eine Ungereimtheit, wenn Virgil hier dem Jupiter gleichsam in die Rede gefallen wäre, um diese Notiz und dieß Kompliment anzubringen. Daß Jupiter aber diesen Umstand der Venus nicht sowohl erst erzählt, als sie vielmehr daran erinnert, scheint mir doch so gar ungereimt nicht zu seyn; wiewohl der Dichter dabei vornehmlich den Leser, und noch mehr den August, im Auge hatte. Er kommt daher auch bald hernach, v. 290. ff. auf diesen Umstand geflissentlich zurück:

Nascetur pulchra Trojanus origine Caesar,
Imperium oceano, famam qui terminet astris:
Julius, a magno demissum nomen Julo.

W.

Georg Willerius. Ein augspurgischer Bürger und Buchhändler, welcher den ersten Meßkatalogus 1564 drucken ließ;

nicht aber 1554, wie Heumann (Consp.
Rei Lit. p. m. 144;) und Gundling (Hist.
Lit. p. 6036,) sagen. Man ersieht dieses aus
der ersten Sammlung dieser Katalogen, welche
zu Frankfurt ex officina *Nicolai Baßaei*,
1595. 4. besorgt worden. Vergl. *Miraeus* de
Script. Sec. XVI. c. 127. — *Reimann*
Biblioth. Acroam. Diss. Praelim. — Deut-
sche Acta Eruditor. Th. V. p. 419. — *Jo.*
Chr. Wendleri Diss. de meritis reipubl.
August. in rem lit. p. 9. — Thesaur. Bi-
blioth. T. I. n. 1.

In der sechsten Ausgabe von Heumann's
Consp. p. 316, not. *a.* ist wenigstens das Jahr
1564 richtig angegeben, in welchem Georg
Willer zu Augsburg den ersten Frankfurter
Meßkatalogus druckte. S. auch Reimann's
Einl. in die Hist. Lit. T. V. S. 765 ff. und dessen Biblioth. Hist. Lit. p. 96. s. Der Frankfurter Buchhändler, Nikolaus Bassäus setzte
dieß Verzeichniß nicht nur von da bis 1592 fort,
sondern gab ihm auch eine bessere Ordnung, nach
den verschiedenen Sprachen und wissenschaftli-
chen Klassen. Der Leipziger Buchhändler, Hen-

ning Groſſe, übernahm hernach die Fortſe-
ßung von 1593 bis 1600, die hernach von ſeinem
Sohne Fridrich, und deſſen Sohn Johann
Groſſe, auch nach deſſen Tode von den Groſ-
ſiſchen Erben geliefert wurde, von denen dieſer
Verlag an die Weidmanniſche Handlung kam.
Manche von den Mängeln, die Reimann am
zuerſt angef. Orte in Anſehung dieſes Meßver-
zeichniſſes rügt, ſind demſelben noch immer eigen
geblieben.

Winkelmann. Bei der Erläuterung
ſeiner Monumenti Antichi Inediti hat er,
laut der Vorrede, S. 17, zwei Maximen zum
Grunde gelegt. Die erſte: nicht anzunehmen,
daß die bildlichen Vorſtellungen in den Werken
des Alterthums müßig, und ohne beſtimmten
Endzweck ſind; diejenigen Werke ausgenommen,
in welchen man es deutlich ſieht, daß der Künſtler bloß nach ſeinem *capriccio* gearbeitet habe.
Die zweite: daß in dieſen Denkmälern irgend
ein Subjekt dargeſtellt ſey, dem man in der Fabel und in der Geſchichte des heroiſchen Zeitalters nachſpüren müſſe. Dieſe Maxime iſt es,

welche Klotz, in s. Abh. v. geschn. Steinen, S. 125, bestreiten wollte. Aber er geht eben so damit zu Werke, wie mit meiner Assertion wegen der Furien. Er ist weit entfernt, auf den Geist und die Absicht, auf die Brauchbarkeit und das Licht einer solchen Behauptung zu sehen. Er hält sich schlechterdings an die Allgemeinheit des wörtlichen Ausdrucks; und glaubt Winkelmann widerlegt zu haben, wenn er ihm recht viele einzelne Fälle entgegen stellt; er mag diese Fälle schon ausgenommen haben, oder nicht.

Sollte es aber wohl wahr seyn, was W. in eben dieser Vorrede, S. 16, von den alten guten Handschriften sagt? Sie wären, meint er, von den Gelehrten schon dergestalt durchforscht, daß sie jetzt nichts weiter, als ausgepreßte Zitronen, ohne Saft, wären.

Winkelmann's Worte aus der gedachten Vorrede will ich, weil seine Monumenti Inediti vielleicht wenigen Lesern zur Hand seyn möchten, ganz hieher setzen: Il punto principale però, di cui credo dover render conto al Lettore, è il metodo che ho tenuto nello spiegare i monu-

menti che gli propongo: a che fare mi son pre-
fiſſo due maſſime, la prima delle quali è di non
ſupporre che gli antichi abbiano eſpreſſe immagini ozioſe con le lor opere, ma coſe attenenti
alla mitologia; e la ſeconda, di ridorre perciò
le immagini ſteſſe alla mitologia ed alla favola,
e d'appormi a qual parte di eſſa ſi ſpettino quelle
che ne preſento. — La prima maſſima, di non
ſupporre che le immagini effigiate nelle opere
antiche ſieno ozioſe, cioè ſenza obbietto deter-
minato e cognito, non dico ai noſtri ma ai tem-
pi antichi, anzichè inventate per quel tal mo-
numento, in cui elleno ſono ſtate eſpreſſe, non
è, per vero dire, che una mia ſuppoſizione,
ma può però conſiderarſi come l'avviamento
alla ſeconda maſſima, tanto più certa, alla quale
eſſa ſpiana la via. Sebbene non vuo' già io ſoſte-
nere ad ogni coſto, che gli artefici antichi abbiano ſempre camminato con la mira da me
propoſta, poichè il contrario ci ſi preſenta da
molte lor opere, le quali non ne moſtrano che
coſe inventate a capriccio, e che non hanno
alcuna relazione alla ſtoria; ma dovunque non
ſon ſegni manifeſti di queſto lor capriccio, ho
ſperimentato giovevole, per non dir ſicuro, il
partito, di tener ſalda la ſuddetta maſſima, ſin

che non vi rimanga apparenza del contrario;
Imperciocchè rare volte fallifce la regola ch' io
ne fuggerifco, nelle immagini ferie e punto non
aventi del capricciofo e fantaftico; vale a dire
in quelle in cui non fi fcopre sfogata la fantafia
dell' artefice con rapprefentarne delle idee biz-
zarre, poichè qui egli è più probabile, che
coftui abbia prefcelto un' argomento già cognito
o ftato prima di lui effigiato da altri, di quel
ch' egli abbia voluto inventar cofe fimboliche e
prive di relazione a certi determinati obbietti. —
Winkelmann führt hierauf ein Beiſpiel zur
Beſtätigung dieſes Grundſaßes an, und geht ſo⸗
dann zu dem zweiten über: daß in den alten
Denkmälern gewöhnlich irgend ein Subjekt aus
der Fabel oder aus der Geſchichte des heroiſchen
Zeitalters dargeſtellt ſey, und führt davon ver⸗
ſchiedne Beweiſe an, zeigt darauf den Nußen
und die Anwendung dieſes Grundſaßes, und
widerlegt endlich die Einwürfe, die ſich dawider
machen ließen. Natürlicherweiſe aber nimmt er
davon alle den Kaiſern errichtete Denkmäler, die
Münzen der Könige, Städte, u. dergl. aus. —
Beide Grundſäße hatte er ſchon in ſeinen deut⸗
ſchen Werken über die Kunſt vorgetragen und bei
ſeinen Deutungen der Antiken befolgt; beſon⸗

ders in der Vorrede zur Geschichte der
Kunst, S. VII; und in dem Versuch einer
Allegorie, S. 9 und 11. Gegen diese Aeuße=
rungen brachte auch Klotz eigentlich in der
oben angeführten Stelle seiner Abh. über den
Nutzen und Gebrauch der alten geschnittenen
Steine, seine Einwürfe vor, die aber in nichts
weiter, als einzelnen, und nicht einmal durch=
gehends entschiedenen, Ausnahmen von jenen
Regeln bestanden, und wobei er diesen Regeln
eine größere Allgemeinheit zuschrieb, als W.
selbst ihnen gegeben hatte; besonders, wenn er
S. 125. sagt: „Er macht nicht allein hiemit
einen Schluß wider das Alterthum aller Steine,
welche die römische Geschichte enthalten, son=
dern er beschuldigt auch diejenigen einer gerin=
gen Einsicht, welche in Erklärung erhobner Ar=
beiten und geschnittener Steine ihre Zuflucht
zur wahren Geschichte, und sonderlich zu der rö=
mischen nehmen.'' Und hier argumentirte Klotz
freilich eben so, wie gegen Lessing's Behaup=
tung im Laokoon, daß die Künstler des Alter=
thums keine Furien gebildet hätten. L. sagt
darüber in seinen Antiquarischen Briefen,
Th. I. S. 37, sehr treffend: „Ich weiß wohl,
daß meine Assertion von den Furien mehrere be=

fremdet hat. Das Allgemeine scheint uns in allen Anmerkungen anstößig zu seyn. Kaum hören
wir eine Verneinung oder Bejahung dieser Art;
sogleich zieht unsre Einbildungskraft dagegen zu
Felde; und selten oder nie wird es ihr mißlin-
gen, einzelne Fälle und Dinge dagegen aufzutreiben. Aber nur der Einfältigere wird sich be-
reden, daß durch diese einzelne Ausnahmen der
allgemeine Satz wahr zu seyn aufhöre. Der
Verständigere untersucht die Ausnahmen; und
wenn er findet, daß sie aus der Kollision mit
einem andern allgemeinen Satze entspringen, so
erkennt er sie für Bestätigungen beider."

Winkelmann's Behauptung von den alten Handschriften aber, S. XVI. eben dieser
Vorrede, ist wohl auf allen Fall zu allgemein
ausgedrückt, wenn sie gleich in Rücksicht auf die
über Kunstwerke vor seiner Zeit angestellten Untersuchungen, vergleichungsweise viel Richtiges
enthält. Er sagt nämlich, nachdem er von der
sorgfältigen Kritik über alte Schriftsteller und
ihre Handschriften geredet hat: Oltrechè di
questi manuscritti, i quali si possano veramente
tenere per così antichi, che siano stati a por-
tata d' esserci in essi state puramente trascritte
le parole di chi n' è stato l' autore, ve ne ha
nelle

nelle biblioteche una grande scarsezza, e quei pochi che vi si trovano, essendo stati tante volte rovistati dagli uomini dotti, son ormai (sia lecito il dirlo) come tanti limoni spremuti che non hanno più sugo.

***

Wunderbare Menschen. Auf solche, in Ansehung ihres Körpers oder ihres Geistes, würde ich in meiner Litteratur vorzüglich mit sehen. Wir kennen den Umfang der menschlichen Kräfte ohne Zweifel noch lange nicht. Wir wissen noch lange nicht, wozu ein Mensch durch Fleiß und Uebung gelangen kann, und was für Ausnahmen auch in seinem Organismus sich äußern können, ohne seiner Erhaltung und Gesundheit hinderlich zu seyn. Hier will ich also nur einige solche Beispiele sammeln, denen ich noch keinen gewissen Artikel anweisen kann. Andre haben ihre Stelle bereits unter den fünf Sinnen erhalten, z. B. Sehen, Hören, u. s. f.

I.

Das Mädchen in Flandern, welches noch vor seinem neunten Jahre mit einem gesunden

Knaben niederkam. S. Journal des Savans,
a. 1684. p. 186.

2.

Das Mädchen zu Cambrai, welches aus einem Geſchwulſt an der Hüfte Milch hervorgab.
Ebendaſ. a. 1668. p. 213. 285.

3.

Die ſchleſiſche Dame, die alle Monate ein
heftiges Kopfweh bekam, während deſſen ihr
eine Menge grauer Haare wuchſen, die man
bald ausreiſſen mußte, wenn das Kopfweh
nicht bis zur Raſerei ſteigen ſollte. Ebendaſ.
a. 1684. p. 252.

4.

Marguerite Matthieu, die ganze
26 Jahre mit einem Kinde ſoll ſchwanger gegangen ſeyn, welches ihr nach ihrem Tode aus-
geſchnitten worden. S. Journ. des Savans,
a. 1678. p. 305. 348, wo man die Möglichkeit
dieſes Falls weitläuftig zu erhärten ſucht.

5.

Nikomachus Smyrnäus. — Antonius Molinetus in ſ. Diſſ. Anatom. Pa-
thologg. (Ven. in 4.) redet von dieſem Ni-

Tomachus von Smyrna, den ſein allzu fetter Körper ganz unbeweglich gemacht habe; er ſagt aber nicht, wie Aeſkulap ihn geheilt habe. S. Journ. des Sav. a. 1687. p. 69.

6.

Die Frau zu Xaintonge, die einmal mit neun, und das Jahr vorher mit eilf Kindern niedergekommen. Ebendaſ. a. 1684. p. 160.

7.

Ein Mädchen, welches im fünften Jahre ſchon ihre Zeit ſoll gehabt haben. Ebendaſ. a. 1683. S. 112.

Z.

Zaccolini. Die Schriften des P. Matteo Zaccolini, eines Theatiners, über die Optik, welche der Kardinal Barberini aus ſeiner Bibliothek dem Mignard mittheilte, (S. Monville, Vie de *Mignard*, p. 19.) und woraus dieſer und du Fresnoy viel gelernt haben ſollen, ſind ſie gedruckt worden, oder liegen ſie noch im Manuſkripte?

Monville sagt am angef. O. „Le Cardinal *Barberin* voulut alors être peint de la main de *Mignard;* & il se fit un plaisir de lui communiquer les écrits du Pere *Matteo Zaccolini*, Théatin, sur l'Optique, qui étoient précieusement conservés dans la Bibliothèque Barberine: l'ouvrage, où ce savant Religieux a développé les raisons des lumières & des ombres, & les règles de la Perspective, fut d'un grand secours à *Mignard* & à *Dufresnoy*, qui en firent leur étude pendant quelque tems." — In des Hrn. v. Murr Biblioth. de la Peint. &c. T.II. p.496, finde ich folgende Stelle aus des Baglioni Leben der Mahler, die er als Supplement zum Vasari schrieb: p. 317. Fra *Matteo Zaccolini*, Teatino, lasciò bellissimi libri, da lui composti, ove si tratta della prospettiva lineale, delle descrizioni dell' ombre prodotte da' corpi opachi rettilinei; della generazione e produzione de' colori; e la prospettiva del colore. — In Füeßlin's Allg. Künstlerlexikon heißt er Zaccolino; und was dort von ihm als Künstler gesagt wird, ist gleichfalls aus dem Baglioni genommen. Er starb 1630, im vierzigsten Jahre seines Alters, und lebte zu Rom im Kloster St. Silvestro, wo auch die besten Mahlereien vor ihm befindlich seyn sollen, über die J. auf des Abts Raguenet Monumens de Rome, p. 190. verweiset. — Daß die gedachten Schriften des Z. jemals im Druck erschienen wären, davon finde ich nirgends eine Spur.

Zahlen. Die Ziffern haben wir den Sarazenen zu danken, oder den Arabern, die aber selbst gestehen, daß deren Erfindung den Indianern gehöre. S, *Abulpharag.* Dynast. I. p. 16.

Vossius (ad *Melam*, L. I. c. 12.) und **Huet** (Demonstr. Ev. Propos. IV. c. 13.) auch **Darypodius**, haben unstreitig Unrecht, wenn sie dieselben den Griechen beilegen wollen.

Bei uns Deutschen sind sie spät in Gebrauch gekommen; und in öffentlichen Urkunden trift man sie vor dem 14ten Jahrhunderte nicht an. Wann sie in dem übrigen Europa aufgekommen sind, ist ungewiß. — S. dieses, und mehreres hierüber, in des Hrn. v. Gemmingen kleiner Abh. von Verschiedenheit und Verbesserung der Ziffern, in der Sammlung f. Poet. und Pros. Stücke, 2te Aufl. Brschw. 1768. gr. 8.

Die Stelle ist in der angef. Samml. S. 156 ff.
— Kircher und Wallis setzen, wie H. v. G.
bei ihnen nachweist, den Zeitpunkt der Einführung unsrer Zahlzeichen um das 13te Jahrhundert. Weidler hingegen behauptet, daß diese
arabischen Ziffern schon im 5ten und 6ten Jahrhunderte wären bekannt gewesen, weil er sie in
einer alten Handschrift des Boethius fand,
die aber wohl gewiß spätern Ursprunges ist, und
worin die Ziffern durch die Abschreiber gekommen zu seyn scheinen. Die Hebräer, Griechen
und Römer, auch die alten Gothen, wie man
aus dem Ulphilas sieht, bedienten sich, wie
bekannt, ihrer Buchstaben anstatt der Zahlen.
Von römischen Zahlzeichen ist wohl auf der Inschrift der Columna Rostrata die bisher bekannte
älteste Spur. — Andre nordische Völker gebrauchten ihre Buchstaben zu Zahlen bis auf 19,
und was darüber war, schrieben sie mit ganzen
Worten. S. *Olai Wormii* Fast. Dan. L. III. c. 3.
p. 139.

***

Antonio Maria Zanetti. S. von
diesem Kunstliebhaber und Kenner den Füeßlin. — Seine Daktyliothek hat Gori la-

teinisch beschrieben; und sie ist mit der italiänischen Uebersetzung seines Neffen, des Girolamo Francesco Zanetti (welcher, glaub ich,
Bibliothekar der St. Markusbibliothek ist,) zu
Venedig, 1750, in Folio herausgekommen.
Sie enthält 80 Tafeln, von Antonio Maria
Zanetti selbst gezeichnet, aber von verschiedenen gestochen; auf deren jeder ein Stück, doch
nicht lauter Steine, sondern auch Büsten von
Marmor, Münzen und Lampen mit unter.
Die Steine sind größtentheils Cameen, und
darunter einige von sehr großem Werth. Der
allervortreflichste, welcher jedoch tief geschnitten
ist, soll der Hermaphrodit, Taf. LVII.
seyn, mit den Buchstaben ΔΙΟΣ. welches
Dioskorides bedeutet, auf einem Amethyst.
Das nämliche Subjekt, nämlich ein ruhender
Hermaphrodit, den ein Amor fächelt, und zwei
andre Liebesgötter neben ihm, einer auf der
Harfe, und der andre auf einem Rohre spie-
lend, findet sich auch auf mehrern alten Steinen, doch ohne Namen des Künstlers. — Von
eben diesem Künstler ist noch eine Gemme in
dieser Sammlung, mit der nämlichen ersten

Sylbe des Namens, Taf. XXXIII. welche einen Giganten, der statt der Beine Schlangen hat, vorstellt, auf einem Beryll. — Auch findet sich ein Stein mit dem Namen eines sonst unbekannten Künstlers, Horus, OPOY, den Kopf, oder vielmehr nur die Larve, eines Silens vorstellend, auf einem Sardonyr, Taf. XLIII. — Noch sind verschiedne Steine von neuern Meistern mit untergemengt; namentlich von Nicolo Avanzi, Taf. II, das Brustbild Alexanders als Minerva; von Alexander Cäsarius, mit dem Beinamen Magister Graekus; (Maestro Graeco) ein Kopf des Phocion; vom Marmita, der Kopf eines Kommodus Antonius, Taf. XXV; und ein unbekannter weiblicher Kopf, Taf. LXXIV; und vom Valerio Vincentino de' Belli, der Kopf einer Faustina auf einem Achat, Taf. XXIII; lauter Meister aus dem funfzehnten Jahrhunderte.

Zanetti hat das Werk der Königin von Schweden Louise Ulrike, zugeeignet, in einer lateinischen Zuschrift, die ohne Zweifel von Gori ist, deren Antiquitäten- und Naturalien-

Kabinet, und deren große Einsicht in diese Dinge
er sehr rühmt. Bei der Gelegenheit kommt er
auf die alten Daktyliotheken des Skaurus,
des Pompejus, des Cäsar, des Marcellus, deren Plinius gedenkt; und äußert, daß
er sie gleichfalls für Sammlungen geschnittener
Steine halte: Nemo est, qui ignoret, cla-
riffimos Romani orbis principes viros et
Caefares tanti feciffe ac maxime omnium
aeftimaffe *antiquas gemmas*, excellentium
caelatorum opificio, dignitate, atque ele-
gantia infignes, ut non hominum, fed
deorum digniffimum et praeclariffimum
donum cenfuerint. Wie falsch das ist, habe
ich gewiesen *). Eine lehrreichere Stelle für
mich aus der nämlichen Dedikation war folgende: Memorat etiam (ut illuftres feminas
taceam) Romana hiftoria *Liviam*, Augufti
conjugem, inter omnes feminas eminen-
tiffimam operum antiquorum et gemma-

*) S. Antiquar. Briefe, Th. I. S. 117, wo L. zu
zeigen sucht, daß es bloß Sammlungen von Edelstel-
nen, gefaßten und ungefaßten, nicht aber bloß von ge-
schnittnen Steinen gewesen sind. *L.*

rum amore et ſtudio mirum in modum
flagraſſe, tantique haſce artes feciſſe, ut
in palaſio ſuo innumeros propemodum
aluerit non ſolum gemmarios opifices,
verum etiam pictores, fictores, ſtatuarios,
architectos, aurifices, fabros argentarios;
quorum nomina, quanquam non omnia,
exemto paucis adhinc annis eorum ſepul-
creto columbario nobis innotuerunt. Ich
bin äußerſt begierig nach dieſen Namen; ob
vielleicht nicht einige darunter ſind, die beim
Plinius vorkommen, und die man für weit
älter hält, als ſie ſind. Von der Entdeckung
dieſes Columbarii, deſſen Urnen von Marmor,
ſogleich zerſtreut waren, finde ich eine Stelle
beim Ficoroni de Larvis, p. 18. der lat.
Ueberſetzung: Noſtris vero hiſce diebus alia
hujus Bathylli prodiere monumenta, et
praecipue urna ejus ſepulcralis, una cum
illius ſtatua et inſcriptione, dum ad Viae
Appiae laevam, columbarium *Liviae*,
Auguſtique libertorum detectum fuit.
Hujus autem columbarii, nec non olla-
rum, urnarum, marmorearumque in-

scriptionum ſtatim diſperſarum διατυπωσις
ſtudio Reverendiſſimi *Franciſci Blanchinii*
Veronenſis, et *Ant. Franc. Gorii* Floren-
tini, poſtremo *Dominici de Rubeis* Romani,
in lucem cum luculenta enarratione pro-
diit. Nach dieſem Werke muß ich vor allen
trachten.

Die Erklärungen des Gori ſind, wie man
ſie von ihm gewohnt iſt; ohne vielen Scharf-
ſinn, und auch dann und wann ohne erfoder-
liche ausgeſuchtere Gelehrſamkeit. Beſonders
bin ich mit ſeinen Benennungen der Steine
ſehr übel zufrieden. Man ſehe, was ich unter
Iglade und Moccoſtein angemerkt habe;
desgleichen in den Antiquariſchen Briefen
vom Prasma. Auch kommen die nichtsbedeu-
den Namen: Achatonyx und Achatſard-
onyx öfters bei ihm vor. Hieher gehört auch
der Fehler, den er mit dem vitro obſidiano
bei der 31ſten Tafel macht, wo er den Kopf
eines Jupiters beſchreibt, obſidiano vitro
caerulei coloris expreſſum. Das vitrum
obſidianum war ſchwarz; und auch Klotz
macht dieſen Fehler.

Ueber die Pantoffeln, die Gori, Taf. 32, an den Füßen Jupiters sieht, *cujus pedes, quod notandum, crepidati, (colle pianelle o crepide in piedi,)* hat sich schon Natter aufgehalten.

Wenn der Kopf Domitian's, Taf. 17, wirklich auf einem orientalischen Granat ist, wie Gori sagt, so ist er, wegen seiner ungewöhnlichen Größe ein seltenes Stück.

S. 99. sagt Gori, er habe gefunden, daß die Steinschneider auch sonst gemmarii genannt worden; aber ohne Stellen anzuführen: *quos remotis temporibus etiam gemmarios appellatos invenio.* Dieß ist mir nicht glaublich. — Bey Taf. 20, welche einen Achat mit den Köpfen des Kaisers Hadrian und seiner Gemahlin Sabina vorstellt, macht er eine gute Anmerkung: *Omnium rarissima sunt gemmis inscalpta jugata capita, quod valde perspicuum atque exploratum est; ac multo magis gemmae scalptae extanti opera duobus capitibus ornatae.*

Graf Antonio Maria Zanetti, sonst Erasmo genannt, lebte zu Venedig, und starb

1767 in einem sehr hohen Alter. Er war ein
großer Kunstliebhaber, und sammelte ein sehr
ansehnliches Kabinet von Büchern, Kupferstichen, Zeichnungen, Gemmen, und dergl. Unter andern erneuerte er die Erfindung des Hugo
da Carpi Holzschnitte und Kupferstiche von
mehrern Platten abzudrucken; und verfertigte
in dieser Manier 99 Handrisse, meistens nach
Parmigiano. Seinen Briefwechsel über die
Kunst findet man in den Lettere su la Pittura,
Scultura ed Architettura; Roma, 1754 ff. 7
Voll. 4. Sein Neffe, gleichfalls Kunstliebhaber und Bibliothekar von St. Marco, ist vornehmlich durch die 1760 herausgekommenen Varie Pitture a fresco de' principali Maestri Ve-
neziani bekannt, wozu er die Kupfer selbst zeichnete und radirte.

Des ältern Zanetti eben beschriebene
Daktyliothek hat folgenden Titel: Gemmae Antiquae *Antonii Mariae Zanetti* Hieronymi F. *Ant.*
Franc. Gorius Notis Latinis illustravit. Italice eas
notas reddidit *Hieron. Franc. Zanettius* Alexandri F. Venet. 1750. fol. maj. Gegen über steht
dieser Titel italiänisch; so wie auch der Text in
beiden Sprachen, in gespaltenen Kolumnen,
abgedruckt ist.

Ueber die Gemme n. 58. mit dem Herma=
phroditeu, sagt Gori unter andern: Hanc
gemmam, quae veneres omnes continet, insi-
gnissimam sibi conquisivit Cl. *Zanettius* anno
1721 (im italiänischen Texte steht 1731) quam
quod possideret, mirum in modum gloriabatur
V. C. *Flinckius*, rariorum operum omnium fere
pictorum conquisitor diligentissimus. Cl. *Phi-*
lippi L. B. de Stosch, antiquitatis scrutatoris pe-
ritissimi, epistolam servat *Zanettius*, scriptam
V. Non. Octobr. a. 1733, qua tanti artificis
opus insigne ab eo feliciter conquisitum com-
paratumque humanissimo officio gratulatus est.
— Bei n. 33 bemerkt Gori, daß vom Dios=
skorides noch sieben andre Steine beim Stosch
vorkommen.

Ueber das zu Rom im J. 1726 entdeckte
Columbarium der Freigelassenen und Knechte
der Kaiserin Livia habe ich folgendes Werk
vor mir: Monumentum sive Columbarium Libertorum & Servorum *Liviae* Augustae & Cae-
sarum, Romae detectum in via Appia, a. cIↃ.
IↃ. cc. XXVI. ab *Antonio Francisco Gorio* de-
scriptum, & XX. aere incisis tabulis illustratum,
adjectis notis clariss. V. *Antonii Mariae Salvinii.*
Florentiae, 1727 fol. Es steht auch in *Jo. Po-*

tani supplem. Nov. Thef. Antiqq. Rom. & Gr.
T. III. und in eben dem Jahre erschien zu Rom
eine andere Beschreibung: Camera ed Iscrizioni
sepulcrali de' Liberti, Servi ed Ufficiali della
Casa di *Augusto*, scoperte nella Via Appia, ed
illustrate con le Annotazioni di *Franc. Bianchini*. fol. — In der Vorrede jenes ersten Werks
giebt Gori eine nähere Beschreibung dieses
Denkmals, und zeigt, wie viel Licht dasselbe
auf die Erläuterung der Alterthümer werfe,
vornehmlich auf die nähere Kenntniß der glänzenden kaiserlichen Hofhaltung damaliger Zeit.
In Ansehung der Freigelassenen, deren Andenken hier durch Inschriften aufbehalten ist, bemerkt er unter andern: Plures libero homine di-
gnissimis artibus operam navasse celebrantur,
& in Augusta Domo fuisse dicuntur *a statuis,
a tabulis, ad imagines, pictores, inauratores, aurifices, medici, chirurgi, coloratores, comoedi,
lectores, lyristae, amanuenses.* Hernach eifert er
wider die vielen Mißhandlungen und Entstel-
lungen, welche dies Denkmal erlitten hatte, so
daß damals von diesem prächtigen Gebäude
kaum eine Spur übrig war. Vorher hatte in-
dessen Pietro Andrea Andreini in Florenz, durch den Ritter Francesco Vettori

ersucht, deſſen glyptographiſche Abhandlung
oben umſtändlich rezenſirt iſt, durch geſchickte
Künſtler eine Zeichnung von allen Merkwürdig⸗
keiten dieſes Denkmals nehmen, und die In⸗
ſchriften kopiren laſſen. Jenes übernahm der
Ritter Girolamo Adam, von dem die zwan⸗
zig beigefügten Kupfertafeln gezeichnet wurden,
die von Ruggieri geſtochen ſind; und bald
hernach erhielt Gori den Auftrag, dies Monu⸗
ment zu erläutern, wozu ihm Andreini zu⸗
gleich die Anmerkungen von Salvini mittheilte.
Der Beſchreibung des Bianchini gedenkt
Gori gleichfalls in der Vorrede S. XVI.

Unter den Inſchriften der Urnen kommen die
Namen von ſechs im Dienſte der Livia geſtan⸗
denen Freigelaſſenen vor, welche *aurifices* hei⸗
ßen, n. CXIV. bis CXXII, p. 150 ff. — Gori
bemerkt S. 154, daß auf den alten römiſchen
Inſchriften zwar *caelatores auri* & *argenti*, und
gemmarii, d. i. Juwelenhändler oder Juwelie⸗
rer, aber niemals Steinſchneider, δακτυλιο⸗
γλυφοι ſ. *gemmarum scalptores*, vorkommen;
und vermuthet daher, daß dieſe vielleicht unter
den *aurifices* zu verſtehen ſind, oder wenigſtens
mit zu dem *collegio aurificum*, zur Innung
der Goldarbeiter, mitgehört haben. Denn ſo
begriff

begriff auch das collegium fabrûm mancherlei
Handwerker und Künstler andrer Art, z. B. die
in Elfenbein arbeitenden, mit in sich. Eine
Stelle in einem alten römischen Sinngedichte
beim Spon in Miscell. p. 19.

Noverat hic docta fabricare monilia dextra,
Et molle in varias aurum disponere gemmas;

giebt dieser Vermuthung einige Wahrscheinlichkeit; noch mehr aber der Umstand, daß unter
den auf den hier erklärten Inschriften vorkommenden Namen wirklich zwei berühmte Steinschneider aus August's Zeitalter, Epitynchanus und Agathopus, vorkommen. Von
jenem findet sich eine Gemme, aus der Sammlung des Abbate Andreini beim Stosch,
Gemm. Ant. Cael. n. V. und von diesem aus
dem Kabinet des Strozzi, Grafen von Fo-
rano, ebendas. n. 32. Bei dieser Gelegenheit
erinnert Gori, daß Andreini der erste gewesen sey, der mit vieler Mühe solche Gemmen gesammelt habe, die mit den Namen alter Künstler bezeichnet sind, und führt davon eilf der
vorzüglichsten an.

Die auf den hieher gehörigen Inschriften vorkommenden Namen der sechs Künstler

sind: Zeuxis; Epitynchanus; M. Julius; Agathopus; Stephanus; M. Livius Menander; und Hedys. Der zweite und vierte sind, wie gesagt, als Steinschneider bekannt. (Vergl. oben den Art. Gemmen, B. I. S. 271.) Wir würden hier also vier neue, bisher in den Verzeichnissen alter Steinschneider noch nicht aufgeführte Namen kennen lernen; wenn es nicht ungewiß bliebe, ob diese vier wirklich Steinschneider gewesen wären; da das Wort aurifices zwar Künstler dieser Art mit unter sich begreifen kann, aber sie doch nicht ausschlußweise bezeichnet. Vielleicht waren diese, oder einer und andrer von ihnen, im eigentlichen Verstande Goldarbeiter. Denn wir kennen sie weiter nicht; und weder beim Plinius, noch anderswo wird ihrer, so viel ich weiß, gedacht. Auf den Gruterschen Inschriften kommen, wie Gori S. 151 anmerkt, noch mehrere dergleichen aurifices vor; nämlich: L. Cornelius Amandus; M. Cädicius Jukundus; Philodamus Bassi; T. Travius T. L. Argentillus, und T. Travius T. L. Akutus. Auch beim Spon, Miscell. p. 219, L. Vectius Numphius.

Die 125ſte Inſchrift heißt: *Agrypnus Caeſa-*
ris Auguſti Maecenatianus a ſtatuis. Wenn hier
a ſtatuis nicht cuſtos ſtatuarum, ſondern ſo viel
als faber ſtatuarius bedeutet, wie Gruter und
Pignorius es bei andrer Gelegenheit erklären,
wo es jedoch officinator a ſtatuis heißt; ſo wäre
dieſer Agrypnus, der vormals ein Freigelaſ-
ſener Mäcen's war, noch den alten Bildhauern
beizuzählen. — Ferner wird Inſchr, 127, He-
rakla als Mahler genannt,

Der Gewinn iſt nun freilich nicht groß, der
ſich aus dieſen Inſchriften für die Kunſtgeſchichte
des Alterthums ziehen läßt; er iſt nicht viel
mehr, als eine kleine Bereicherung ihrer No-
menklatur, und weit geringer, als Leſſing
ihn hofte. Bei dem allen ſind doch Hülfen dieſer Art nicht zu verſchmähen; und es ſchien mir
daher wohl der Mühe werth zu ſeyn, mich bei
dieſem Artikel etwas länger zu verweilen, zu-
mal da die Quellen dieſer Art noch wenig oder
gar nicht benutzt ſind. ——

Gori's Erläuterungen zum Zanetti ſind
freilich von keiner großen Erheblichkeit, und
meiſtens leeres Wortgepränge und zweckloſer
Aufwand von Anführungen klaſſiſcher Stellen.
Bei der 31ſten Tafel wollte er wohl den Aus-

druck obſidianum vitrum ſehr allgemein verſtan⸗
den wiſſen; wenigſtens ſteht gegen über im Ita⸗
liäniſchen bloß: in queſta *paſta* antica di colore
azzurro.

Die Gemme n. 32, welche den Jupiter
Serapis, auf einem Throne ſitzend vorſtellt,
hat Natter kopirt, und er bemerkt dabei in
ſ. Tr. de la manière antique &c. p. 52, er habe
die Zehen des linken Fußes bloß mit kleinen En⸗
den, wie im Original andeuten können, und
eben dieſe Schwierigkeit auch bei dem Fußſche⸗
mel gefunden, der eigentlich viereckig hätte ſeyn
ſollen. Er fährt fort: La cauſe de cette diffi-
culté c'eſt que les outils du Touret étant ronds,
ils ne ſçauroient marquer les angles en plein &
en entier. Je fais cette remarque ici de nou-
veau, parceque c'eſt faute d'avoir pris garde à
cela, que Mr. *Zanetti* s'eſt trompé ici à deux
égards; car de l'omiſſion des doigts du pied
gauche, il en a fait une *pantoufle; &* du piedeſtal
un couſſin. Denn wirklich fand Gori auch in
dieſem letztern mißgedeuteten Umſtande etwas
ſehr Merkwürdiges: Throno, ſagt er, non ſub-
jectum ſcabellum, ſive σουππεδιοϒ *); ſed pul-

*) Dieß griechiſche Wort iſt von Gori eben ſo willkühr⸗
lich und widerſinnig ſelbſt geſchmiedet, als das beim

villus; quod maxime obfervatu dignum eft.
Und nun meint er durch dieß Beispiel den Buonaroti zu widerlegen, der in seinen Offerv.
sopra i Vetri, p. 268 f. der Meinung ist, daß
die Gewohnheit, den auf dem Throne sitzenden
Fürsten bei feierlichen Gelegenheiten Kissen unter die Füße zu legen, erst unter den spätern
Kaisern aufgekommen sey. —

Gemmarius bedeutete wohl gewiß bei den
Alten keinen Steinschneider, sondern einen Juwelenhändler oder Juwelierer. Und so unterscheidet auch Gori selbst in der oben schon gedachten Stelle seiner Erläuterung des Columbarii Liv. Aug. p. 154 die gemmarum fcalptores
von den gemmariis, qui gemmas vel negotiaban-
tur, vel in veftibus, vel in calceis & fcyphis
inferebant.

Capita jugata sind, wie bekannt, zwei oder
drei hinter oder neben einander stehende Köpfe,
dergleichen auch auf den alten Münzen, wie auf
einigen Gemmen, vorkommen. S. Christ's Abhandl. über die Litterat. und Kunstwerke, S. 277.

Natter in obiger Beschreibung zweimal vorkommende
πεδεϛ für Fußschemel. Das rechte Wort ist ὑπο-
ποδιον.

Zigeunerin. *Egizzia*, eine Statue in der Villa Borghese, hat gar nichts vom ägyptischen Styl, wie Maffei meint; und Hände und Füße sind von Bernini. (S. Winkelm. Gesch. d. K. Vorr. S. XII.) — Was heißt aber daselbst: gleichfalls von Erz? Vorher sagt er ja selbst, daß die Statue von Marmor sey.

Aus der Angabe des Manilli, Villa Borgh. p. 78: La statua, che segue, è d'una Zingara, *tutta di bronzo*, eccetto la veste, ch' è di *marmo bianco;* ließe sich dieser anscheinende Widerspruch heben, wenn mich nicht das was Hr. v. Ramdohr, Th. I. S. 325, über diese Statue sagt, über ihre wahre materielle Beschaffenheit aufs neue ungewiß machte: „Die sogenannte Egiziaca oder Zigeunerin. Eine Figur mit einem antiken Gewande von schwarzem Marmor. Man hat ihr ein weisses Hemd mit goldenen Frangen, und einen vergoldeten Kopfputz in neuern Zeiten gegeben. Kopf, Hände und Füße von Bronze sind gleichfalls neu."

Zipperlein. Zeiller in s. Sendschreiben, S. 5, sagt: „Vor Zeiten hat man um „Abwendung des Podagra den heil. Cypriä= „nus angerufen; daher auch Chiragra, oder „der Schmerz in den Händen, und Podagra, „oder der Schmerz in den Füßen, mit Einem „Namen das Zipperlein genannt worden, „wie Michael Probst in seiner Arzneykunst „und Wunderbuche, P. 2. p. 300. schreibt.‟ Diese Ableitung scheint Frisch nicht gekannt zu haben, der Zipperlein von dem ungebräuch= lichen Zeitworte zippen herleitet, welches von ziehen und zuppen herzukommen scheine. Ich möchte fast jene Ableitung vorziehen.

Schwerlich hat der heil. Cyprian zur Bildung dieses deutschen Worts Gelegenheit ge= geben; eher noch mag dessen Aehnlichkeit mit dem Namen jenes Heiligen der Anlaß geworden seyn, ihn vorzüglich um Linderung dieser Krank= heit anzurufen. Hr. Adelung leitet es gleich= falls von einem noch in den niedrigen Sprechar= ten vorhandenen Verbo, zippern, zippeln, oft und in kleinen Absätzen zucken und zupfen, her, wie podagrische Krankheiten zu thun pfle=

gen; und ziehen wäre hier wohl das ursprüngliche Wort, von dem auch zupfen gebildet ist.
— Wachter hingegen meint, der Zufluß böser
Säfte habe zu dieser Benennung Gelegenheit
gegeben, und Zipperlein komme von zippeln, welches so viel als tröpfeln bedeute.
Ihm wird diese Ableitung dadurch wahrscheinlicher, weil auch das Wort Tropf zuweilen für
Podagra gebraucht wird, welches dann mit dem
Französischen goûte übereinstimmt. Im Nieder-
sächsischen, besonders im hamburgischen und hol-
steinischen Dialekt, sagt man wirklich noch jetzt
zippen oder ziepen für hervorquillen,
besonders bei eiternden Geschwüren.

Zuſätze.

I.

Erſter Band.

S. 131.

Villa Borgheſe. Das unter dieſem Ar‑
tikel zuerſt erwähnte Basrelief findet man in
Winkelmann's Monumenti Inediti, P. II. Cap.
VIII. Tav. 191. Es ſtellt die Geſchichte der Me‑
dea vor, und zwar drey Scenen aus derſelben.
Die mittlere iſt Medea mit dem Dolch in der
Hand indem die beiden Knaben auf ſie zukommen,
die ſie vom Jaſon hatte, und die ſie ermorden
wollte. — Die zur linken iſt Glance, die neue
Gemahlinn Jaſon's, der Medea das vergiftete
Gewand geſchickt hatte, in den heftigſten Schmer‑

zen. Neben ihr, ihr Vater Kreon, der ſich vor
Verzweifelung das Haar ausrauft. — Dies iſt
die Figur, die man fälſchlich für einen
Jupiter angeſehen hatte. — Zur Rechten
Medea, wie ſie auf dem Drachenwagen davon-
fährt. Durch das Drachengeſpann war man auf
die Erklärung von der Ceres gerathen, welche
die Proſerpina aufſuchte. Ich verdanke dieſe Nach-
weiſung meinem würdigen Freunde, dem Hrn. Prof.
Heeren in Göttingen.

II.

Zweyter Band.

S. 141.

Zum Artikel Mathematik. Eben diese Erinnerung über: diese arithmetisch unrichtige Stelle im Gil-Blas macht auch Hr. Hofrath Kästner im zweiten Theile seiner Vermischten Schriften (Altenb. 1772. gr. 8.) S. 141 ff. wo auch noch ein zweiter in eben diesem Roman vorkommender Rechnungsfehler gerügt wird.

S. 344.

Folgende zuverlässige Nachrichten sind mir durch einen Freund in Wolfenbüttel über diesen Schmidt mitgetheilt worden:

„Der Wertheimer Bibelübersetzer Joh.
„Lorenz Schmidt ist 1702 zu Schwein-
„furt in Franken geboren, woselbst sein Vater
„M. Joh. Heinr. S. als Diaconus ge-
„standen. Er hat von Ostern 1720 vier Jahr

„zu Jena Theologie studiert, sich nachher ein
„Jahr bei seinem Vater aufgehalten und den=
„selben in seinem Amte unterstützt. Nach dessen
„im J. 1725 erfolgtem Absterben wurde er der ver=
„wittweten Gräfin von Löwenstein Wertheim zum
„Informator ihrer 6 jungen Söhne empfohlen,
„welche Stelle er auch, ob er gleich große Nei=
„gung zum Hallischen Missionswerke hatte, an=
„nahm und solche gegen 10 Jahr mit Ruhm be=
„kleidete. Während dieser Zeit hätte er sich auch
„auf die Mathematischen Wissenschaften gelegt,
„und daher Anlaß genommen die Mathematische
„Lehrart auch auf den Vortrag der Theologie an=
„zuwenden. Um diese Methode zu erleichtern hielt
„er es für nöthig, eine genauere und mehr wört=
„liche Uebersetzung der H. Schrift zu verfassen,
„wovon er denn auch 1735 den ersten Theil oder
„die 5 Bücher Mosis herausgab. Da diese aber
„mit den Kenntnissen und dem Geschmacke der da=
„maligen Theologie keineswegs verträglich war;
„so verdarb er es mit den Orthodoxen so sehr,
„daß ihn auf Dr. Joachim Lange'ns Anstiften der
„Reichsfiscal bei dem Kaiserlichen Reichshofrathe
„anklagte. Dieser erkaunte die Confiscation ge=
„dachter Bibel, und verordnete eine Inquisitions=
„commission gegen den Verfasser auf des Fränk=

„schen Kreises Ausschreibeamt, den Bischof von
„Bamberg und Markgrafen von Anspach. Nachdem
„er nun vorläufig 1 Jahr zu Wertheim in Arrest
„gesessen, und er in Gefahr gerieth nach Bam-
„berg in die Frohnveste gesetzt zu werden, so ent-
„floh er am Ende des Jahres 1737 und nahm sei-
„nen Aufenthalt zu Hamburg, wo er an die 9
„Jahr im Verborgenen unter dem Namen Joh.
„Ludew. Schröder, Candidat en Philosophie
„gelebt und sich seinen Unterhalt mit Uebersetzun-
„gen, wovon Kantemir's Geschichte des Os-
„manischen Reichs das bekanteste ist, verschaft
„hat. Während dieser Zeit bemüheten theils er
„selbst, theils seine in seinem Vaterlande noch le-
„benden Freunde, sich für ihn, um ihn in aus-
„wärtige Dienste zu bringen, welche er besonders,
„seitdem Friedrich II. zur Regierung gekom-
„men war, am Preußischen Hofe suchte: auch sol-
„len ihm schon 1741 Fürstlich-Wolfenbüttelsche
„Dienste angetragen sein. Es kam aber nichts zu
„Stande, und 1746 im November lebte er noch
„zu Hamburg. In welchem Jahre und durch wel-
„che Veranlassung er endlich in hiesige Fürstliche
„Dienste als Hofmathematikus gekommen, ist mir
„nicht bekannt, da die mir vor Augen liegenden
„Papiere nicht so weit reichen. "

S. 380.

Sokratifche Steine. Ueber sie und Chiflet's Auslegung s. umständlich Mariette im Tr. d. P. Gr. T. I. p. 368 ss. —

S. 416.

Venedig. So, wie Apostolius diesen Gebrauch erzählt, liegt dabei nicht das Bild einer Vermählung, sondern bloß eines Bündnisses zum Grunde. Gegen die Saatzeit, sagt er, pflegten die Veneter den Dohlen Geschenke von Opferkuchen zu schicken, um sie damit zu bewegen, ihrem Getraide nicht zu schaden. Sie schickten alsdann einige Schwärme Dohlen aus; und wenn diese die dargebotene Gabe kosteten und verzehrten, so versprachen sie sich ein fruchtbares Jahr; verschmähten sie aber das Opfer, so fürchteten sie Hungersnoth. — Ich habe von diesem Histörchen keine anderweitige Nachricht auffinden können; und daß dieser Gebrauch, wenn er je da gewesen, längst abgekommen sey, ist wohl kein Zweifel. Selbst Apostolius redet davon schon in der vergangenen Zeit.

Ende des zweyten Bandes.